최고 직장의 비결

Published by special arrangement with Ideapress Publishing in conjunction with their duly appointed agent 2 Seas Literary Agency and co-agent Danny Hong Agency

성공하는 회사
성장하는 직원을 위한 7가지 원칙

IRRESISTIBLE

최고 직장의 비결

조쉬 버신 지음 | 송보라 옮김

매일경제신문사

감사의 글

내 모든 일에 영감을 주는 사랑하는 아내 하이디와
전 세계 HR 분야의 친구와 동료에게 이 책을 바칩니다.

머리말

당신은 회사의 CEO나 매니저, 임원, 혹은 인사담당자일 수 있다. 그리고 자신의 회사나 팀, 부서가 뛰어나길 바란다. 너무 훌륭해 누구나 '일하고 싶은' 조직이 되길 원할 것이다. 직원들이 아침에 눈을 뜨면 사무실이나 집, 어디에서든 빨리 일하고 싶고, 지인에게 자랑하며, 절대 떠나지 않을 그런 조직 말이다.

목적의식이 명확하며 성취감을 주는 기업의 일자리를 찾는 것. 직원을 아끼고 도와주지만 관여는 많이 하지 않는 매니저를 찾는 것. 직원과 고객, 지역사회를 보듬고 지구를 보호하며 세상을 위해 위대한 일을 하는 것, 그리고 그러한 일의 가치를 당신에게 가르쳐주는 기업을 발견하는 것. 이런 것이 우리가 모두 바라는 지향점이 아닐까?

이러한 기업은 누구든지 거부할 수 없다.

그러한 일터를 만드는 것이 가능할까?

나는 그렇다고 생각한다. 이제 그 방법을 파헤쳐보자.

들어가며

일하고 싶은 회사의 대열에 합류하라

오늘날 일의 세계는 역설로 가득하다.

경제는 점점 성장하고 있지만, 일자리를 구하는 것은 그 어느 때보다 어렵다.

기업들이 복지와 특전에 수십억 달러를 쓰는데도 불구하고 직원의 불안감과 스트레스는 사상 최고다.

AI의 등장과 로봇의 발전, 자동화는 사방에서 일어나지만, 우리는 더 많은 시간 일해야 하고 잠은 더 적게 잔다.

어느 곳에서나 순식간에 다른 사람과 접속할 수 있지만, 고독감과 외로움은 더 커졌다. 특히 오늘날 유연한 업무 환경에서 재택근무를 하면서 특히 그런 감정을 느낀다.

무슨 일이 일어나고 있는 걸까?

지난 25년간 나는 이러한 이슈를 연구하는 데 인생을 바쳤다. 조사 분석가로 일하며 기업 인재와 리더십, HR 관행에 관한 100개 이상의 조사를 진행했다. 수천 명의 고용주와 컨설턴트, 소프트웨어 업체와 이야기를 나눴다.

지금 내가 보는 현상은 분명하다. 우리 경제는 비즈니스 운영 방식을 혁명적으로 변화시키기 시작했다. 그리고 경영 원칙을 재정의하는 동시에 환경을 지키거나 다양성과 포용성을 옹호하는 기업의 역할까지도 재정의하는 과정에 있다. 직무를 정의하고 팀을 구성하는 방법과 리더의 역할, 급여를 지급하는 방법까지 모두 변화 중이다.

그 결과는? 일선 근로자를 채용하는 프로세스, 하이브리드 업무의 역할 정의, 직원의 웰빙과 신뢰도 구축 등과 같은 이슈를 두고 큰 우려가 생겨났다. 외부의 영향으로 이런 모든 문제를 해결할 수 있을까? 절대 그렇지 않다. 변화의 근간은 경영에 있다. 우리가 어떻게 관리하고, 조직하고, 직원에게 권한을 주는가에 달렸다.

이는 경제가 변화함으로 인해 생기는 경제적 이슈라고 주장하는 이도 있을 것이다. 경제를 성장시키고, 세금을 줄이고, 더 많은 일자리를 만들면 이러한 문제가 사라질 것이라는 논리다. 글쎄, 나는 아니라고 본다. 조너선 색스Jonathan Sacks가 저서 《도덕성Morality》에서 역력히 설명했듯이 GDP가 아무리 성장해도 오늘날 우리가 마주한 문제는 풀 수 없다.[1] 해결책은 모두 경영에 있다.

'잘 나가는' 소수 기업의 수익과 이익이 급등하는 동안 많은 기업은 그 속도를 따라가는 데 어려움을 겪고 있다. 우리의 수명은 그 어느 때보다 길지만, 우리의 회사들은 놀라운 속도로 사라진다. S&P500 기업의 평균 수명은 1958년에는 61년이었던 반면에 현재는 18년 미만으로 나타났다. 2027년에는 S&P500 기업의 4분의 3이 사라져 있을 것이다.[2]

그렇다면 이를 해결할 방법은? 많은 실험이 진행 중이다. 팬데믹 기간 내내 일련의 새로운 아이디어들이 모든 레벨의 근로자를 대상으로 시도됐다. 이는 새로운 현상이 아니다. 수십 년간 '직원 경험'은 조금씩 조정이 일어났다. 이러한 시도 중에는 효과가 있던 것도 아닌 것도 있으며, 나는 그 원인을 꽤 확신한다.

전 세계적으로 기술과 글로벌화, 사회적 의식이 급격히 변화하면서 비즈니스의 원칙도 달라졌다. 그리고 어디서, 어떻게, 언제, 왜 사람이 일하는지에 대한 깊은 재고가 시작됐다.

이러한 전환을 제대로 인식하지 못한다면 당신의 기업은 결국 거부하고 싶은 조직이 될 것이다. 그 반대로 내가 이 책에서 제안하는 7가지 경영 원칙은 당신의 기업을 일하고 싶은 매력적인 조직으로 만들 것이다. 당신의 기업이 더 뚜렷하고 통합된 목적의식이 있다면 민첩하고 빠르게 대응하여 높은 이익을 거둘 수 있다. 더 좋은 점은 직원과 고객, 이해관계자 역시 당신의 기업에 자석처럼 끌리게 된다.

왜 '이리지스터블'이란 용어로 내 목표를 정했을까? 간단히 말해 이 책의 근본적 주제는 인간정신력을 발휘하자는 것이다. 기업의 모든 레벨에 있는 각 개인은 전보다 더 중요하고 가치 있는 일을 할 수 있다. 당신의 기업을 일하고 싶은 매력을 가진 회사로 만든다면 개인들은 조직에 공헌하고, 혁신을 이끌고, 성장할 것이다. 당신이 뒤처져 직원들에게 좌절과 불안, 피곤과 고독을 느끼게 한다면 그들은 일을 게을리하고, 방해하며, 당신이 알아채지 못하는 방식으로 회사에 해를 끼칠 수 있다.

이 책에서 나는 전 세계에 있는 강력한 직원 중심 기업들의 7가지 경영 원칙을 소개할 것이다. 이 7가지의 비결은 그 자체로 매우 중요한 경영 가치다. 그리고 모든 개인의 권한을 포용하는 전략과 철학이다. 속도의 중요성을 일깨우고, 최신 기술을 활용하고, 하이브리드 일터에서 유연근무 방식을 적용하며, 사회적 문화적 이슈를 활용하는 방법이다. 7가지 경영 원칙은 더 뛰어난 성과를 내고 결속력이 강한 조직을 만들자는 경영진의 진화된 생각을 실현한다.

그러나 한 가지 일러두자면 이러한 원칙을 실현하는 것은 생각보다 쉽지 않다. 당신은 그저 다른 이의 프로그램이나 혁신을 따라 할 수 없다. 전 세계 5,000개 이상의 회사를 대상으로 한 조사에서 10% 미만의 기업만이 일하고 싶은 매력적인 기업에 해당되었다. 이들은 신생기업도, 기술회사도, 특정 업계에 있는 회사도 아니었다. 바로 7가지 원칙을 이해하고 날마다, 분기마다, 해마다 실행한 기업이다.

이제 당신도 합류할 기회가 왔다. 시작해보자.

CONTENTS

1

계층 구조가 아닌 팀

'형태는 언제나 기능을 따른다.'

루이스 설리번Louis Sullivan, 미국의 건축가, 1896

수백 년 동안 계층 구조의 형태는 기업에서 입증된 경영 시스템으로 자리 잡았다. 창업자들은 회사를 설립한 후 하향식 계층 형태로 직원을 고용하고 조직을 구성했다. 이는 안전하면서도 확실한 성과를 내고 예측할 수 있는 방식이었다. 모든 직원에게 상사가 있고 직무상 정해진 커리어 계획이 있으며 경영진은 기능별로 계층 조직을 나누어 구성하고 평가하고 관리했다. 아직도 많은 기업이 이렇게 운영한다.[3]

이러한 전통적인 기능별 계층 구조는 산업혁명 시대에 시작됐다. 세기의 전환 속에 미국은 농업에서 산업 경제로 옮겨갔고 사업도 확장이 필요했다. 이에 따라 기업은 전문적인 기능별로 나눠 계층제로 관리하는 시스템을 개발했다. 큰 조직에서 일해 본 경험이 적거나 전무한 다수의 비숙련 노동자가 농장에서 도시의 중심지로 옮겨왔다. 경영과 노동은 철저히 분리됐다. 직원은 정확히 해야 할 일이 명시된 세부 사항을 전달받았고 상사는 그들이 업무를 수행하도록 관리했다.

이 모든 게 산업의 규모가 중요한 시절에는 적합했다. 그러나 혁신과 속도가 판도의 중심이 되고, 서비스 인력이 우세해지면서 이러한 구조는 사업을 방해했다. 계층 구조는 의사결정 속도를 늦추고 사람들의 열망을 꺾었다. 자신의 위쪽으로 너무 많은 계층이 있으면 직원들은 자신의 잠재력을 완전히 발휘할 수 없다고 느낀다. 이에 주도성의 개념이 등장한다. 오늘날 기업은 각 개인의 열망을 달성하도록 도와주며 직원의 참여도를 더 높이려 한다.

이제 필승 전략은 산업의 규모 확장에서 딜로이트의 존 헤이글John Hagel과 존 브라운John Brown이 언급한 '확장형 습득'[4]으로 변모했다. 현재는 시장 출시 시기와 반복 주기의 속도가 중요하기 때문이다. 아무리 탄탄한 브랜드와 유통망, 고객층을 갖고 있다고 해도 경쟁사가 재빨리 매력적인 신제품을 개발해 애플리케이션과 클라우드 기반 소프트웨어 구독, 여러 디지털 채널을 이용해 당신의 고객에게 먼저 다가갈 수 있다. 민첩하게 습득하지 않으면 큰 조직은 불리하다.

경영진의 권한과 직위, 경력을 보호해야 한다는 생각에 기존의 계층 구조를 계속 유지하는 조직도 있다. 그러나 일하고 싶은 매력적인 기업에선 이런 구조로 일하지 않는다.

비즈니스 형태와 서비스 전달 모델은 그 어느 때보다 빠르게 변하고 있다. 이제 우리는 디지털 방식으로 제품과 서비스를 판매한다. 따라서 세분화된 고객과 서비스, 배송센터, 새로운 기능을 구상하는 혁신 부서를 중심으로 비즈니스를 구성한다. 그리고 빠르게 그 주기를 반복해야 한다. 결정을 내리려 할 때마다 여러 계층을 거칠 시간이 없다.

우리가 하는 일은 모두 서비스 비즈니스다. 나는 디지털 비즈니스가 많은 애플리케이션을 구축해야 하는 사업이라고 생각하지는 않는다. 고객이 있는 그곳에서 바로 고객과 접촉하는 사업이다. 사람들은 실시간으로 클릭하고 보고, 주문하고, 상호작용한다. 즉 데이터에 바로 접근하고 신속히 대응할 수 있는 도구와 생산적인 환경을 갖춘 능숙하고 열정적인 서비스팀이 필요하다.

왜 이런 변화가 일어났을까? 답은 매우 간단하다. 기술이 서서히 영향을 미쳤기 때문이다. 기술로 인해 비즈니스 환경이 바뀌었으며 우리는 아직도 그 기술에 적응 중이다. 이제 기술은 사람의 표정을 읽고 대화 속에서 감정을 분석해 낼 수 있으며, 전 세계 누구와도 개인정보를 즉각 공유할 수 있는 스마트폰이 존재한다. 가정에서 쓰는 아마존이나 구글의 음성인식 장치와 스마트 온도조절, 자동차와 보안시스템은 이용자에게 무선으로 정보를 전송해준다.

소비자인 우리는 기술을 빠르게 받아들인다. 거리를 좀만 걸어봐도 핸드폰으로 기사를 읽고 영상통화를 하며, 애플리케이션으로 물건을 사고팔거나 길을 찾기 위해 전자지도를 사용하는 사람들을 볼 수 있다. 메타(전 페이스북)와 구글, 애플과 아마존은 수 조 달러 규모의 기업이 됐다. 왜? 사람들의 소통하고, 보여주고, 자아를 충족하고 싶은 욕구를 활용했기 때문이다.

오늘날 새로운 비즈니스의 동력인 속도와 민첩성, 몰입도와 자율성은 신 조직모델을 불러왔다. 나는 이를 '팀 네트워크'라고 부른다. 이 정의는 두 개념을 기반으로 한다. 첫째, 팀이 업무의 중심이다. 둘째, 계층이 아닌 네트워크 형태로 비즈니스를 운영한다.

많은 기업의 조직도가 지난 몇 년간 크게 변하지 않았고 과거 계층 구조의 하향식 제어가 사라지지 않았다고 해도 실제로 사람들은 다기능 팀으로 일한다. 디자인과 영업팀, 사업부서팀과 생산팀, 그리고 수많은 다기능 팀이 있다. 나는 확신한다. 유연한 업무 환경에서 이런 형태를 공고히 하고 관리하고 구성하면서도 엄청난 규모와 권한, 직원의 성공이 함께할 수 있다.

여러 면에서 팀 운영은 더 합리적이다. 팀은 신속히 결성했다 해체할 수 있으며 구성원의 결속력도 높다. 시간이 지나며 동료애와 신뢰도 쌓인다. 스포츠팀이 명확한 역할과 가치를 갖고 운영하는 것처럼 비즈니스팀도 동일한 방식으로 운영할 수 있다. 오늘날 일하고 싶은 매력적인 기업은 전문영역과 연령, 성별이 다양한 구성원으로 팀을 꾸린다. 팀은 명확한 정의와 평가 기준을 받으며 가시적인 기업문화와 측정 도구, 기반구조가 뒷받침된다.

CEO가 가장 원하는 걸 생각해보자. 그들은 이렇게 묻는다. '얼마나 빨리 혁신할 수 있나? 시장 출시에 드는 시간을 줄이려면? 고객의 문제를 해결하는 지름길은? 비용을 줄일 방법은 무엇인가?' 해결책은 바로 팀이다.

보스턴컨설팅그룹의 수석 자문위원인 재니스 셈퍼Janice Semper는 말한다.[5] "산업 시대에는 명령과 제어에 큰 '중점'을 두고 기업을 경영했습니다. 디지털 시대에선 180도 다른 행동과 마음가짐으로 사람을 이끌어야 합니다. 팀에게 상황을 이해시키고, 코치하고, 영감을 주고, 적정한 팀을 배치해 발전과 성장의 기회를 주는 '행동'이 중요하죠."

그렇다면 소규모 팀이 효과적인 요인은 무엇일까? 많은 권한을 지닌 작은 그룹에서 일할 때 직원들은 신뢰를 쌓는다. 작은 팀에서는 서로 이해하고 공동의 주인의식을 느낀다. 따라서 더 빠르게 구상하고 고객을 잘 응대하며 반복 주기의 속도를 높인다. 경쟁에 있어 가차 없다고 알려진 아마존의 운영방식이 바로 이렇다. 팀은 점점 형성되고 커지며, 통합지원 부서의 서비스를 활용한다. 그리고 실패하면 해산하며 이 경험을 모두 조직 디자인에 반영한다. 부연하자면 학계 자료에서 제시하는 이상적인 팀의 규모는 4~5명이다.[6] 물론 프로젝트에 따라 다를 수 있다.

딜로이트의 '2021 글로벌 인적자본 동향' 리포트는 팀과 팀의 구성을 오늘날 끊임없는 변동 속에서 살아남는 전략으로 꼽았다. 리포트는 '팬데믹 기간에 팀 운영 체제는 인재와 조직을 이끄는 전략의 구명보트가 됐다. 팀은 예측과 안정보단 적응에 목적을 두고 있기 때문이다.'고 언급했다.[7]

팀 체제에서는 각 구성원이 더 창의적인 생각을 해내려 애쓰기 때문에 개인 근로자보다 더 빠르게 적응하고 배운다. 조직이 이러한 학습에 중점을 두면 팀 체제가 불확실성을 타파하고 성장을 이끌 수 있다는 믿음도 커진다.

우리는 강력한 개인보다 강력한 팀이 훨씬 뛰어난 성과를 거둔다는 점을 안다. 스포츠 리그만 봐도 지던 팀이 좋은 코치를 만나 승리를 거두기도 한다. 내가 사는 지역의 골든스테이트 워리어스 농구팀이 바로 그런 사례다. 선수들 개인의 역량이 출중하지만, 실은 다른 팀에 있는 우수한 선수들의 역량도 본질적으론 비슷하다. 워리어스 농구팀이 지난 5년간 NBA 결승전에 4차례 진출해 3번의 우승을 거머쥔 데는 팀워크를 이루는 방식이 주요하게 작용했다.

일하고 싶은 매력적인 기업은 이러한 방식을 잘 알고 있다. 이들은 직원이 프로젝트에서 프로젝트로, 팀에서 팀으로, 사무실에서 집으로 이동하도록 돕고 지원한다. 가장 필요한 곳에서 자기 기술과 역량을 최고로 발휘할 수 있게 만든다. 직원들은 기술과 업무 네트워크를 통해 동료 코칭과 프로젝트 경험, 상급의 기술지원을 받으며 빠르게 역량을 습득한다. 리더는 재직기간이나 권력이 아닌 뛰어난 '팔로어십*'과 연결구축을 통해 성공을 거두고, 직원은 엄격한 성과 목표와 연말평가가 아닌 그들의 팀 공헌도를 기준으로 평가받는다.

우리가 '대대적인 리셋'이라고 부르는 글로벌 코로나 팬데믹 기간에 팀들은 빠른 속도로 힘을 모았다. 초창기에는 많은 기업이 폐업을 예상했지만, 몇 분기 만에 팀들은 업무와 고객 서비스, 제공 항목을 다시 설계했다. 계층 구조에서는 해결책을 합의하고 승인받는데 통상적으로 일정 기간이 걸렸던 데 반해 며칠, 몇 주 만에 문제를 해결한 것이다.

예를 들어 펩시코의 팀들은 과거에는 6개월은 걸렸을 온라인 온보딩 프로그램 개발을 4주 만에 완성했다.[8] 과제는 간단명료했다. 사무실이 닫히는 동안 신규직원이 가상으로 회사에 잘 합류하도록 돕는 것이다. 단 몇 시간 만에 팀은 어디에 프로젝트의 중점을 둘지 합의했다. 우선 빠른 개발에 주력하고 잦은 설문조사와 열린 피드백을 통해 반복적으로 개선하기로 했다. 중앙에서 유기적으로 수렴하는 팀은 모든 의견을 지속적으로 분석한다. 이러한 애자일 방식은 스타트업 소프트웨어 기업에선 일반적이지

* 옮긴이 주: 리더를 따르는 구성원의 능력

만 글로벌 대기업에선 드물다.

타지호텔Taj Hotels과 마이크로소프트Microsoft, 유니레버Unilever와 텔스트라Telstra, 아마존Amazon과 GM, 클리블랜드 클리닉Cleveland Clinic과 ING 그룹, 시스코Cisco와 구글Google, ANZ 은행 같은 진취적인 기업들은 매우 유연하고 분산된 현재 환경 속에서 직원들이 팀 리더십을 함양할 수 있도록 교육한다. 이를 통해 기업은 성장과 혁신을 하고 직원들도 열정을 새로 고취할 수 있다. 이러한 방식은 점점 확산하는 추세다.

팀이란 무엇인가? 팀 네트워크의 의미

간단한 질문 같지만, 매우 중요한 문제다. 내가 내리는 정의는 이렇다.

> '팀이란 실제나 가상의 환경에 모여 특정 목표를 향해 업무를 계획하고, 문제를 해결하고, 결정을 내리며, 과정을 검토하는 매우 상호의존적인 그룹이다.'

이 정의에서는 매우 다양한 형태의 팀이 존재할 수 있다. 응급실에서 일하는 간호사 팀은 온라인 도구를 사용해 원격으로 새로운 소프트웨어 제품을 개발하는 엔지니어 팀과는 완전히 다르다.

팀에는 몇 가지 공통된 특징이 있다.

- 팀은 단지 제도화된 그룹이나 부서가 아니라 뚜렷한 임무와 목표를 지닌다.
- 팀은 개개인의 집합이 아니라 서로에게 의지한다.
- 팀은 형성 후 오래 지속될 수 있지만 쉽게 해체할 수도 있다.
- 팀에는 리더가 존재하지만, 이 리더는 매니저가 아닐 수도 있다.
- 팀은 인종과 나이, 성별이 다양하게 구성될 수 있으며 여러 기능을 지닌다. 디자인과 운영, 엔지니어와 지원, 경영관리 등 여러 역할이 속할 수 있다.

기능이나 맡은 업무로 그룹을 짓는 기능별 계층 구조와 달리 팀은 결과를 달성하기 위해 형성된다. 따라서 그들은 리더가 아닌 임무에 충성한다. 리더는 팀을 지켜보며 역할을 조율하고 팀원의 감정을 이해하며 커뮤니케이션을 담당한다. 예를 들어 파일 보관을 제공하는 소프트웨어 회사에 사진을 배열하고 관리하는 모바일 애플리케이션 담당 팀이 있다고 해보자. 팀에는 엔지니어와 디자이너, 프로젝트 관리자와 매니저가 있을 것이다. 이 매니저는 팀이 다른 팀과 조화롭게 일하도록 이끄는 역할을 맡는다.

팀 네트워크는 그룹으로 팀을 운영하되 꼭 계층 구조를 갖출 필요가 없다. 애자일 소프트웨어 개발팀으로 묶인 것처럼 팀은 담당 영역이나 의존도에 따라 스쿼드, 트라이브, 챕터의 형태로 묶일 수 있다.

일반적으로 스쿼드는 10명 미만의 팀으로, 프로덕트 오너가 팀의 성과와 전반적인 고객과의 성공을 책임진다. 여러 스쿼드를 모은 트라이브는 좀 더 큰 규모의 프로그램이나 프로젝트를 위해 결성된다. 예를 들어 은행의 지점에서 대출부서는 스쿼드가, 지점은 트라이브가 될 수 있다. 트라이브는 던바의 수에 맞게 구성원이 150명 정도다.[9] 참고로 150명이라는 숫자는 조직 내에서 서로 잘 알고 지내는 최대 인맥 규모는 150명이라는 법칙에 근거한다.

팀 네트워크의 예를 들면 ING에서는 은행의 지점을 비롯해 고객 서비스와 운영, 기타 부서도 트라이브로 여긴다. 이미 언급했듯이 트라이브는 꼭 계층체계를 갖출 필요가 없으며 여러 팀이나 유사성을 가진 그룹의 집합에 가깝다. 트라이브는 밀접한 스쿼드들이 더욱 긴밀히 조율할 수 있도록 돕는다.

IT 부서에서는 팀들이 흔히 소프트웨어의 실행이나 새로운 시스템의 개발을 진행한다. 그리고 많은 경우 그들은 여러 애플리케이션을 구현하는 팀의 트라이브에 속한다. 따라서 의사결정을 조율할 수 있다.

애자일 모델에는 두 가지 그룹이 더 존재한다. 챕터는 같은 역할을 하는 사람들의 그룹이다. 은행이라면 트라이브에 걸쳐 아이디어와 솔루션을 공유하는 영업사원이 각 스쿼드에 있을 것이다. 이러한 시스템으로 모든 영업과 마케팅, 운영 직원은 지점 내에서 트라이브를 넘나들며 함께 일한다.

애자일 모델의 마지막 그룹은 길드이다. 이 그룹은 회사 전체에 걸쳐 공통의 관심사를 가진 이들의 그룹이다. 예를 들어 모든 일선 관리자는 감독하는 방법에 대한 훈련과 도움이 필요하기 때문에 일선 관리 길드를 만들 수 있을 것이다. 또한 도구와 디자인, 배색 등을 공유하고 싶은 회사의 모든 그래픽 디자이너도 길드가 될 수 있다.

이러한 구조 모델에 대해 다시 생각해보면 많은 규칙이 명확해진다.

우선, 팀은 반드시 조직문화와 회사에서 공식화한 일련의 팀 규정을 따라야 한다. 리버티 뮤추얼 보험사Liberty Mutual Insurance의 사례를 보자. 이 회사는 기존에 리버티 경영 시스템(LMS)이라 불리던 전사 경영 시스템을 마련해 팀을 운영했다.[10] 시스템은 팀을 어떻게 형성하는지, 어떻게 운영하고 자체 평가를 하며 다른 팀과 소통하는지 구체적으로 다룬다.

LMS는 글로벌 전사에 적용할 수 있는 공통된 업무수행 방식을 제시한다. 고객에게 가치를 전달하는 방법을 계획하는 일부터, 끊임없이 변하는 시장에서 지속적으로 경쟁력을 향상하기 위해 모범사례를 공유해 직원들의 참여도와 성과를 높이고 보조하는 방식도 제시한다.

아틀라시안Atlassian과 구글, 고어W. L. Gore와 유나이티드헬스 그룹UnitedHealth Group등의 몇몇 회사에서는 HR 그룹이 팀을 코칭하고 팀 리더를 교육하며 좀 더 효율적으로 팀을 운영하는 도구를 개발한다. 대표적인 예로 아틀라시안은 해커톤 행사인 '쉽입ShipIt'으로 명성을 얻었다. 직원들은 24시간 동안 평소 업무를 중단하고 자신이 선택한 창의적인 프로젝트에 시간을 쓸 수 있다. 아틀라시안은 팀 플레이북을 통해 팀이 협동하는 방법을 배울 수 있는 연습과 지침을 제공한다.[11]

둘째, 팀 네트워크는 계층을 줄여 시간이 많이 소모되는 수직적 커뮤니케이션을 없앤다. 대부분의 기능적 계층 구조에서 중간 매니저는 의사결정의 '중간에 참여하고' 우선순위와 예산을 조정하기 위해 존재한다. 반면, 계층이 아닌 원형구조 안에서는 팀이 의사결정을 내린다. 팀 리더는 개방적이고 투명한 방식으로 팀 네트워크의 연대를 관리한다. 팀은 역할이 아닌 개인의 역량에 가치를 둔다. 일례로 한 임원은 회사가 팀 체제로 이동하면서 레벨 수를 40개에서 9개로 줄였다고 말하기도 했다.

드문 사례는 아니다. 이라크 전쟁에서 스탠리 매크리스털Stanley McChrystal 장군은 팀들이 유기적으로 일할 수 있도록 연락장교를 두었다. 특히 관계기술이 뛰어난 연락장교는 팀들이 실시간으로 정확한 정보를 받고 연결될 수 있도록 통합된 지식을 제공했다. 마찬가지로 팀 중심 기업은 우리가 추후 자세히 다룰 OKR(목표와 핵심결과)와 명료한 목표, 가상이나 실제에서 사용하는 화이트보드 같은 도구를 사용해 다른 팀이 무슨 일을 하는지 모두 인지하게끔 한다.

기능의 전문성을 유지하기 위해 개인은 기능부서와 팀 모두에 집중한다. 그리고 계층 구조가 아닌 경험과 역량, 평판과 관계를 기준으로 승진이 결정된다. 팀은 수평적인 구조다. 대부분의 소프트웨어 회사에서 디자이너들은 프로젝트 리더와 디자인팀의 책임자나 팀장에게 커리어 개발과 방향, 기준에 관해 동시에 보고한다.

셋째, 팀 네트워크에서 사람들은 팀 간에 자유롭게 이동한다. 프로젝트가 시작하거나 끝날 때 팀은 시작과 마무리 프로세스를 갖는다. 고어와 시스코, 메타와 SAP, 유니레버에서 직원들은 다양한 팀에서 동시에 일한다. 코치와 경력 조언자나 매니저들은 시기에 따라 그들이 어떤 팀에 합류할지 결정한다. 사람들은 평판과 능력에 따라 팀에 합류하기 때문에 성공을 위해 사내 정치가 아닌 자신의 전문성에 집중한다.

넷째, 팀 전체에 정보 공유와 통합된 지식을 중시하는 사람과 구조, 문화가 있어야만 한다. 조직은 짧은 일일 스탠드업 미팅과 정보 포털을 사용해 커뮤니케이션을 도모할 수 있다. 또한 스쿼드나 트라이브의 리더는 팀들이 정보를 잘 알고 협조할 수 있도록 소통해야 한다. 이러한 회의는 정보를 공유하고 조정하는 데 집중하며 자세한 결정 사항은 팀에게 맡긴다.

성공사례: 팀 정보공유 시스템

미 육군은 이라크 전쟁 중 전투 팀이 실시간 정보를 얻을 수 있도록 AI 기반의 정보 시스템을 구축했다. 설계자의 설명처럼 시스템을 통해 유용한 정보를 제공받을 수 있었다. 예를 들어 '이 거리의 세 번째 집에는 10분 전 활동을 기준으로 봤을 때 내부에 테러리스트가 있을 가능성이 높다'와 같은 정보를 줄 수 있는 것이다. 또한 기본적으로 이 기술을 통해 팀 간에 정보를 실시간으로 공유할 수 있었다. 마이크로소프트 팀즈나 슬랙, 메타의 워크플레이스 같은 새로운 도구를 사용해 우리도 비슷한 시스템을 구축할 수 있다.

마지막으로 기업은 프로젝트와 임무, 목표와 구성원을 반영해 팀을 최적화한다. 잘 운영되는 팀은 뚜렷한 기한을 두고 구성원이 최고의 성과를 내고 성장하도록 돕고 지원한다. 따라서 직원들은 권한과 독립성, 진취성을 갖게 된다. 팀은 목표에 책임을 지며 실패할 경우 조정이 일어나거나 해체되기 쉽다.

일반적으로 팀은 표 1.1에서 보듯이 몇 가지 뚜렷한 유형으로 나뉜다.

표 1.1. 팀의 일반적인 유형

팀의 유형	하는 일	일하는 방식	결과물과 목표
디자인 유형	제품과 소프트웨어, 기타 서비스 설계	창의성이나 많은 경우 기술적 목적으로 애자일 모델 사용	새로운 제품과 시스템, 디자인과 애플리케이션, 모듈
제조 유형	제조공정과 장비 관리	품질과 안전, 생산성 유지하며 프로세스에 따라 업무 분담	생산품 공정, 품질과 안전, 효율성, 자원 활용
서비스 전달 유형	내부나 외부 이해관계자에게 서비스 제공	고객의 요구를 파악하고 품질, 규모, 서비스 기조에 따라 구성	서비스 품질과 속도, 고객 피드백, 지속적인 향상
영업과 마케팅 유형	캠페인 개발, 고객 응대, 계약 체결, 브랜드 인지도와 잠재 고객 개발	시장 세분화, 고객이나 시장 중점사항 응대, 고객과 잠재 고객에게 판매와 커뮤니케이션	수익, 잠재고객, 브랜드, 시장점유율, 홍보
재무, 운영, 모니터링 유형	작업 모니터, 재무 분석 진행, 일이 예산에 맞게 잘 진행되도록 측정	지표를 정하고 모델 개발, '실행'을 돕고 팀 리더의 성과 향상을 지원하는 업무 모니터	달러당 결과물, 예산 준수, 수익성, 생산성, 다양한 수치
제반업무 유형	다른 팀의 성공을 위한 인프라와 마이크로서비스를 개발하고 지원	시설과 기술 서비스, 보안과 데이터, 모든 팀이 효율적으로 일할 수 있는 그 외 서비스를 관리	팀의 방해요소를 이해하고 팀의 성공을 돕는 새로운 도구와 모델을 지속적으로 개발

출처: 조쉬 버신 컴퍼니, 2021

기업은 계층 구조에서 팀으로 어떻게 변모하고 있을까? 사우스웨스트 항공Southwest Airlines에서는 승무원이 팀원이고 조종사가 리더다. 각 승무원은 안전한 운항, 시간 준수, 승객의 만족스러운 탑승에 대한 책임과 권한을 모두 가진다. 이러한 구조는 재무성과뿐 아니라 직원의 결속력 또한 높인다. 사우스웨스트는 수익성이 높은 항공사 중 하나로 꼽히며 글래스도어 평점도 다른 동종 기업보다 18%나 높다.[12]

리츠칼튼은 개별 자산을 중심으로 팀을 꾸린다. 각 자산을 이끄는 총괄 매니저는 직원을 고객응대팀, 서비스팀, 재무팀 등으로 구성한다. 이 기업은 '우리는 신사숙녀에게 서비스를 제공하는 신사숙녀다'라는 신조로 유명하다. 그 신조에 걸맞는 방식으로 직원에게 권한을 부여하고 훈련을 제공하는데 자부심을 품고 있다. 이러한 서비스팀 접근 방식으로 리츠칼튼은 업계에서 최고 수준의 직원을 유지하고 있으며 고객 충성도를 자랑한다.[13]

애자일 팀을 중시해온 유니레버는 팬데믹 초창기에 위생제품의 수요가 급증하자 비즈니스 프로파일을 쉽게 전환할 수 있었다. 유니레버의 HR 수석 부사장인 예론 웰스Jeroen Wels는 말했다.[14] "2019년이 끝나갈 무렵 중국에서 발생한 상황을 조사하고 우리는 2020년 3월에 제품군의 약 30%를 얼굴과 손의 위생을 위한 제품으로 바꿀 수 있었습니다. 3주도 안 걸려서 말이죠."

유니레버는 이를 위해 팬데믹 이후 위축된 호텔이나 레스토랑 고객 담당 직원을 좀 더 견고한 시장에서 일하도록 이동시켰다. 그리고 2020년 4월 말쯤에는 9천 명이 넘는 직원의 업무가 고성장 시장 쪽으로 재편성됐다.

"식품부문의 마케팅과 영업담당자가 위생 솔루션으로 이동한 것은 그만큼 조직이 민첩하다는 의미입니다. 팀 체제로 축소된 비즈니스의 인력을 재배치해 수요가 높은 제품의 공급을 늘리도록 우선순위를 정립할 수 있었습니다."

이상적이고 강력한 팀은 포용적이면서 여러 기능을 수행하는 특징이 있다. 팀에는 리더뿐 아니라 설계자, 개발자, 실행자, 운영자가 모두 필요하다. 팀은 매우 다양한 일들을 하지만 기본적인 구조는 같다. 모든 팀에는 관리보다는 조율을 담당하는 리더가 있으며 직원은 개인의 역량에 따라 팀에 배정된다. 각 직원들은 결정을 내리고 행동을 취할 권한을 가지며 팀은 정립된 기준과 운영 지침에 따라 명확한 목표를 설정한다.

이론상으론 논리적인 구조로 보인다. 실제로는 어떻게 이루어질까? 사람들은 보통 동시에 여러 팀에서 일한다. 메타의 인사 담당 책임자인 로리 골러Lori Goler는 직원들이 동시에 매우 다양한 개발팀에서 일하는 경우가 많다고 말한다. 누가 어떤 팀에서 일할지 어떻게 결정하냐고 묻자 그녀는 이렇게 답했다. "그건 정말 직원 개개인에 달려있어요. 물론 매니저와도 상의하지만요."[15] 이러한 기업문화가 있기에 메타에서는 빠르고 쉽게 팀을 형성할 수 있다.

직원에게 흥미로운 프로젝트와 팀에 합류할 자유를 줄 때 놀라운 결과고 나온다. 배리 머피Barry Murphy는 에어비앤비Airbnb의 글로벌 학습 책임자이다. 그는 적합한 조직 설계가 매우 중요하다고 하는데, 성장과 변화는 조직에 중압감을 주기 때문이다. "직원의 발목을 잡는 구조가 아니라 지지하는 발판을 마련해줘야 합니다."[16] 아틀라시안에서 워크 퓨처리스트로 일하는 돔 프라이스Dom Price는 자신의 임무를 이렇게 표현한다. "직원들이 매일 최고의 성과를 낼 수 있는 환경을 설계하는 것입니다. 그런 환경에서 우리는 일을 사랑할 수 있죠."[17]

IBM의 계층 줄이기

1980년대에 IBM은 글로벌 최강의 기술 기업이었다. IBM은 칩과 시스템, 운영시스템 소프트웨어와 애플리케이션, 그리고 모든 걸 담는 네트워크 하드웨어와 소프트웨어를 만들었다. 어떤 면에서 IBM은 데이터 센터 운영에 필요한 전부를 제공했기 때문에 당시 IT 산업 그 자체나 마찬가지였다.

제품 사업부별로 구성된 회사는 글로벌 영업 조직과 전문 인력을 통해 제품을 판매했다. 당시에 IBM은 대다수 IT 솔루션의 절대적인 공급자였기 때문에 매우 위계적인 구조였다.

그리고 어떻게 됐는지는 우리 모두 아는 바다. 1970년대를 지나 80년대까지 컴퓨터가 계속해서 보급되기 시작했고 인텔과 마이크로소프트에서부터 시작해 델과 컴팩 같은 기업까지도 IBM 제품처럼 강력하고 유용한 기계들을 생산했다. 독점적인 판매로 벌어들이던 큰 수익이 순식간에 사라졌지만, IBM은 이를 받아들이지 못했다.

회사의 수직적 계층 구조가 이를 방해한 것이다. 1982년부터 IBM의 제품영업부에서 일하며 이를 직접 경험했기 때문에 내겐 더욱 생생하다. 몇 년 후 나는 IBM 컴퓨터를 캘리포니아와 버클리 대학에 판매하기 위해 컴퓨터학과에 정기적으로 방문했다. 그리고 유닉스와 센드메일 같이 오늘날 인터넷에 존재하는 수많은 기술을 개발한 이들을 만났다. 이들은 선과 아폴로, 실리콘 그래픽과 디지털 이큅먼트같은 예상 밖의 기업에서 장비를 구매하고 있었다.

소중한 내 회사가 뒤처진다는데 나는 화가 났다. 습득의 속도가 아닌 규모의 효율성에 최적화한 대가였다. IBM은 그저 천천히 습득했다.

그러나 IBM이 1980년대와 1990년대 초반에 시련을 겪었지만, 현명함을 잃지 않았다. 사실 나는 애자일 소프트웨어 혁명이 일어나기도 전에 IBM이 팀 체제의 비결을 깨달았다고 생각한다.

IBM의 임원이었던 프레드 브룩스Fred Brooks가 1975년에 쓴 《맨먼스 미신The Mythical Man-Month》에 따르면[18] 1970년대에 IBM은 대

규모의 소프트웨어 개발팀을 두었다. 그들은 은행과 보험사, 대기업에 사용되는 대형 메인 프레임 컴퓨터 운영 시스템, 데이터베이스, 연결 플랫폼 등을 만들고 있었다. 많은 팀이 목가적인 환경의 캘리포니아 새너제이에 위치한 산타 테레사 연구소에서 일했다. 이곳은 첨단기술 회사의 캠퍼스처럼 보였다. 소프트웨어 팀은 새로운 메인프레임이나 커뮤니케이션 하드웨어가 나올 때마다 소프트웨어를 가동해볼 수 있도록 하드웨어 팀과 매우 긴밀하게 일했다.

그러나 소프트웨어 팀은 규모가 너무 컸고, 제품은 획일적이었다. 주요 신제품은 18개월에서 36개월마다 출시됐다. 저서에서 자세히 설명했듯이, 브룩스는 제품이 복잡해질수록 스케줄은 점점 더 늦춰진다는 것을 발견했다. 그리고 조직의 활동을 면밀히 연구해보니 프로젝트에 인력을 추가로 투입하면 속도가 빨라지는 것이 아니라 사실은 늦춰짐을 깨달았다.

규모에 관한 산업의 관념은 맞지 않았다. 브룩스에 따르면 팀들은 상호 커뮤니케이션과 관련된 부분을 가장 크게 어려워했다. 프로젝트 진척을 위해 두 명의 엔지니어가 논의해야 할 경우 더 많은 사람이 추가되면 프로젝트의 발목을 잡았고, 결국 전혀 진행되지 않았다.

브룩스는 소프트웨어 개발을 이끄는 가장 좋은 방법은 '돼지 도살 모델(각 팀의 구성원이 문제를 잘라내는 형식)'에서 '수술팀 모델(전문가가 문제해결을 이끌고 다른 이들이 필요한 지원을 제공하는 형식)'로 전환해야 한다고 믿었다. 그 결과, 그는 소프트웨어 개발을 전문가를 중심에 두고 필요한 도움을 명확히 지원할 직원이 함께하는 소규모 팀으로 다시 설계했다.

브룩스는 최적의 팀에 엔지니어와 보조 엔지니어, 문서 담당 직원, 관리자, 테스터 한 명씩과 구성원 모두의 생산적인 업무를 돕는 도구를 마련하는 직원이 필요하다고 생각했다. 이러한 팀 구조로 구성원은 각자의 전문 분야를 담당하면서 프로젝트의 성공을 함께할 수 있었다.

45년 전 브룩스가 제시한 선구적인 분석과 그 실행은 오늘날 팀 중심 체제로 이어졌다. 그 이후로 기술업계는 규모가 아닌 속도가 필수적인 경쟁력일 때 어떠한 조직 디자인이 가장 효과적인지 계속해서 보여주고 있다.

혁신, 그 중심에 애자일 원칙이 있다

그다음 주요한 혁명은 2001년에 일어났다. 항공 엔지니어인 존 컨John Kern이 이끄는 소프트웨어 엔지니어팀은 자신들의 경험을 모아 애자일 소프트웨어 개발 선언문을 작성했다. 이는 '애자일 선언문'으로 널리 알려져 있다.[19]

애자일은 획기적인 혁신을 가져왔다. 처음에 소프트웨어 개발에 적용되던 애자일은 일에 관한 새로운 철학을 제시했고 거의 모든 산업에 사용할 수 있었다.

존 컨의 팀은 복잡한 소프트웨어 시스템은 미리 규정하기가 불가능하다는 이해에서 시작했다.[20] 한 방향으로만 과정이 흘러가는 전통적인 폭포수 모델과 달리 애자일은 소프트웨어 모델을 신속히 만들고 초기에 테스트해 발전시켜가며 빠르게 피드백을 받는다. 그러나 협력으로 최상의 성과를 내는 방법을 제시하는 애자일은 소프트웨어가 아닌 분야에도 파급력을 발휘한다. 다시 말해 애자일은 단순한 조직 모델을 넘어선 문화라 볼 수 있다.

애자일을 사용하는 소프트웨어 팀을 방문하면 문화에 관한 이야기가 많이 나올 것이다. 핵심은 이렇다. 개인에게 권한을 부여하고, 명확히 정의된 소규모의 팀을 구성하고, 팀이 매일 발전하도록 도우며 설계와 협력, 피드백에 중점을 두는 것이다. 모든 과정을 최대한 간단하게 진행하면서, 혼란이나 불필요한 기능은 줄여 팀이 핵심 임무에 집중할 수 있도록 한다.

실제로 애자일 모델이 어떻게 적용되는지 알기 위해 나는 피보탈랩Pivotal Labs(현재는 VM 웨어에 속함)의 엔지니어 책임자와 이야기를 나누었다. 피보탈랩은 클라우드 플랫폼 호스팅과 컨설팅 서비스를 최초로 제공한 기업이다. 이 경험을 통해 나는 전 세계 최상의 소프트웨어 팀은 세 명의 주요 인물이 필요하다는 것을 깨달았다. 비즈니스를 이끄는 제품 매니저나 경영자, 소프트웨어를 개발하는 엔지니어, 그리고 사용자 경험이나 인터페이스를 디자인하는 설계자다.

피보탈의 전 최고인사담당자인 조 밀리텔로Joe Militello는 말한다. "우리는 고객의 뚜렷한 문제에서부터 시작합니다. 신속하게 솔루션을 설계해 시제품을 만들고 고객에게 보여주죠. 그리곤 즉각적으로 시제품의 80%는 적합하지 않다는 걸 발견합니다. 그러나 핵심적인 20%는 효과가 있기 때문에 맞지 않은 것은 버리고 핵심에 집중하죠. 그리고 다시 해보는 겁니다."[21]

애자일 선언문의 원칙

1 가치 있는 소프트웨어를 조기에 빠르게 지속적으로 제공해 고객을 만족시킨다.
2 개발 후반부라도 달라진 요구사항을 기꺼이 반영하자.
3 작업 중인 소프트웨어를 자주 전달하자.(월 단위가 아닌 주 단위로 전달한다.)
4 비즈니스 담당자와 개발자들은 매일 긴밀하게 협력해야 한다.
5 진취적인 사람들을 중심으로 프로젝트를 구성하고 신뢰하자.
6 직접 마주 보고 대화하는 것이 최상의 커뮤니케이션이다.(장소를 공유한다.)
7 작업물이 과정의 가장 주요한 척도다.
8 일정한 속도를 유지하기 위해 지속적으로 개발하라.
9 기술적 우수성과 디자인에 계속해서 관심을 기울이자.
10 해결해야 하는 핵심에 집중하는 간결함이 중요하다.
11 자기조직화 팀은 최고의 설계와 디자인을 구현하고 고객의 요구를 충족하는 데 적합하다.
12 정기적으로 더 효율적인 방법을 생각해보고 이에 맞게 조정한다.

출처: 애자일 얼라이언스, 2022

에릭 리스Eric Ries의 《린 스타트업Lean Startup》과 애자일 소프트웨어 개발과 관련된 많은 책은 MVP(Minimum Viable Product)를 향해 일하는 힘을 강조한다. 최소기능제품을 뜻하는 MVP는 빠르게 습득해 혁신 주기를 자주 반복하는 것을 말한다.[22] 6주간의 스프린트 동안 팀은 이슈를 신속히 파악하고 해결책을 테스트한 후 배우고 다시 반복한다. GE는 이러한 방식을 전사에 정착시켰다. 현재 10억 달러 이상의 매출을 달성하고 있는 GE디지털은 애자일 팀으로 전체 조직을 운영한다.[23]

디자인 중심의 엔지니어링과 빠른 반복 주기, 신속한 피드백과 역동적인 인력 전환, 그리고 끊임없는 기술 발전의 추구는 비즈니스의 새 기준으로 자리 잡으며 거의 모든 일의 척도가 됐다. 애자일 방식으로 직원들은 고무되고 몰입한다. 애자일 방식을 사용하는 수많은 팀을 만날 때마다 나는 직원들에게서 자율성과 에너지를 쉽게 느낄 수 있었다.

당신의 회사가 영업과 마케팅, IT와 HR, 그 외에 다른 비즈니스 프로세스를 어떻게 수행하는지 생각해보자. 소규모 팀을 꾸려 면밀히 설계하고 테스트한 다음 주기를 빠르게 반복하는가? 아니면 솔루션을 찾기 위해 폭포수 방법을 사용해 설계와 세부 사항에 몇 달, 몇 년을 소비한 다음 길고 복잡한 베타버전을 사용해 출시하는가?

최근에 나는 구글의 고위 HR 직원들을 만나 기업 문화에 관해 이야기를 나눴다. 구글의 문화를 특별하게 만드는 건 무엇일까? HR 리더 중 한 사람이 이렇게 답했다. "구글은 실험과 반복, 지속적인 변화를 추구하는 문화를 가지고 있습니다. 솔루션을 설계해 테스트해보고 계속해서 생산 관리하죠." 일하고 싶은 매력적인 기업은 바로 이러한 일과 HR 모델을 취한다.

애자일이 만사에 적합하다고 주장하는 것은 아니다. 핵잠수함이나 복잡한 에너지 시스템을 만드는 일은 어떤 단계에서도 실패를 용납할 수 없을 거다. 그러나 조직의 업무가 모두 '절대적으로 중요한 임무'라 해도 소규모 팀과 협력, 꾸준한 속도와 신뢰는 이제 현대 팀워크의 상징이 됐다. 애자일의 다른 특성 역시 당신의 조직에 분명 적합할 것이다.

성공사례: HR에 애자일을 도입한 IBM

최근에 IBM의 최고인사책임자에서 퇴임한 다이앤 거슨Diane Gherson은 애자일 모델이 HR에 얼마나 강력한 영향을 주었는지 자주 언급하곤 한다. 직원의 불만 사항을 체크하는 프로세스를 수정하는 일 같은 새로운 프로젝트가 생길 때 그녀는 애자일 팀을 구성했다. 이 팀에는 HR 전문가와 라인 리더, 소프트웨어 엔지니어가 함께해 해결책을 마련했다. 그녀는 IBM의 전환을 도운 많은 도구와 함께 인지적 코치와 급여 상담 솔루션을 개척했다.

적절하게 팀을 운영하려면 어떻게 해야 할까?

자주 팀을 이동하는 네트워크 조직에서 장기간 보람을 느끼며 일할 수 있을까? 물론이다. 그러나 그렇게 하기 위해선 몇 가지 고찰이 필요하다.

비즈니스에서든, 스포츠든, 군대에서든 뛰어난 팀은 몇 가지 공통된 특성이 있다. 그 팀들은 흥미롭고 즐겁다. 팀원들은 에너지와 권한을 부여받고 목적과 임무를 즐겁게 해낸다. 리더십과 명확한 자기 역할, 결정력이 팀 안에서 잘 어우러진다.

이러한 뛰어난 팀의 주요 특성을 살펴보자.

자율성과 전문성, 목적 주입하기

사람들은 자기 일에 주인의식을 느끼고, 알맞은 직무에서 일하며, 팀의 목표가 확실할 때 가장 결속력이 높아진다. 다니엘 핑크Daniel Pink는 저서 《드라이브Drive》에서 '자율성과 전문성, 목적'이 동기부여에 매우 중요하다고 설명한다.[24] 이러한 요소는 사람들에게 권한을 주고 에너지를 불어넣으며 성장하고 성취하는 팀을 이끈다.

스스로가 발전하는 것을 깨닫도록 지원하기

하버드의 테레사 아마빌레Teresa Amabile 교수는 십만 명이 넘는 직원들의 업무 일지를 분석한 결과 '매일 발전하는 것'이 일이 지닌 가장 큰 가치임을 발견했다.[25] 아마빌레 교수는 이렇게 고무적인 과정을 '직장생활의 내면 상태'로 묘사한다. 이러한 환경에서는 업무에 관한 긍정적인 피드백이 행복과 생산성, 더 긍정적인 생각을 촉진하고, 팀 매니저는 일의 진행을 막는 장애물은 제거하고 뚜렷한 목표를 유지하며 지속적인 지원을 제공하도록 노력한다.

안정과 신뢰 환경 조성하기

구글의 '프로젝트 옥시젠' 팀은[26] 1년 동안 성과 평가와 직원 일지를 조사했다. 그리고 훌륭한 팀은 신뢰와 개방성, 자유를 기반으로 사람들이 좋아하는 일을 하도록 허락하며, 매니저는 코치와 전문가, 파트너 역할을 하며 이를 돕는다고 결론 냈다.[27] 구글은 이러한 발견을 팀 리더를 위한 일련의 규칙으로 만들어 그들이 열린 마음을 가지며, 명확하고 도전적인 목표를 세우고 결과에 집중하도록 교육했다.

1 **정서적 안정**: 팀에게 불안과 우려 없이 업무를 맡길 수 있는가?
2 **상호의존성**: 정해진 기간 안에 고품질의 결과를 내기 위해 서로를 믿을 수 있는가?
3 **구조와 명확성**: 우리 팀의 목표와 역할, 실행계획은 명확한가?
4 **일의 의미**: 개인적으로도 각자에게 중요한 일을 하고 있는가?
5. **일의 영향력**: 우리가 하는 일이 중요하다고 근본적으로 믿는가?[28]

각자의 업무 기준 만들기

뛰어난 팀은 자신만의 고유한 업무 기준을 만든다. 심리학자인 브루스 터크만Bruce Tuckman은 '형성기, 갈등기, 안정기, 성취기'라는 개념을 고안했다.[29] 그는 근본적으로 팀을 개발하는 데에는 이러한 네 단계가 있고 시간이 흐르며 팀은 신뢰와 업무규칙을 만들고, 피드백과 개선을 위한 프로세스를 세우며, 리더의 역할을 체득한다고 설명했다. 개인이 이끌리는 것이 아닌 능동적으로 일을 변화시키는 잡 크래프팅(자발적 직무설계)의 개념은 이에 중요하게 작용한다.

조직을 깊게 이해하기

GM의 전 인재 관리 책임자이자 현재 아마존웹서비스의 인재개발부 부사장인 마이클 아레나Michael Arena는 팀이 성공하기 위해선 팀 내의 관계와 기업의 다른 부문에 관한 이해가 가장 중요하다고 강조했다.[30] 즉 팀은 팀 내에서 생산적으로 일하는 동시에 자신의 업무가 회사의 전체구조에 어떻게 들어맞는지를 이해해야 한다.

성과에 도움이 되는 조직 문화 만들기

하버드 교수인 보리스 그로이스버그Boris Groysberg는 한 조직의 슈퍼스타(예를 들면 목표를 훨씬 상회한 투자 전문가)가 새로운 회사로 옮긴다고 반드시 성공하지는 않음을 발견했다.[31] 그들이 이전 조직에서 보여준 성과는 그 기업의 전반적이고 독점적인 자원과 조직문화, 네트워크와 동료에 크게 영향을 받은 것으로 보였다. 다시 말해, 조직 문화는 매우 중요하다. 한 팀에서 성과가 좋지 않았던 사람이 다른 팀에서는 성공할 수도 있다. 따라서 미래의 조직은 업무와 팀 문화에 상당히 집중할 필요가 있다.

피드백 문화를 정립하기

뛰어난 팀은 구성원들이 서로 이해하고, 대화하며, 피드백을 주고받는다. 누군가 성과를 내지 못했을 경우, 다른 팀원들은 건설적으로 조언을 줄 수 있다. 이제 새롭게 등장한 많은 도구으로 피드백은 더욱 용이하다. 트렐로Trello와 슬랙Slack같은 목표와 커뮤니케이션 공유를 위한 시스템은 온라인으로 원활한 진행을 돕는다. 후에 다시 다루겠지만 지속적인 성과 관리를 통해 피드백 과정은 더욱 수월해진다.

뚜렷한 목적의식 정립하기

아마존은 어떤 프로젝트나 제안을 시작하기 전에 모든 팀에게 보도자료를 써보라고 권하면서 목적의식을 키운다.[32] 보도자료에는 팀의 궁극적인 결과와 목표를 달성하는 방법이 담겨있어야만 한다. 이를 통해 팀은 목적을 분명히 하고, 방법을 표현할 수 있다.

변화를 위한 질문

팀원들과 함께 아래의 질문을 논의해보자.

1 우리는 문제 해결을 위해 다기능 팀을 신속히 만들 수 있는가? 그렇지 않다면 방해 요소는 무엇인가? 문화나 보상체계 때문인가? 아니면 경영진 때문인가?

2 우리 팀은 해결책이 중복되거나 목적이 상충하지 않도록 소통하고 정보를 공유하는가? 그런 경우와 그렇지 않은 경우 각 이유는 무엇인가?

3 팀의 결성과 협력을 돕는 일반적인 도구가 있는가? 새로운 리더가 팀을 형성하고 관리하도록 돕는 일련의 기준과 도구, 시스템이 있는가?

4 우리 직원들은 위험부담 없이 다른 조직으로 이동하는가? 그러한 인재 이동은 보상받는가? 아니면 위험한 이동으로 여겨지는가? 그런 경우와 그렇지 않은 경우 각 이유는 무엇인가?

5 가장 뛰어난 팀을 인지하고, 성과가 좋지 못한 팀에 없는 그들의 공통된 특징을 알고 있는가? 우리는 공유할 수 있는 기준이나 관행을 갖고 있는가?

6 경영진은 팀이 번성하고 성장할 수 있도록 스페셜리스트에게 리더 역할을 맡기며 자신의 권한과 힘을 이양할 수 있는가? 그러한 구조를 지지하도록 권장하는 분위기인가? 그런 경우와 그렇지 않은 경우 각 이유는 무엇인가?

피라미드가 아니라 네트워크로

얼굴을 보며 일하는 것이 최상의 커뮤니케이션이다

결속력을 높이기 위해선 실제 사무실이든, 화상회의를 통해서든 대면해서 일하는 시간이 필요하다. 기업이 좀 더 유연한 근무 환경을 마련할수록 관계 구축의 필요성은 더욱 중요하다.

HR 컨설팅 회사인 머서Mercer의 업무 유연성에 관한 연구에 따르면 팬데믹이 시작되기 전에는 리더들은 인력의 45%만이 완전히 가상으로 진행하는 원격근무에 효율적으로 적응할 수 있다고 판단했다.[33] 머서는 그러한 생각이 코로나19로 완전히 달라졌다고 주장한다. 오늘날 고용주의 90% 이상은 생산성이 이전과 동일하거나 향상됐다고 말했으며, 82%의 회사가 유연근무제를 더 확장해 실행할 계획이다.

'지상 최대의 일터 실험'이라고 불린 다른 조사들 역시 이를 증명했다. 12,000명의 직원을 대상으로 한 2020 보스턴컨설팅그룹 조사에 따르면 응답자의 75%가 생산성이 같거나 향상됐다고 답했다.[34]

퓨 리서치 센터Pew Research Center가 2020년 12월에 실시한 조사에서도 유사한 결과가 나왔다. 대부분 시간을 재택 근무한 미국인은 71%였는데, 그 중 87%는 업무처리를 돕는 유용한 도구를 지원받아 사무실에서만큼 일에 몰두할 수 있었다고 응답했다.[35]

많은 부분에 있어 이 대규모의 일터 실험은 놀랍게도 성공적이었고 더 많은 고용주가 유연근무제의 장점에 좀 더 마음을 열게 됐다. 팬데믹 전에도 80% 이상의 기업이 유연근무제를 실행하거나 실행할 계획에 있었다.[36] 그리고 팬데믹은 이를 앞당겼다. 펩시코PepsiCo의 인재관리책임자로 코로나19 관련 대응을 이끈 사친 제인Sachin Jain은 이렇게 말한다. "몇 년 동안 논의만하고 실제로 시작하지 못한 일을 2~3달 만에 해낸 거죠."[37]

다른 기업들도 같은 방식을 취해야 한다는 부담이 있다. 컨설팅 회사인 EY의 '일터 재창조 직원 조사'에서는 전 세계 16,000명이 넘는 직원 중 절반 이상(54%)이 근무 시간과 장소를 유연하게 정할 수 있지 않으면 현 직장을 떠나는 것도 고려하겠다고 답했다.[38]

호주의 통신 대기업인 텔스트라 같은 기업은 유연근무제 전략을 적극적으로 지지하고 있다.

텔스트라는 2018년 변혁을 도모하며 이러한 전략을 도입했으며, 복잡한 사일로 관리 구조를 수평으로 바꾸고 경영진 자리의 수를 25% 줄였다.

"애자일 팀은 회사의 전환에 중요한 역할을 했습니다." 텔스트라의 혁신과 커뮤니케이션 이사인 알렉스 베이드녹Alex Badenoch은 말했다.[39] "우리는 고위 리더가 관장하던 영역을 나누고 다기능 팀을 만들어 좀 더 고객 중심적인 접근 방식으로 시장 출시에 드는 시간과 비용을 절감했습니다. 전체적으로 비즈니스의 모든 영역에서 3~4개의 계층을 없애 관련 인력의 약 20%를 줄이고 파견 인력의 50%를 줄일 수 있었죠. 이제 대략 회사의 30%가 전면적인 애자일로 전환했습니다."

2018년과 2019년에 이러한 변화를 취하면서 텔스트라는 후에 발생한 코로나라는 엄청난 격변에 준비가 돼 있었다. "우리는 이미 한 주에 이틀씩은 사무실 인력이 재택근무를 할 수 있는 유연제를 실행 중이었습니다. 따라서 팬데믹이 닥쳤을 때 큰 이점을 누릴 수 있었죠." 베이드녹은 강조했다. "그 인력이 완전한 재택근무로 전환한 것이기에 생산성에도 차질이 없었습니다."

그렇다고 해도 HR은 원격근무의 위험성을 간과해서는 안 된다. 머서의 유연근무제 조사에 따르면 2020년 직원들은 매일 평균 3시간씩 더 많이 일했다. 10명 중 4명 이상인 41%의 직원에게 어깨와 등, 손목 통증이 증가했으며 고용주의 64%는 직원들의 정신건강 서비스 사용이 늘어난 것을 보았다고 답했다.

텔스트라는 원격근무 직원을 위한 정신건강 서비스를 강화했다고 베이드녹은 말한다. "가장 중요하게는 집에서 공부하는 자녀를 챙기거나 연로한 부모님을 어떻게 돌보는지 파악하기 위해 매일 라이브 스트리밍을 실시했습니다. 관련해 수시로 설문조사도 진행했지요. 그리고 재정지원 프로그램을 개발해 지급에 어려움을 겪는 고객을 돕겠다고 공개적으로 선언했습니다. 이러한 활동으로 조직 전반에 자긍심도 커질 수 있었습니다."

가상과 실제 환경을 오가는 유연한 근무환경은 당연한 수순이다. 고용주의 과제는 그 균형을 맞추는 것이다. 그렇다면 조직을 어떻게 운영해야할까? 당신의 팀을 스포츠팀처럼 꾸려가라. 팀원들이 서로 잘 알고 열린 마음으로, 자주 소통하도록 신경 쓰자. 정기적으로 팀이 한 공간에 모이는 시간을 마련하며 가장 효율적인 곳에서 좋아하는 일을 하게끔 하자.

마이크로소프트는 유연한 근무환경을 포용한다는 신념을 갖고 있다. "재택근무는 이제 영구적인 기준으로 자리잡았습니다. 반드시 현장에 있어야 하는 역할을 제외하고 실제로 사무실에 오는 것은 선택사항이죠." 마이크로소프트의 수석부사장이자 최고인사책임자인 캐슬린 호건Kathleen Hogan은 말한다.[40] "하이브리드(혼합형) 일터는 디지털 혁신으로 이미 발생하고 있었으며 이제는 훨씬 빠르게 진행 중입니다. 그래도 필요한 경우 실제 사람과 사람 사이의 접촉을 절대 기술이 대체할 수는 없을 겁니다."

훌륭한 팀은 소규모다

애자일팀에 관한 대부분의 연구는 최적의 팀 규모가 8명 이하라고 제시한다. 왜 그럴까? 소규모 팀은 쉽고 빠르게 일을 처리하며 소통이 원활하다. 그리고 팀원 간의 이해도도 높다. 팀원들은 이를 통해 진취적인 마음을 가지며 성과와 몰입도, 생산성을 높인다. 아마존의 제프 베이조스Jeff Bezos는 이를 '피자 두 판의 법칙'이라고 부른다. 점심으로 피자 2판 이상이 필요하다면 그 팀의 인원이 너무 많다는 의미다.[41]

많은 신경학 연구 역시 이러한 현상을 설명한다. 인류학자인 로빈 던바Robin Dunbar는 '던바의 법칙'을 발견했는데 이는 인간의 마음이 한 번에 약 150명의 사람과만 개인적인 관계를 맺을 수 있다는 이론이다.[42] 해부학적인 증거도 우리가 이보다 더 작은 규모로 일하게 되어 있음을 보여준다.

팀 간의 장벽을 없애자

소규모 팀은 이상적이지만 팀들 간의 조율 역시 필요하다. 기업의 전반적인 전략을 고려하지 않고 각 팀이 설계와 달성 목표를 세우길 원하는가? 당연히 아닐 것이다. 따라서 공동의 목표와 커뮤니케이션, 그리고 팀 간의 조율을 담당하는 '슈퍼 팀'을 구축하는 것도 중요하다.

저서 《사일로 이펙트Silo Effect》에서 질리언 테트Gillian Tett는 훌륭한 조직에는 개인의 능력을 최대한 활용하고 협력을 잘 조율하는 팀이 있다는 것을 발견했다.[43] 이런 팀이 없을 때 사일로는 크나큰 위험을 초래할 수 있다. 질리언의 조사에 따르면 일례로 2001년 9.11 테러 당시 세계무역센터에서 용감하게 생명을 구한 소방관들은 '다른 이들과 꽤 동떨어져' 있었다. 그 결과 워키토키는 다른 응급서비스와 연락이 닿지 못했고 너무나 많은 사람이 열악한 조율로 사망했다.

상품을 만드는 회사에서 팀들은 통합시스템을 마련하기 위한 조율이 필요하다. 예를 들어, 소니는 최초의 휴대용 음악 기기인 워크맨을 개발했지만, 과제에 대응이 늦어지면서 애플에 시장을 빼앗겼다. 어디서 잘못된 걸까? 워크맨 팀은 소니의 다른 엔터테인먼트 제품들과 협력하지 않았다. 당시에는 큰 조직 안에 작은 실험 팀들을 만들어 '스컹크 웍스(비밀 작업)' 방식으로 개발을 가속하는 것이 옳다고 여겼다. 그러나 모두 알듯이 애플의 통합 모델은 시장을 장악했고, 워크맨은 박물관의 전시품으로 남았다.

팀을 구성하고 연결하자

팀의 독립성을 보장하면서 그들의 노력을 조율할 방법은 무엇일까? 소니의 사례에서 볼 수 있듯이 팀의 성공은 두 가지 동력을 기반으로 한다. 팀 자체의 생산성과 나머지 조직과 협력하는 능력에 달렸다. 그러나 어떤 면에서 이러한 동력은 반대 방향으로 서로 잡아당긴다.

모든 팀은 빠르게 움직이고 고객과 직접 혁신을 이루고 싶어 한다. 이와 동시에 팀이 회사 내의 다른 기술과 전문성을 이용하도록 하려면 어떻게 해야 할까? 한 팀이 다른 그룹과 일이 중복되거나 경쟁하지 않도록 방지할 방법은? 팀의 노력이 더 큰 시장이나 수익 목표에 부합할 수 있도록 어떻게 이끌 수 있을까?

내 연구는 조율하는 '네트워크의 효과'가 생각보다 훨씬 중요함을 보여준다. 물론 스컹크 웍스로 재탄생한 제품도 많지만, 조직 관계는 대부분의 기업에서 핵심 역할을 한다. GM의 최고인사책임자인 마이클 아레나는 성공적인 혁신의 가장 큰 예측 변수는 엔지니어 인재나 고객 중심이 아닌 얼마나 기업 내에 있는 혁신 주머니들을 잘 발휘하는가에 달렸음을 발견했다.[44]

협력적인 하향식, 상향식 혁신 문화를 발전시키자는 CEO 메리 바라Mary Barra의 목표 아래 마이클은 GM2020이라는 엄청난 계획을 이끌었다. 디자인 씽킹 방법론을 적용하며 아레나는 기업의 아래층에 있는 90명의 직원을 '격자형 구조에서 하향식 전략과 상향식 에너지를 연결하는 작은 불을 지피는데' 활용했다.[45]

GM은 90명의 직원을 소규모 팀으로 나누고 판지와 3D 디자인 소프트웨어를 사용해 GM의 SUV인 타호의 독특한 시제품을 디자인하는 해커톤 대회*를 진행했다. 운전자를 돕고 운전 경험을 향상하는 시제품이라면 무엇이든 좋았다. 그다음 팀들은 혁신의 결과물을 하향식과 상향식 전략을 잇는 역할을 하는 선별된 30명의 중간관리자 그룹에 선보였다. 2020년 새롭게 탄생한 타호는 이 대회 우승자의 발명품을 반영했다. 지갑을 보관할 수 있는 중간 투입구가 있는 슬라이딩 수납공간을 탑재한 것이다. "애자일 팀을 활용해 우리는 발견을 촉진하고 이를 세상에 내놓는 방법을 찾을 수 있었습니다." 마이클은 설명했다.

그는 조직의 다른 부문, 특히 제품이나 고객과 가까운 인력의 일을 활용할 때 가장 성공적인 혁신을 이룰 수 있었다고 덧붙였다.

다음은 성공을 위한 팀 구성 방법의 예시이다.

첫째, 팀은 고객을 중심으로 묶일 수 있다. 다양한 고객 중심 솔루션을 구축하려는 경우, 기업은 각 고객을 중심으로 디자인팀과 서비스팀, 영업팀을 만든다. 애플과 삼성, IBM과 SAP, HP같이 제품의 통합이 주요 가치제안인 회사에서는 제품이나 제품군을 중심으로 팀을 구성할 수 있다. 예를 들어 델에서는 제품라인

* 옮긴이 주: 해커와 마라톤의 합성어로, 한정된 기간 내에 주어진 주제에 관한 솔루션을 개발하는 공모전

을 중심으로 팀을 구성해 관리와 생산, 디자인과 엔지니어링, 영업을 담당하게끔 한다.[46]

은행에서는 팀을 지역이나 고객층을 기준으로 구성할 때가 많다. 대부분의 은행은 자체 영업과 마케팅팀이 포함된 개인자산관리 사업을 운영한다. 따라서 여러 팀이 고객이나 고객층을 중심으로 협력할 수 있다.

제약 산업에서는 많은 기업이 과학계의 전통적인 위계 체제에서 벗어나 제품이나 특정 질환에 집중하는 팀으로 전환했다. 이러한 팀들은 과학과 제조 분야를 비롯한 다양한 전문 분야를 포함한다. 일부 제약사는 장기나 신체 시스템을 중심으로 과학자들을 모으기도 한다.

2020년 온 세상이 코로나19 백신과 치료제를 찾는 동안, 여러 제약사와 학술기관은 조직의 다양한 분야를 결합해 새로운 치료법에 집중하는 팀을 만들었다. 예를 들어 GSK는 자사의 면역반응 보조제 기술을 개발하던 연구원을 코로나19 백신의 핵심 성분인 S단백질을 개발한 사노피 S.A.의 연구팀에 보냈다.

팀 체제는 의료 서비스 제공에도 매우 탁월하다. 의료 관리의 선도자인 클리블랜드 클리닉은 환자의 더 나은 결과를 위해 최근 서비스 제공 방식을 재설계했다.[47] 환자 진단과 올바른 치료 조합을 결정하는데 드는 업무를 조사한 후 클리블랜드 클리닉은 빠르고 효과적이고 효율적인 방법으로 지속적인 치료를 제공하기 위해선 의료진의 역할이 좀 더 유연해야 한다고 판단했다. 이제 간호사는 또 다른 하이브리드 직업인 '관리 매니저' 역할을 하고 모든 의료진은 치료와 사례관리 교육을 받아 자신의 기술적인 전문 분야 이상의 역량을 넓힌다.

클리블랜드 클리닉은 또한 지속적인 개선을 위해 여러 애자일 방식과 도구, 측정기법을 도입했다. 메이오 클리닉도 전 세계의 여러 의료 서비스 업체가 그렇듯 유사한 방식을 취했다. 그리고 내가 조사한 대부분의 사례에서 직무가 좀 더 다양해지고 의료 업계가 교차훈련을 강화하면서 직원들의 결속력도 높아졌다.

팀 중심의 비즈니스 구조에서 가장 큰 변화는 더 이상 관리자가 왕국을 통치하는 왕처럼 거대한 부서를 이끌 수 없다는 것이다. 물론 모든 회사에는 여전히 총괄 관리자와 고위 임원, 제품라인 담당자, 재무 임원과 영업 임원 등이 존재한다. 그러나 이들은 부서의 왕이 아니다. 그들은 팀의 조정자이자 조력자, 코치다. 이러한 근본적 전환으로 팀 구성원은 자율성을 갖고 조직에서의 의미와 목적의식을 찾아 훨씬 더 몰입한다.

구조적인 관점에서 팀을 조직하자

노련한 애자일 실행자들은 팀의 독립성과 조율을 돕는 전사적 모델을 만들었다. 그중 스포티파이Spotify가 만든 혁신 방식은[48] 이제 ING 은행에서도 널리 사용되고 있다.

스포티파이 모델에서는 각 팀이나 스쿼드가 8명 이하로 구성된다. 스쿼드는 작업을 공유하기 위한 화이트보드와 기타 도구를 구비한 채 소규모 그룹으로 함께 앉는다. 각 스쿼드는 전체 조직에 맞게 자체 목표와 장기 임무를 정하는 자율적인 그룹이다. '스포티파이를 최고의 음악 탐색 공간으로 만들자'나 '인프라 테스트를 위한 확장 가능한 도구 세트를 만들자' 와 같은 임무를 세우는 것이다. 그런 다음 스쿼드는 분기마다 단기 목표를 달성하기 위해 노력한다.

스포티파이 리더들에 따르면 스쿼드는 자율성을 가지기 때문에 매우 고무적이다.[49] 그들은 관료주의의 복잡한 절차나 상사를 거치지 않고도 결정을 내릴 수 있고 매일 같이 일하기 때문에 서로를 잘 이해한다.

스포티파이는 '느슨하게 결합하지만, 단단히 조화를 이루도록' 스쿼드를 만들어 조율을 이끈다. 악기는 각자 연주하되 멋진 음악을 만들기 위해 협력하는 재즈밴드와 유사하다.

스포티파이와 다른 조직이 고민하는 문제는 단순하면서도 심오하다. 자율성의 욕구와 조율의 필요성간의 균형을 어떻게 맞추면 좋을까?

많은 경우 일일이 직원을 관리하지 않는 대신 지침을 제공하는 것이 새로운 경영 방식이다. 그리고 정보를 공유하고 솔직하면서도 활발히 피드백을 주고받는 문화를 갖춘다. 이러한 방식으로 팀을 구성하는 회사는 어느 정도 차이는 있더라도 일반적으로 다음의 방식을 조합해 사용한다.

- 4~6주 단위의 스프린트 프로젝트를 진행해 정기적으로 작업을 마무리하고 성취감을 느낄 수 있도록 함
- 스탠드업 회의 진행: 매일 15분 동안 진행 상황을 공유하게끔 해 모두에게 말할 기회와 팀 소속감을 줌
- 트렐로나 아사나Asana 같은 도구를 사용해 직원들이 다른 이가 하는 일을 시각적으로 볼 수 있게 화이트보드를 공유함
- 세세한 업무를 관리하는 시스템을 마련해 팀이 지향하는 경험을 설명하는 '사용자 이야기'를 구축하게끔 함
- 협력과 커뮤니케이션을 위한 시스템(슬랙, 마이크로소프트 팀즈, 메타의 워크플레이스, 힙챗 등)을 마련해 직원들이 빠르게 질문하고 정보를 공유하게끔 함
- 사람들이 얼굴을 마주 보고 시간을 보내고, 쉽게 다가가 대화할 수 있는 물리적 공간 마련
- 업무를 공정하고, 체계적으로 기술할 수 있도록 역할을 명확하게 정의
- 직원들은 시간이 지나며 퍼드(소규모 그룹)에서 다른 퍼드로, 스쿼드에서 다른 스쿼드로 이동한다. 이러한 교차 스쿼드 이동을 통해 협력하는 방법을 배우고 공동의 문화를 익힘

- 피드백 도구와 코칭 마련. 이를 통해 사람들이 문제를 제기하고 빨리 해결하게끔 함

표 1.2는 정렬과 자율성이 서로 작용하는 법을 보여준다. 낮은 정렬과 자율성은 혼란과 이탈, 열악한 결과를 초래한다. 군대처럼 높은 정렬과 낮은 자율성을 보이는 문화에서는 사람들이 시키는 대로는 하지만 그 이상은 잘 하려 하지 않는다. 많은 컨설팅 회사와 같이 낮은 정렬과 높은 자율성을 가진 회사에서는 자기 팀을 위해서는 최선을 다하지만, 중요한 정보를 전체에 공유하지 않기도 한다. 가장 좋은 건 높은 정렬과 높은 자율성을 지닌 조직이다. 이러한 기업에서는 리더가 직원에게 뚜렷한 목표와 방향을 제시하지만, 업무를 어떻게 수행할지는 스쿼드에 결정권이 있다.

표 1.2. 정렬과 자율성은 기업에서 어떻게 서로 작용하는가

	낮은 자율성	높은 자율성
높은 정렬	"다리를 만들어라."	"강을 건너야 하는데 어떤 방법이 있는지 찾아볼까?"
낮은 정렬	"여기서 저기까지 어떻게 가야할지 모르겠다."	"누군가는 이 문제를 해결하고 있으면 좋겠다."

출처: 조쉬 버신 컴퍼니, 2021

스쿼드는 본질적으로 다양한 전문 분야를 갖춘다. 산업 시대의 기능별 계층 구조와 달리 스쿼드는 자급자족이 가능한 그룹이다. 그들은 임무를 해내는 데 필요한 모든 것을 갖췄다.

은행의 모기지 신청 프로세스를 재설계하는 임무를 받은 스쿼드가 있다고 해보자. 이 스쿼드에는 법률 전문가와 소매금융 매니저, IT 전문가, 그리고 기획과 법률, 재무 시스템을 이해하는 누군가가 필요할 것이다. 이 전문가 그룹은 함께 모여 프로세스를 설계하고 테스트한 후 출시까지 책임진다. 각 구성원은 기존의 기능부서에 속하면서 이러한 신규 프로세스를 만들기 위해 힘을 모을 수 있다.

이러한 다기능 팀은 코로나19로 인한 팬데믹 기간에 더욱 흔해졌다. 나는 원격근무와 하이브리드 업무, 업무 복귀 프로그램을 개발하기 위해 스쿼드를 구성한 여러 회사와 이야기를 나누었다. 이러한 팀에는 IT와 HR, 시설과 안전, 법률 전문가가 함께 일하고 있었다.

다기능 팀은 장점이 많지만 분명한 두 가지 문제가 존재한다. 첫째, 반드시 협력해야 하는 다른 스쿼드와 긴밀히 조율할 수 있도록 스쿼드를 구성하는 방법은 무엇일까? 둘째, 프로젝트가 다른 스쿼드의 영역과 겹칠 때 스쿼드의 구성원은 어떻게 그러한 정보와 도구에 접근할 수 있을까?

바로 트라이브와 챕터가 해답이다.

트라이브는 공동의 프로젝트와 지역, 부서나 비즈니스 목표를 위해 정보를 공유하고 결과를 조율하려 스쿼드를 모은 그룹이다. 예를 들면 ING에서 은행지점은 트라이브고 고객서비스와 운영, 다른 부서 역시 이에 해당한다. 트라이브는 반드시 계층 구조일 필요가 없으며 공통점을 지닌 그룹이나 팀들이 모인 팀의 성격을 지닌다. 트라이브는 스쿼드가 인접한 다른 스쿼드와 좀 더 긴밀히 협력하게끔 한다.

ING에서 트라이브는 150명 미만의 규모다. 트라이브의 리더는 우선순위를 정하고 스쿼드가 다른 트라이브와 조율해 전체 그룹에 영향을 미치는 결정에 도움을 준다. 어떤 면에서 트라이브의 리더는 총괄 관리자다. 따라서 반드시 뛰어난 업무 전문성과 강력한 관계기술, 팔로어십을 육성하는 훌륭한 능력을 갖춰야 한다.

챕터는 트라이브와 원형구조 전체에 걸쳐 유사한 직업을 가진 사람들을 묶은 기능 그룹(엔지니어, 디자인, 마케팅 등)이다.

상상하기 힘들다면 군대를 생각해보자. 각 함선에는 통신과 항해 팀, 추진 팀과 다양한 포와 전투 팀이 있을 거다. 이러한 팀의 전문가들은 각 해당 챕터의 구성원이자 트라이브에 걸쳐있다. 팀 구성원이 다른 챕터에 속한다 해도 팀들은 여전히 임무를 완수하기 위해 함께 일한다.

예를 들어 소프트웨어 개발을 위한 각 스쿼드에는 설계자가 있다. 그러나 기업은 설계자들이 공통된 디자인 도구와 요소를 사용하기를 바란다. 아틀라시안에서 디자인 책임자는 디자인팀을 모아 표준을 정하고 도구를 개선하고 공유하는 동시에 팀이 자체적으로 개발하고 개선하도록 한다. ING에서 챕터의 리더는 해당 기능의 '보스'로 전통적인 모델에서 엔지니어링 부사장과 비슷한 역할을 한다.

이 모델의 마지막 중요한 요소는 애자일 코치다. 애자일 코치는 개인과 스쿼드를 코치하고, 도구를 구축한다. 또한 학습과 개발(L&D)의 리더로서 모두가 함께 일하는 방법을 배우도록 이끈다. 텔스트라와 도이치 텔레콤, 그리고 많은 기업은 애자일 팀의 형성과 프로세스 정립, 원활한 협력을 도울 수 있도록 애자일 코치에 많이 투자한다.

애자일 모델은 직원 결속력과 자율성을 높인다

내가 이러한 내용을 자세하게 다루는 이유는 간단하다. 팀 네트워크를 중심으로 조직 구조를 재설계하면 마법 같은 직원 결속력 목표를 달성하는 엄청난 결과가 따라온다. 이 모델이 성공하려면 직원이 존중받는다고 느끼고, 업무의 중요성을 알아야 한다. 또한 최소한의 관료주의와 최대한의 자율성으로 팀을 조직하고 관리해야 한다.

아틀라시안과 ING, 텔스트라와 메타 같은 기업에 방문했을 때 나는 그 에너지와 활동성, 성장의 기운을 느낄 수 있었다. 이러한 기업의 직원은 자율적이고 체계적이고, 생산적인 환경에서 자신이 일한다고 느낀다.

ANZ 은행의 CEO인 쉐인 엘리엇Shayne Elliott는 이렇게 말한다. "기업이 팀 네트워크로 전환하면 업무의 방식도 매우 빠르게 바뀝니다.[50] 전문 부서가 아닌 고객이 원하는 결과를 중심으로 조직하는 거죠. 목표가 집을 사고 소유하려는 고객을 위한 최고의 은행이 되는 거라고 해봅시다. 그러면 우리는 어떤 역량이 필요할까요? 계층 구조는 순식간에 사라집니다. 직원에게 급여를 지급하고 보상하는 방식도 달라지죠."

애자일은 산업 전반에 걸쳐 효과가 있다. 하버드 비즈니스 리뷰Harvard Business Review에서 대럴 릭비와 제프 서덜랜드, 다케우치 히로타카가 자세히 설명한 것처럼 애자일은 입증된 모델이다.

> 애자일 방법을 사용해 미국 공영 라디오 방송 NPR은 신규 프로그램을 만들었다. 농기계 제조업체인 존 디어John Deere는 기계를 개발하고, 사브Saab는 새로운 전투기를 생산한다. 클라우드 백업 서비스의 선두 업체인 인트로니스Intronis는 애자일 방법을 마케팅에, 글로벌 물류기업인 C.H. 로빈슨은 HR에 사용한다. 미션벨 와이너리Mission Bell Winery는 와인생산부터 창고관리, 고위 경영진 그룹의 운영까지 모든 일에 반영한다. 그리고 GE 역시 애자일 사용해 20세기의 대기업에서 21세기의 '디

지털 산업 회사'로의 대대적인 전환을 가속화하고 있다.[51]

텔스트라는 머리부터 발끝까지 애자일을 받아들였고 알렉스 베이드녹이 그 대대적인 전환을 이끌었다. 그녀는 처음 몇 년은 험난했지만, 현재 텔스트라의 직원 결속력은 그 어느 때보다 높다고 말한다. 사람들은 이제 새로운 프로젝트를 맡을 때마다 승진을 기대하지 않는다. 그들은 회사가 자신에게 '직업이 아닌 일'로 보답해 줄 거라 믿는다.[52]

결국, 모든 것은 사람으로 귀결된다. 메타(전 페이스북)의 로리 골러는 내게 이렇게 표현했다. "누군가가 기회를 얻기 위해 페이스북에서 일하고 싶다고 하면 제 머릿속엔 경고등이 켜집니다. 우리는 무언가를 만드는데 열정적이고 수십억 명에게 자기 일로 영향을 미치고 싶은 사람이 페이스북에 합류하길 원합니다."[53] 이 차이는 매우 중요하다. 팀 네트워크에는 자발적이고 열정적인 사람, 자기 일의 영향력에 기뻐하는 이들이 필요하다. 나는 모든 사람이 이러한 일을 찾는다고 생각한다. 중요한 건 그걸 가능하게 하는 환경을 만들어주는 것이다.

2

직함이 아닌 일

'위대한 일을 하는 방법은 단 하나,

자기 일을 사랑하라'

스티브 잡스Steve Jobs, 2005년 애플의 창립자이자 CEO, 전임 회장

GE가 훌륭한 해결책을 찾아낸 사례를 살펴보자. GE는 2017년에 엄청난 작업에 착수했다. 초강력 엔진으로 생성된 약 80GB 크기의 데이터 파일을 검사하는 작업이었다. GE는 회사 내부에서 문제를 해결하기 위해 고민하는 대신에 외부 인재를 활용했다.

GE 퓨즈라는 크라우드소싱 플랫폼을 활용했는데, 8주가 채 지나기도 전에 40개의 해결방안 후보작을 모았다. 그리고 인도와 버지니아에 거주하는 3명에게서 실행 가능한 해결책을 찾아서 수상하였다. "혁신하는 새로운 방법을 제시한 거죠. 이러한 방식이 가능했던 건 다양한 접근으로 해결책을 찾으려는 열망 덕분입니다." GE 퓨즈의 커뮤니티 리더인 아멜리아 간다라Amelia Gandara가 말했다.[54] "우리는 투자할 스타트업을 찾거나 내부적으로 혁신할 수도 있지만, 또한 외부 집단과 함께 혁신을 도모하는 기회도 만들 수 있죠."

GE가 했던 시도는 오늘날 인재에 관한 근본적인 진실을 보여준다. '업무'는 전 세계 어느 곳에서나 진행될 수 있다. 실제 그 사람이 실질적인 '직책'을 가졌는지는 관계없다. 이번 장에서는 목적에 맞는 일이 유동성을 창출하는 방식과 이를 달성하는 방법을 소개하겠다.

필요한 건 직함이 아닌 일이다

2020년의 상황을 보면, 취업 조건을 갖춘 5900만 명의 미국인은 시간제 근로나 한시적 비정규직, 초단기 근로인 긱이나 다른 프리랜서 형태로 일했다. 이는 2014년 수치인 5300만 명보다 증가한 수치다.[55] 최근 조사에 따르면 이제 젊은 근로자의 약 3분의 2가 자신의 정규직을 보완하는 '부업'을 갖고 있다.[56]

왜 이렇게 많은 사람이 9시부터 5시까지 일하는 규칙적인 일과에서 벗어나고 있는 걸까? 어떤 사람들은 가족을 간병해야 하며 여러 책임들이 너무 많다. 어떤 사람은 기술이 부족해서 정규직 일자리를 찾을 수 없다. 대부분의 기업에 채우지 못한 자리가 많다는 걸 생각해보면 이는 특히 비극적인 사실이다. 건강상이나 기타 문제로 정규직이 제한되는 경우도 있다. 돈을 더 벌고 싶어 수입을 보완하려고 긱 업무를 하기도 한다. 단순히 독립적으로 일하고 싶은 사람도 있을 것이다.

많은 사람이 풀타임으로 일을 할 수 없거나, 하지 않으려고 한다. 실례로 글로벌 구인 사이트인 몬스터Monster가 2020년 팬데믹이 일에 미친 영향에 대해 조사하였다. 조사 응답자의 92%라는 놀라운 비율의 사람들이 지금이 긱 노동을 찾아볼 타이밍이라고 느낀다고 답했다. 57%는 직장을 구하는 동안의 수입을 위해 임시로 긱 노동에 관심을 보였다.[57] 좀 더 최근인 2021년 가을에는 직장을 떠나는 자발적 퇴사율이 사상 최고치를 기록했다.

그렇다면, 이들은 무엇을 할까? 그저 가만히 앉아 TV만 보고 있는 게 아니다. 프로젝트 작업을 하고, 계약된 일을 하고, 컨설팅 준비를 마련하고, 새로운 사업을 시작하거나 무언가를 만들기도 한다. 즉, 일반적인 직업을 갖고 있든 아니든 이 세상의 많은 이들이 일에 적극적으로 참여하고 있다.

결론은 이렇다. 우리는 고용주가 당신의 커리어를 정의하던 경제에서 당신의 능력과 경험, 열망이 성공을 이끄는 경제로 이동했다. 형식적인 직업 설명과 계층 구조는 사라지고 내부 채용 시장이 갈수록 보편화되고 있다. 이제는 직함이 아닌 일에 초점을 두고 커리어를 관리하고, 이끌고, 구축할 때다.

지금까지의 전통적인 방식

먼저, 예전의 업무 방식을 살펴보자.

회사는 대부분 위계적인 구조로 되어 있다. 이러한 계층 구조에서는 위로 승진하는데 두 가지 경로가 존재한다. 그것은 전문직 경로와 관리직 경로이며 많은 회사에서 전문직 경로는 낮은 직급에서 멈춘다. 따라서 예전에는 대부분 사람들이 승진하기 위해서는 관리직으로 가야 한다고 생각하는 것이 자연스러웠다. 예를 들자면 엑손과 IBM에서 근무했던 나와 같은 사람이다.

그리고 이 길은 언제나 수적인 한계가 있다. 대부분 기업의 통솔범위, 다시 말해 관리자 당 직원의 수는 최소한 1:6이다. 1:10까지 가는 기업도 많다. 따라서 당신이 피라미드의 관리자 경로로 올라가길 원한다면 경쟁은 급속도로 치열해진다. 그리고 많은 경우 누군가가 은퇴할 때까지 기다려야 하므로 좌절감은 더욱 커진다. 게다가 이 방향으로 가는 이들을 추리기 위해 조직은 구식이며 인위적인 여러 도구를 사용한다.

전통적인 회사에서는 이러한 프로세스를 어떻게 관리할까? 바로 승계 관리다. 20세기의 위계적인 관리 시스템에서 '교체 계획'이라고 불렀던 방법이다. 사람들의 건강이 좋지 않았던 1990년대 초반에는 CEO나 고위 임원들이 죽거나 병에 걸리는 경우가 많았고, 회사는 빠르게 그들을 교체해야 했다. 이에 기업은 '교체 목록'이라 불리는 도구를 개발한다. 관리직이 명령하고 통제하는 권력 위임 구조와 마찬가지로 교체 목록은 군대에서 파생했다. 특히 제 1차 세계대전 때 참호에서 사망한 군인을 교체 목록에 있던 다른 군인으로 교체한 것에서 착안했다.

이러한 교체 과정은 승계 관리로 발전했고 1990년대 초중반에

GE나 GM 같은 회사와 다른 산업의 리더들은 누가 누구를 대신할지를 결정하는 도구를 구축했다. 그리고 가장 주목받은 것이 표 2.1에 있는 그 유명한 9가지 인재 유형 분류(9박스 그리드)다.

표 2.1. 9가지 인재 유형 분류

	적정 수준	한 레벨 성장할 잠재력	두 레벨 이상 성장할 잠재력
고성과자	뛰어난 성과를 내는 전문가로 유지	위로 올라가도록 지원	고위 경영진 역할을 준비
탄탄한 성과자	전문가가 되도록 개발	같은 레벨의 더 많은 직무를 경험하게 함	직무 성과 향상을 위한 코치
저성과자	종료나 재배치를 고려	신중히 관리	일이 맞지 않거나 코칭이 필요

이 도구는 세로축은 성과, 가로축은 잠재력이라는 두 가지 기준으로 9개의 구역을 나눠 개인을 평가한다. 그리고 가정하기를 본질적으로 사람은 어떻게든 '위로' 이동하려고 하며 이러한 수직적 상승은 일반적으로 관리직을 의미한다.

처음 9박스 그리드를 봤을 때 나는 매우 난감했다. '잠재력'을 어떻게 정의한단 말인가? 더 많은 일을 하는 것이 잠재력일까? 더 나은 전문가가 될 잠재력? 아니면 관리자가 될 잠재력?

자, 전통적인 HR 세계에서 잠재력은 '회사에서 두 레벨 이상 올라갈 수 있는 것'을 의미한다. 정말 바보 같은 소리다. 개인의 강점을 모르면서 어떻게 위로 올라갈 수 있다고 판단할까? 나는 기술 전문가로는 두 레벨 올라갈 수 있어도 관리자로는 아닐 수 있다. 따라서 여기에서 '잠재력'은 사실은 '관리직 잠재력'에 관한 개념을 말하며, 이는 명확하지 않은 흐릿한 개념이다.

늦게 빛을 발하는 사람들은 관리직 근처에도 못 갈 수 있다. 나는 40대에 들어서 진정한 관리직을 처음 맡았다. 나와 같은 사람들은 전문적인 역할에 충실하며 책임과 경험, 즐거움의 레벨이 커지는 성장을 하지만, 급여는 뒤처질 수 있다. 이제는 이러한 리더십 철학은 모두 구식이다.

절대 계획대로 되지 않는다

결론적으로 말하자면, 위계적인 커리어 모델은 계획대로 된 적이 없다.

회사는 신제품을 개발하고, 부서를 없애며, 디지털화하고, 유연근무 전략을 채택한다. 그러면서 사람들은 자신의 직업도 변화가 필요하다는 것을 깨닫는다. 결국 '못 올라가면 나가야 하는(up or out)' 모델은 본질적으로 말이 안 된다. 당신의 상사가 안 떠나고 그 자리에 계속 머문다면? 잊지 말자. 이러한 커리어 성장 모델은 제 1차 세계대전의 교체 목록에서 생겨났다. 따라서 역동적이고 변화가 많은 비즈니스에는 실질적으로 맞지 않는다.

오늘날, 9박스 그리드는 고위 임원에게만 적용된다. 점점 더 많은 기업이 소위 내가 '재능 마켓'이라고 부르는 모델을 사용한다. 다시 말해 사람들은 새로운 기회나 프로젝트를 찾기 위해 전 조직을 이동하고, 그 과정에서 배우고 성장한다.

우리가 진짜로 가진 커리어 기회에 대해 생각해보자.

1 새로운 수평적 과제
2 확장된 업무(임시로 상사의 역할 수행)
3 외부 업무(다른 기업에 파견 가거나 해외지사에서 1년간 근무)
4 발전적 과제(비즈니스를 더 많이 배우기 위해 새롭게 생긴 직무를 맡음)
5 다른 회사나 부서에서 인턴십(시도해보자)
6 프로젝트나 긱 업무
7 직무 바꿔서 하기
8 기타 등등

많은 기업이 외부 회사와 업무를 교환하는 것이 엄청난 가치가 있음을 경험했다. 예를 들어 P&G는 구글과 직무를 교환해 소비재에 집중해온 P&G의 직원들이 구글에서 기술을 배우도록 하고 있다. 또한 기술에 집중해온 구글의 직원들은 P&G에서 소비재 마케팅에 대해 배울 수 있다.[58] 당신의 회사는 이러한 '인재 이동'의 역동성을 갖춰야 한다.

우리는 HR 대부분의 방식을 조사해왔으며, 인재 이동은 이제 가장 중요한 관리 전략이 되었다고 판단한다. 인사에서 영업으로, 영업에서 마케팅으로, 재무에서 운영으로 직무를 이동해본 사람은 언제나 동료에 비해 좋은 성과를 낸다.

그러나 내부 이동은 생각보다 쉽지 않다. 내부 채용을 장려하는 우대책이 없다면 역할과 분야, 지역이나 부서를 바꾸기 어려울 때가 많다. 최근 나는 인도에서 가장 성공한 통신회사의 임원들과 만나 이러한 문제를 논의했는데, "이곳에서 직무를 바꾸기 가장 좋은 방법은 회사를 그만두고 다시 지원하는 겁니다." 그들은 이렇게 표현했다. 말도 안 된다고 느낄 수도 있겠지만, 생각보다 사실일 때가 많다.

직책이 아닌 일을 중심으로 설계하자

기업이 오래된 구조를 더 많이 내려놓을수록 결과는 더욱 좋으며, 실제로도 그러한 추세다. 최근 우리가 조사한 바에 따르면 기업의 57%가 커리어 모델을 재설계하고 있으며 83%는 5년 안에 회사 내에서 '공개적인 커리어' 시장을 갖출 계획이다.[59] 대부분의 기업이 위로 사람들을 승진시키지만 3분의 2의 기업은 레벨을 꼭 올리지 않아도 승진시킬 수 있다고 시인하였다.

당신이 대형 컨설팅 회사에 다닌다고 생각해보자. 이 컨설팅 회사의 직원들은 언제나 프로젝트에 참여하고 있다. 프로젝트가 시작하면 구성원이 모였다가 종료 후 평가를 받고는 다음 프로젝트로 이동한다.

컨설팅 회사인 딜로이트를 예로 들어보자. 내가 2018년 딜로이트를 떠날 회사는 7개의 실제 직무 레벨만이 존재했다. 예를 들어, 컨설턴트, 매니저, 수석 매니저와 같은 일반적인 직함이다. 파트너라 불리던 리더들은 새로운 아이디어가 떠오르면 이렇게 일반적인 직함을 지닌 사람들을 모집해 다기능 프로젝트팀을 구성했다. 프로젝트가 진행되고 성과를 낸다. 그리고 어느 정도 시간이 흐른다. 때로는 한 분기, 때로는 몇 년의 시간이다. 그리고 그후 이들은 새로운 프로젝트로 이동하고 팀 구성원은 동료와 매니저의 인정 시스템에서 오랜 기간 쌓은 역량과 평판으로 평가받는다.

딜로이트는 경영진도 이러한 방식으로 대한다. 고객 담당자는 동료 평가 과정을 통해 관리직 역할로 이동한다. 그리고 3~5년간의 관리 경험을 쌓은 다음 고객 담당자로 다시 돌아갈 때가 많다. 자기 직무에 적응하지 못하는 관리자는 거의 없기 때문에 회사는 엄청난 역동성과 유연성을 얻는다. 어떤 시점에서는 당신이 매니저를 위해 일하고 후에는 그 매니저가 당신을 위해 일할 수도 있다면 어떨까? 상당한 신뢰와 공정, 존경의 문화가 생겨나지 않을까?

이러한 현상은 비즈니스 전반에 일어나고 있다. 잉가솔랜드

Ingersoll Rand는 8,000개의 직함을 800개의 역할로 줄여 더 포괄적이고 유동성 있게 만들었다. P&G와 페이팔도 같은 방향으로 가고 있다. 휴렛 팩커드 엔터프라이즈HPE도 비슷했다.

HPE의 최고인사담당자인 트레이시 케오Tracy Keogh는 '부사장과 이사, 선임이사'와 같은 직함을 없앴다고 말했다.[60] 이제 회사에서 새로운 일을 원한다면 멋진 직함 때문이 아니라 정말로 그 일이 좋아서 지원하라는 의미다. 소셜 네트워크 회사인 옐프Yelp도 마찬가지다. 일의 미래를 구성하는 또 다른 요소는 바로 이것이다.

많은 기업이 복잡하고 관료적인 직무 구조를 갖고 있지만 이는 그저 방해가 될 뿐이다. 사람들이 자신의 직함과 커리어의 다음 레벨을 생각하느라 얼마나 많은 에너지를 낭비하는지 생각해보자. 이런 것들이 일을 완수하는 데 과연 도움이 될까?

적합한 자리를 찾는 방법

네트워크로 구성된 회사에서는 비즈니스 매니저와 디자이너, 엔지니어가 함께 프로젝트를 수행한다. 팀 리더는 능력과 평판, 관계와 팔로어십을 기준으로 팀원을 선정한다. 각자의 커리어와 개인적인 목표가 있는 직원들은 관심사와 욕구에 따라 프로젝트와 일을 찾는다. 프로젝트 매니저와 리더의 목표는 이러한 사람들을 찾고, 적합한 팀을 구성하고, 모두가 성공할 수 있다고 느끼도록 프로젝트를 관리하는 것이다. 팀은 누가 어떤 일을 담당할지 결정한다. 어떤 이가 기능적인 전문성을 지녔다고 해도 실제 수행하는 업무는 팀마다 다를 수 있다.

시간이 지나 팀이 커지거나 변화하면, 사람들은 다른 팀으로 이동한다. 그리고 오늘날에는 더 많은 AI 기반의 HR 플랫폼이 등장하며 직원의 다음 프로젝트와 역할, 일자리를 추천하는 시스템이 생겨났다.

기업의 임원들과 비즈니스 과제를 논할 때 그들은 보통 혁신을 이루고, 통합된 팀을 구축하고, 경쟁력 있는 성과를 거두고 싶다고 말한다. 그리고 언제나 역량개선의 필요성을 강조한다.

그러나 이런 문제를 해결하기 힘든 이유로 그들은 직무구조를 꼽았다. 개인은 승진 없이는 직무 변경을 두려워하고 한 분야의 전문가는 다른 분야로 이동할 확신을 갖지 못한다. 그리고 외부 영입에 대해 각 팀과 그룹은 편견과 불안감을 느낀다.

또 다른 예를 들어보자. 한 유명한 핀테크 기업은 벤모와 스트라이프 같은 혁신 기업이 시장에 등장하면서 경쟁에 뒤처졌다. 그 기업의 고위 리더십팀을 만나며 우리는 그들의 깊은 좌절감을 느낄 수 있었다. 결국 혁신을 주도하기 위해 신임 CEO가 부임했고, 그는 창의성과 발명에 관한 일련의 커뮤니케이션을 시작했다.

그러나 HR팀은 깊이 절망했다. 지속적인 커뮤니케이션에도 불구하고 직원들은 여전히 새로운 시도를 두려워했다. HR팀은 사람들이 승진할 수 있어야만 새로운 프로젝트에 합류하려 한다고 말했다. 다시 말해, 이 회사는 업무가 아닌 직위와 재직기간에 대해 보상해왔던 것이다.

우리는 이 회사가 지난 몇 년간 급속도로 성장하면서 각 매니저가 자신만의 작은 지배영역을 만들었음을 발견했다. 텔스트라가 관리직 구조를 수평적인 구조로 만들기 전과 비슷한 상황이었다. 회사에는 30개 이상의 다양한 직무 레벨이 있었고 너무 위계적이어서 사람들은 상사에게 묻지 않고는 거의 아무 일도 할 수 없는 지경이었다. 실제로 한 리더는 이렇게 표현했다. "동료에게 이메일 보낼 때도 상사를 먼저 거치죠." 분명 이러한 구조는 걸림돌이다.

우리가 중요하게 생각하는 또 다른 요소는 훌륭한 HR 조직을 만드는 동력이다. 우리는 수백 개의 선도적인 HR팀을 조사했으며, 연구한 모든 사례 중 HR 직원을 사업부에 순환 배치하는 것이 가장 높은 성과를 거둠을 확인했다.

구글과 펩시코, 유나이티드헬스 그룹과 유니레버를 비롯해 훌륭한 HR팀을 둔 기업들은 HR 견습 프로그램을 개발했다. 이는 새로 들어온 HR 직원이 HR의 모든 영역이 어떻게 돌아가는지 배우기 위해 직무 순환을 체험하는 프로그램이다. 그들은 채용과 기술, 급여와 혜택, 리더십 개발과 성과 관리에 대해 배운다. 그리고 다양한 기능 분야도 순환근무로 경험한다.

데이브 얼리치Dave Ulrich의 연구에 따르면 뛰어난 인재들은 이러한 직무 순환을 많이 경험했다.[61] 왜일까? 이러한 직무 순환이 없다면 HR 부서는 유능한 인재를 배치하지 못한다는 오명을 쓸 수 있다. HR 직원과 사업부 사람들은 인력이동을 함으로써 HR이 담당하는 복잡한 업무의 특성을 이해하고 존중할 수 있다. 블룸버그 비즈니스위크Bloomberg Businessweek가 최고의 경영 지도자로 선정한 데이브 얼리치[62]는 HR도 주요 회의에 배석하며 CEO의 전략적 파트너가 되어야 한다고 최초로 주장했다.

직무 순환은 다른 문제도 해결할 수 있는 멋진 방법이다. 이는 인재 결정에 영향을 미치는 편견을 줄여준다. 직장에서 당신은 아마 이런 생각을 한 적이 있을 것이다. '저 사람은 영업 출신이니 제품 가격결정에 신경도 안 쓰지.', '운영팀에서 왔으니 마케팅은 이해 못 하겠지?' 이러한 종류의 편견은 구식문화를 가진 기업에서 흔하며, 성과를 내거나 변화하는데 방해가 된다.

팬데믹 동안 유니레버가 직원의 역량 순환을 통해 이룬 것을 한번 살펴보자. 그들은 크게 줄어든 레스토랑에 식품을 판매하던 영업사원을 위생 솔루션 제품을 담당하도록 전환했고, 미용 제품을 판매하던 영업사원을 다양한 업무지원 역할로 바꿨다. 할 일이 거의 없던 직원들은 새로운 기술을 배웠을 뿐 아니라 수익도 창출할 수 있었다. 유니레버의 HR 수석 부사장인 예론 웰스는 이렇게 말한다. "필요한 곳에 인력을 빌려주는 다양한 순환을 통해 30만 이상의 근로 시간을 확보한 셈입니다."[63]

표 2.2. 오래된 직무 구조, 보상 시스템이 방해되는 예시

채용 결정	능력이나 적합성이 아닌 이전의 직함이나 직위를 기준으로 판단한다.
승진 결정	재직기간과 그 직무를 맡은 기간으로 결정, '순서를 기다리게' 만든다.
보수 결정	직위와 직함, 기능별 급여 밴드를 기준으로 결정하여 진정한 가치나 개인의 성과를 반영하지 못한다.
직함	고도로 조직화되고 명함에 기재된다. 시간에 따라 오를 것으로 기대된다. 직함과 직위를 두고 경쟁한다.
인재 이동	수평 이동은 부정적인 인사로 여겨지고 경로를 벗어났다고 불리기도 한다.
새로운 기술과역량	'자기 커리어를 관리하라'는 개인이 알아서 챙기라는 의미를 암시한다.
동료 간 평판	승진평가에 유용하나 정치적 행동이나 '인맥'이 영향을 주기도 한다.
성과의 측정	일반적으로 연말 평가를 기준으로 한다. 한 명의 매니저가 전달할 때가 많다.
잠재력 측정	일반적으로 조정 회의에 참석한 매니저나 여러 매니저 그룹의 주관적인 평가로 결정된다.

출처: 조쉬 버신 컴퍼니, 2021

이제 당신이 이 주제를 이해하고 회사를 더 역동적으로 만들고 싶다고 가정해 보자. 어떤 행동을 하겠는가? 실행은 생각보다 어려울 수 있다. 우리가 수십 년 동안 이를 방해하는 HR 관행을 쌓아왔기 때문이다.

몇 가지 예시를 살펴볼까? 기업은 후보자의 직무 기록을 기준으로 채용하고 명확히 규정된 직함과 레벨이 있는 직급으로 사람들을 승진시킨다. 그리고 레벨과 역할(표 2.2 참조)에 따라 정해진 급여 범위를 기반으로 임금을 정한다. 이러한 관행들은 바뀌어야만 한다.

직책 중심에서 업무 중심으로의 전환이 왜 시급한가

일하고 싶은 매력적인 기업들이 직책 중심에서 업무 중심으로 전환한 이유는 또 있다. 이 방식은 기업이 지속적인 역량의 개발과 공유, 보상에 중점을 두도록 이끈다.

아무리 완벽하게 규정해도 모든 직업은 급격하고 혁신적인 변화를 겪고 있다. 왜? 자동화와 AI, 인지 기술은 놀라울 정도로 빠르게 발전하고 있으며, 우리 모두를 절대 상상하지 못한 방식의 기술로 '확장하게' 만든다. 이에 따라 모든 직무 설명서는 그 어느 때보다 빠르게 바뀌고 있다.

엠시 버닝 글라스Emsi Burning Glass는 전 세계의 직함과 역량, 급여의 동향을 파악하기 위해 미국과 영국, 캐나다의 모든 직무 설명서를 살핀다. 이 회사는 BCG와 협력해 수백만 개의 온라인 채용 공고를 보며 직업과 역량의 동향을 분석했으며 그 결과 점점 더 하이브리드 형태의 직무가 많아지는 것을 발견했다. 즉, 마케팅과 통계분석이나 디자인과 프로그래밍처럼 절대 같은 직업으로 묶이지 않았던 역량이 결합하는 것이다.(표 2.3 참조)[64] 이러한 역량은 조직 내부에서 쌓는 것이 가능하다.

표 2.3. 하이브리드 직무의 진화

구식의 기능별 직무	새로운 하이브리드 직무	2011년 이후 임금의 변화율
광고 매니저	디지털 마케팅 매니저	145% 상승
웹 디자이너	모바일 애플리케이션 개발자	135% 상승
데이터 분석가	데이터 과학자	372% 증가
제품 디자이너	제품 매니저	7% 증가

출처: 조쉬 버신 컴퍼니, 2021

"미국경제에서 전체 직업의 25%가 강한 혼합형 추세를 보인다. 그리고 이러한 직업은 일반적으로 가장 빠르게 성장하고, 가장 높은 급여를 받으며, 자동화에도 가장 경쟁력이 있다."고 조사는 밝혔다.[65]

기업이 완전히 새로운 방식으로 '커리어 경로'를 만들면 이러한 변화에 대처하기 더욱 쉽다. 직무가 점점 자동화됨에 따라 자신의 커리어에 더 많은 가치를 부여하고 싶은 이들은 이러한 혼합형 역할로 이동해야 한다.

자동화가 실제로 일을 만들어내는 방법

모든 일은 엄청난 속도로 자동화되고 있다. 마케팅 매니저는 이제 디지털 마케팅 전문가라고 볼 수 있다. 영업사원은 AI가 지원하는 고객관계관리(CRM) 플랫폼을 사용해 조달과 예상, 가격 책정과 협상을 진행한다. 엔지니어는 복잡한 도구를 사용해 풀스택 시스템을 설계한다. 재무 전문 직원은 회계장부 담당자보다는 재무 관리자가 되어가고 있다.

그리고 관리 그 자체도 점점 더 자동화되고 있다. 리더는 직원의 생산성과 목표를 향한 진척 상황에서 나아가 그들이 직장에서 느끼는 감정까지 파악할 수 있는 시스템을 갖춘다. 줌과 웹엑스, 마이크로소프트 팀즈는 곧 표정을 측정해 누가 스트레스를 받고 있는지, 어떤 매니저가 너무 강압적인지를 보여줄 것이다.

수년간 권위자들은 기계가 자동화로 우리의 일자리를 뺏을 거라 말했다. 자, 반대 현상이 일어나고 있다. 새로운 자동화와 AI, 로봇 도구는 모두 기존의 직업을 더욱 인간적으로 만든다.

이는 곧 우리가 매년 역량을 향상하고, 새로운 기술을 배우며, 일의 의미를 재고해야 한다는 뜻이다.

서른 살의 마케팅 관리자인 내 딸은 디지털 전문가이기도 하다. 그녀는 소셜미디어와 검색엔진 최적화, 광고 타깃팅과 통합 CRM, 디지털 마케팅 분석을 잘 알고 즉각적으로 선택한다. 그러나 자기 역할에 필요한 습득을 꾸준히 하지 않는다면 1년 안에 뒤처질 수 있다.

이러한 변화는 직원의 채용과 승진 방식에도 영향을 준다. 거부할 수 없는 매력적인 회사는 경력이 아닌 경험을 바탕으로 직원을 선택한다. 전문적인 기술이 아닌 능력을 바탕으로, 출신대학이나 조직 내 높은 위치가 아닌 배우고 적응하는 능력을 바탕으로 선택한다.

팬데믹 직전에 실시한 채용조사를 보면 가장 좋은 성과를 내는 기업은 더 이상 경력과 학위를 가지고 후보자를 평가하지 않았다. 그들은 후보자의 인지능력과 열망, 열정과 적합성을 살폈다.

예를 들어 유니레버는 인재라는 분류를 없앴다. "성공적이고 내실있는 커리어는 개인의 역량과 목적에 달려 있다는 메시지를 전달하고 있습니다." 예론 웰스는 말했다.[66] "선택은 본인이 내리는 겁니다. 채용 공고가 뜨면 모든 사람은 지원할 기회가 있어요. 등록하고 좋은 기회일지 결정하는 거죠. 만약 자기 시간의 20%가 소요되는 프로젝트에 뛰어들고 싶다면 다음 커리어를 위해 도전하고 싶다고 요청하면 됩니다. 우리는 민주적으로 기회를 제공해 사람들이 직접 커리어를 이끌도록 자유를 줍니다."

자포스Zappos에서는 직무에 지원할 수도 없다. 가능한 모든 직무를 살펴볼 순 있지만 자포스 기업 자체에 지원하는 형식이다. 그런 후 회사가 적합한 일자리를 결정한다.[67]

딜로이트의 '2021 글로벌 인적자본 동향 보고서'의 결론은 단언하고 있다. 이러한 관점이 일의 미래를 보여준다는 것이다. 그리고 직원의 잠재력 발휘를 위해 조직이 취할 가장 중요한 방법은 '자기 일에 대한 선택권과 주도권을 주는 것'이라고 결론 내었다.[68]

우리는 팬데믹 동안 원격근무와 완전한 가상환경이란 엄청난 도전에도 학습의 주도권과 자원이 우리에게 있음을 증명했다고 생각한다. 딜로이트의 연구는 다음과 같이 밝히고 있다. "인간의 잠재력은 근로자가 채용된 직무, 어떤 일을 할 자격, 조직이나 리더가 요구하는 바와는 관련이 없다. 잠재력은 조직과 생태계가 발전하면서 중요한 비즈니스 문제 해결에 가장 도움이 되는 방법을 직원이 선택할 자유를 줄 때 나온다."

모든 것이 다소 느슨하게 느껴지는가? 전혀 그렇지 않다. 올바른 조직의 구조는 계층을 올라가는 것이 아닌 역량을 개발하는 것이다. 성장하는 커리어의 모습은 T자형이다. 세로축은 그 사람의 실제 직무와 일련의 능력을, 가로축은 관습적인 직무 외에 혼합형 업무를 통한 경험을 표현한다.

역량을 축적하는 이 새로운 세상에서는 지속적인 발전이 그 어느 때보다 중요하다. 기계는 하루하루 더 똑똑해지고 있다. 이에 따라 경영진은 관리자와 각 개인이 자기 일을 '재구성'하도록 이끌어야 한다. 어느 순간, 엑스레이 기술자는 단순히 엑스레이 기계의 움직임을 관리하게 될 수도 있다. 이제 직업의 기술적인 부분은 덜 중요해지는 반면에 직업의 서비스, 커뮤니케이션, 공감과 이해 부문은 그 가치가 더해지고 있다.

다른 예를 들어보자. 예전에 아시아의 한 대형은행과 컨설팅 프로젝트를 진행한 적이 있다. 은행은 수천 개의 직무 설명서를 전달했고, 우리는 AI 기반의 도구를 사용해 공동의 기술과 역량, 과제와 역할을 찾았다. 대부분의 은행과 마찬가지로 이 은행은 소매와 기업, 기관 부문으로 구성돼있었으며 지역별로 교차조직 구조를 갖추고 있었다. 조직의 많은 부분이 중복되고 일관성이 없었으며, 불필요한 직무도 보였다.

우선 우리가 정리한 6만 개 이상의 직무 설명서 중 약 20%는 다른 직무와 유사했으며 그저 직함과 레벨, 설명이 다를 뿐이었다. 이들은 그룹으로 묶여 쉽게 훈련받고 개발할 수 있으며 여러 프로젝트로의 이동이 용이했다. 그리고 이전에 설명한 것처럼 계층이 아닌 원 형태로 묶일 수 있었다.

둘째, 우리의 조사에 따르면 역할에 설명된 기술의 25% 정도는 그 가치가 떨어졌으며 향후 몇 년 안에 기술로 자동화가 될 가능성이 높았다. 즉 이러한 직무에 있는 직원들은 재구성이 필요했다. 일은 리엔지니어링 해야 하고, 직원들은 새로운 일자리를 찾아야 할 것이다.

이제 이를 인지한 이 은행은 대대적으로 전략적 디자인 프로세스를 거쳐 앞으로의 구조와 역할, 직무를 구상하고 있다. 많은 기업이 이러한 노력을 취해야한다.

직무 설명서를 없앨 수 있을까? 물론이다

직무가 계속해서 변하고 사람들의 역할 이동이 잦다면 과연 직무 설명서가 필요한 걸까? 필요하다. 필요는 하지만 이제 직무 설명서의 범위를 넓히고 포용적으로 만들며 성장에 집중할 때다.

옐프에서는 수백 명의 엔지니어가 '엔지니어'라는 같은 직함을 공유한다. '주니어 엔지니어'나 '시니어 엔지니어'라는 개념이 없다. 이면에 승진이나 급여 관리에 필요한 레벨은 존재하지만, 모두가 동료로 여겨지므로 사람들은 직함이 아닌 경험과 성공적인 작업으로 평판과 역량을 쌓아간다.

한 대형소비재 회사는 채용이 필요한 모든 일자리를 취업 사이트에 올리는 것이 효과적이지 않다고 말한다. 사람들은 자신에게 가장 맞는 직무가 무엇인지 사실 잘 이해할 수 없다. 그래서 사람들이 맞지 않는 자리에 지원하기 때문이다. 이 회사는 일상적인 업무와 출장 시간, 동료 직원과 필요한 기술 같은 업무의 유형을 올린다. 그런 다음 후보자들에게 '직군(Job family)'으로 지원하도록 요청한다. 그리고 회사의 채용담당자는 일련의 평가와 경합, 인터뷰를 통해 특정 후보자에게 가장 적합한 역할을 결정한다. 이후 이 기업의 고용과 유지의 질이 30% 이상 향상되는 큰 성공을 거두었다.

정상에 오르기 위해 에너지를 쏟아붓는 대신 능력을 향상하고 확장하는 데 사용하라. 커리어가 우리를 해변으로 데려다주는 많은 파도라고 상상해보자. 우리는 다음 파도를 잡기 위해 다시 노를 저어야 한다. 연속적으로 다가오는 각각의 높은 파도와 노 젓기는 우리가 진화하고, 새로운 기술을 습득하고, 크게 이바지할 수 있도록 돕는다.

그 과정에서 물속으로 몇 번 가라앉을 수도 있을까? 물론이다. 그러나 성장 마인드셋의 힘을 생각해보자. 마이크로소프트의 CEO인 사티아 나델라Satya Nadella가 회사문화에 주입한 바로 그 힘이다. 성장 마인드셋이 있는 사람은 좌절을 빨리 극복하기 위해 실패한 원인을 이해하려 시간과 노력을 들인다. 이렇게 과제를 스스로 깨닫는 문화가 정착되면서 마이크로소프트는 강력한 매력을 지닌 기업이 됐고, 성과는 치솟았다.

긱 워크가 대세가 되었다

사람들이 장기 일자리 대신 개별적인 단기 업무를 수행하는 긱 이코노미는 매년 증가하고 있다. 업워크Upwork와 프리랜서Freelancer, 파이버Fiverr, 99디자인스99designs와 같은 업체는 인재 네트워크를 모아 기업들이 우수한 긱 근로자로 일시적인 빈자리를 메꿀 수 있게 돕는다. 우리가 조사한 바에 따르면 현재 이러한 플랫폼을 사용하는 근로자는 7000만 명 이상이며 그 수는 두 자릿수 속도로 증가하고 있다.

회사들도 이러한 변화를 알고 있다. 최근 진행한 조사에서 3분의 2의 기업은 향후 3년간 긱 워크가 엄청나게 증가하리라 생각했다.[69] 그리고 이미 그 현상은 일어나고 있다. 마이크로소프트와 메타, 그리고 다른 여러 회사를 방문하면 프로젝트나 특별한 업무를 위해 고용된 계약자나 긱 근로자를 표시하는 초록색 배지를 볼 수 있다. 그렇다면 다음 수순은 긱 근로자가 회사의 팀에 완전한 일원이 되게끔 하는 것이다. 예를 들어 셀맥스SellMax는 1년에 두 번 야유회를 갖는데 내부 팀원과 프리랜서가 모두 참여한다. 심플플렉스SimplrFlex는 휴일 포틀럭 행사에 계약직 직원도 초대한다.[70]

기업 내에서 긱 업무는 대세가 됐다. 최신 연구에 따르면 모든 대기업의 약 15%가 이제 소위 '재능 마켓'을 사용함을 보여준다. 매니저들이 프로젝트나 과제를 올리면 직원들이 흥미로운 일을 찾아 지원하는 방식이다.[71]

이전에 기업들은 근로자를 정규직이나 시간제, 면제 근로자와 비면제 근로자로 분류했으며, 대부분의 계약직 업무는 손익계산서에 기본적으로 계약으로 표시되기 때문에 구매부가 관리했다. (표 2.4 참조) 오늘날 기업은 이보다 더 유연해야 한다.

표 2.4. 근로자 유형 분류

근로자 유형	분류 방법
화이트칼라	풀타임, 월급, 대차대조표에 표시된다.
블루칼라	시간제, 풀타임이나 파트타임, 대차대조표에 표시된다.
그레이칼라	임시계약직, 대차대조표에 포함 되지 않는다.
노칼라	긱 워커, 개별 업무로 지급된다.

출처: 조쉬 버신 컴퍼니, 2021

이제 새로운 세상을 받아들일 때다. 예를 들어 딜로이트나 많은 제약회사는 프로젝트나 과제와 관련해 긱 근로자를 위한 자리를 공식적으로 마련하고 확장된 자사 인력으로 관리한다. 젠팩트Genpact와 IBM 같은 아웃소싱 기업들은 긱 근로자도 고객의 문화를 익히게끔 한다. 또한 우버Uber의 근로자들은 정규직 직원처럼 지속적인 커뮤니케이션과 교육을 받는다.

이 모든 것이 다소 새롭고, 대기업은 그동안 프로젝트 일을 관리하는 좋은 도구가 부재했기 때문에 어디서, 어떻게 일이 발생하는지 따라가기 힘들었다. 이제는 달라졌다. 긱 워크 소프트웨어 산업은 일련의 인수와 기업공개(IPO)가 보여주듯이 꽤 견고하다. 예를 들어 워크데이Workday는 긱 워크 플랫폼인 랠리팀Rallyteam을 인수했고, SAP는 필드글래스Fieldglass를 인수했다. ADP

는 고객들이 워크마켓 시스템 안의 전문성을 이용해 HR 시스템에서 바로 근로자를 찾을 수 있는 긱 워크 플랫폼인 워크마켓WorkMarket을 인수했다. ADP는 후에 긱 근로자에게 실시간 지급 솔루션을 제공하는 글로벌 캐시 카드Global Cash Card란 회사를 인수했다.

흥미롭게도 팬데믹으로 긱 워크는 다른 차원에 들어섰다. 도어대시DoorDash와 우버 같은 기업과 긱 서비스 관련 기타 수백 개의 회사가 탄생했다. 스케쥴 관리에 도움을 주는 중간 도구가 생겨났다. 이 중 가장 주목을 받는 회사인 리전Legion은 AI를 사용해 근로자가 수익을 최적화할 수 있게 여러 긱 워크의 일정을 조율하도록 도와준다.

리전의 AI 기반 플랫폼을 사용해 당신은 스타벅스Starbucks, 피츠커피Peet's Coffee, 필즈 커피Philz Coffee에 각각 고용되어 각기 다른 실무방식을 익힐 수 있다. 이 시스템은 당신의 인증서를 확인하고 세 회사와의 시간을 예약해 아침에는 스타벅스, 오후에는 피츠커피에서, 필즈에서는 다음날 일할 수 있게끔 한다. 이것이 일의 진행방식이다.

돈을 많이 벌고 싶은 욕구 때문에 긱 워크가 증가하기도 한다. Z-워크의 공동 회장인 더그 앳킨스Doug Atkins는 포천Fortune에서 이렇게 표현했다. "긱 워크 덕분에 유능하지만 제대로 된 인맥은 없는 이들이 일자리를 얻을 기회가 생깁니다. 이런 방법이 아니라면 구하기 쉽지 않죠. 또한 전업주부는 그동안 사용하지 못했던 능력을 발휘해 수입을 창출할 수 있습니다."[72]

'직장을 가졌다'는 개념은 빠르게 사라지고 있다. 우리는 한 직장을 가지면서도 다양한 곳에서 일할 수 있다. 그렇다면 이는 고용주에게 이익일까? 손해일까?

당신의 회사도 이 모델을 생각해볼 때이다. 유니레버와 슈나이더 일렉트릭은 이제 전문 서비스 회사처럼 운영하고 있다. 프로젝트에 도움이 필요하면 이를 온라인에 게시하고, 직원들은 누구나 지원할 수 있다. 사람들은 자신이 좋아하는 일을 찾고, 그 프로젝트의 성과는 연말에 회사 내 승진이나 연봉 인상으로 이어진다. 이렇게 조직을 재설계하는 방향을 제시하는 긱 이코노미는 생각보다 더 빠르게 진행 중이다.

이것이 왜 중요할까? 인튜이트Intuit의 인재 개발 담당 부사장인 휴메라 샤히드Humera Shahid는 2021년 인터뷰에서 이렇게 말했다. "비즈니스 전망은 그 어느 때보다 빠르게 변하고 있습니다. 그리고 기업의 성장과 더불어 직원이 필요한 기술과 지식을 습득할 수 있게 투자해야 성공도 가능합니다."[73] 그만큼 중요하다. 샤히드는 이렇게 강조했다. "그렇다면 그러한 역량을 어떻게 얻을 수 있을까요? 바로 인력을 구축하고, 구입하거나, 빌리는 겁니다."

긴 수명은 전환을 더 촉진한다

전환을 이끄는 또 다른 중요한 요소는 바로 길어진 수명이다. 앞서 언급한 웰빙과 과학의 발전 등으로 인해 우리는 장수라는 선물을 받았다. 우리는 매년 더 오래 살고 있다. 미국 인구 중 가장 빠르게 성장하는 군은 80세 이상의 노인층이다.[74] 밀레니얼 세대의 약 50%는 100세까지 살 가능성이 높다. 현재 60대인 사람들은 건강하다면 90세 이상까지 잘 살 확률이 50%다.

2020년 팬데믹은 그 전년도에 비해 베이비 붐 세대의 은퇴를 앞당겼지만, 60대에 있는 많은 사람들은 전통적 의미의 은퇴를 할 생각이 없다. 그들은 은퇴를 과도기로 본다. 일부는 여전히 풀타임으로 일하고 싶어 하고 시간제 근무를 원하는 사람도 있다. 그들은 다른 이에게 조언하고 싶고, 자신이 배웠던 모든 것을 공유하고 싶다.

오늘날은 노동력이 매우 부족하다. 회사는 긴 수명이라는 혜택을 자사에 도움이 되도록 만드는 과제를 안고 있다. 다음 세대를 위한 기회를 계속 만들면서 동시에 고령 근로자의 방대한 지식과 경험, 판단과 역량도 활용하려면 어떻게 해야 할까? 고령 근로자가 유용하고, 생산적이며, 의미 있는 인력의 일원으로 남으려면?

최근 나는 대형제약사의 HR 수석 부사장과 흥미로운 대화를 나누었다. 이 회사엔 한 60세의 총괄 관리자가 큰 사업부를 이끌고 있었다. 회사는 더 젊고 잠재력이 높은 직원을 그 자리로 승진시키는 한편 많은 경험을 지닌 이 총괄 관리자에게 자문, 분야 전문가, 팀 리더 같은 새로운 역할을 맡겨 계속 함께 하고 싶었다. 그러나 총괄 관리자가 자기 자리를 포기하길 거부하자, HR 부사장은 딜레마에 빠졌다. 그를 내보내고 잠재력이 높은 젊은 직원을 승진시켜 풍부한 경험을 잃을 것인가, 총괄 관리자를 그대로 둠으로써 촉망받는 스타 직원을 다른 회사에 뺏길 위험을 감수해야 하는가.

시니어 세대라는 새로운 이슈에 맞춰 많은 창의적인 해결책이 생겨나고 있다. CVS는 스노우버드라는 프로그램을 마련했다. 겨울철 성수기 동안 고령의 약사들이 플로리다와 날씨 좋은 환경에서 일하도록 했다.[75] 미쉐린Michelin에서 나이 많은 근로자들은 55세부터 일자리를 잃지 않고 근무 시간을 단축할 수 있다. BMW와 다른 독일 기업은 고령의 생산직 노동자들에게 더 편안한 의자와 70개의 작은 편의시설, 큰 글자로 쓰인 장비 등으로 재설계한 작업공간을 제공한다.[76] 5만 달러라는 적은 투자로 BMW 공장의 생산성은 7% 증가했고, 결근은 거의 0%로 줄었다.

일하고 싶은 매력적인 기업은 나이에 관한 편견을 없애고 세대의 다양성을 지지한다. 옳은 일이기도 하지만 조직 전체에도 이익이기 때문이다. 조사에 따르면 다양한 세대를 보유한 팀은 훨씬 더 혁신을 추구하고, 안정감이 있으며, 협력적인 분위기였다.[77] 기업들은 이제 일의 개념을 재정립하고 있다. 뛰어난 기업은 긴 수명이 주는 장점을 잘 활용해 가치 있는 경험과 역량, 전문성을 보유하면서 전사적으로 더 나은 성과를 낼 것이다.

새로운 채용 방법의 개발

이러한 전환을 잘 활용하려면 채용의 방식을 바꿔야만 한다. 직업은 계속 변하기 때문에 그저 남은 일자리를 채울 수 없다. 그 사람의 잠재력과 민첩성, 가치와 열정을 보고 고용해야 한다. 즉 편견과 구식의 채용 방식을 없애고, 성과에 관한 우리의 사고방식을 바꿔야 한다.

채용 방식에서 우리가 가진 모든 오래된 편견을 생각해보자.

교육과 출신에 대한 편견을 없애자

우리는 학벌에 너무 많은 가중치를 둔다. 많은 대기업은 대학 채용을 매우 중시하며 그들의 경영진이 다녔던 학교를 찾는 경우가 많다. 멋지고 중요한 관행이기도 하지만, 뛰어난 성과자를 찾기에 반드시 좋은 방법은 아니다. 컨설팅 회사인 언스트앤영EY은 대학 학점이나 학위가 궁극적인 직업의 성공과 상관관계가 거의 없음을 발견했다.[78] 따라서 그들은 이제 고용 전 실제 업무를 해보는 시뮬레이션으로 후보자를 평가한다. 유니레버도 같은 점을 발견했다.

또 다른 고객인 한 대형 보험 회사는 업무 성과를 광범위하게 들여다본 결과 출신 대학이 호감도와 성격, 실무경험 같은 요인보다 영업인으로서의 성공과 관련이 없다는 걸 깨달았다.[79] 그들의 자료에 따르면 전문대학 졸업생은 근성과 기업가 정신으로 4년제 대학을 마친 지원자보다 좋은 성과를 보일 때가 많았다.

한번은 기술 분야 여성을 지원하는 단체인 어니타B닷오알지 AnitaB.org의 임원과 흥미로운 대화를 나누었다. 그는 과거 1970년대와 1980년대에 자신이 일했던 애플은 대학 학위가 전혀 없는 많은 엔지니어와 디자이너, 생산인력을 고용했다고 말했다.[80] 당시 애플은 열정과 에너지, 디자인 능력과 경험이 있는 이들을 원했다. 여성과 소수집단, 학위가 없는 사람들의 비율이 높았다.

그러나 1990년대에 구글과 메타, 링크드인과 다른 인터넷 기업이 등장하며, 기업들은 스탠퍼드, MIT, 버클리 같은 대학에서 올 A학점을 받은 사람들을 채용하려 애쓰기 시작했다. 이로써 명문대 출신들 간에 치열한 경쟁이 시작됐고 최고 수준의 대학에서 컴퓨터과학 전공을 해야만 구글이나 메타 같은 기업에 취업이 가능할 정도였다.

이후 구글과 메타는 이러한 실수를 깨닫고 데이터 기반 채용 프로그램을 크게 늘렸다. 구글과 메타는 면접 횟수를 줄이고 단순히 기술적 역량보다는 열정이나 추진력에 좀 더 비중을 두기 시작했다. 문화적으로 잘 맞는지도 검토했다.[81] 기술적 역량만으로는 더는 충분치 않다는 사실을 반영한 것이다.

유니레버는 최근 수리와 작문, 사고능력을 판단하기 위해 게임식의 평가를 사용하는 완전히 새로운 채용 시스템을 채택했다. 이 회사는 신경과학 기반의 평가도구를 사용해 채용의 질을 현격히 높였고 채용 과정에서 거의 학위를 반영하지 않는다. 그리고 비디오 인터뷰를 사용해 업무 스타일과 언어, 정직성과 성격을 평가한다. 비디오 인터뷰 소프트웨어는 이제 표정을 보고 거짓이나 과장을 포착할 수 있기 때문이다. 그 후 회사는 사무실로 후보자를 불러 여러 후보가 함께하는 세션을 갖는다. 문제해결 능력과 팀워크가 가능한지 보기 위해서다. 이러한 프로세스를 통해 유니레버는 사실상 교육과 학위에 관한 모든 편견을 없애고 이전보다 훨씬 다양한 인력을 채용할 수 있게 됐다.[82]

경력에 관한 편견도 사라져야 한다

'직함이 아닌 일'이 중심인 세계에서는 직접적인 경력의 의미가 크지 않다. 많은 신입 관리자가 경력이라는 편견에 절대적으로 의존한다. 직무에 대해 잘 모를 때 특히 경력자를 찾는 경향이 있다. 정유소에서 파이프를 용접한 용접공이 다음번에도 같은 일을 하는 산업 시대의 비즈니스에서는 말이 될 수도 있다.

그러나 이제 이러한 경력의 가치는 생각보다 적다. 많은 경우를 보면 배우는 능력, 팀에서 성공적으로 일하는 능력, 혁신하는 능력이 직접적인 직무 경험보다 중요하다. 우리의 조사에 따르면 채용을 성공적으로 진행하는 매력적인 회사들의 큰 특징은 직접적인 직무 경험만이 아니라 개인의 열망과 문화, 잠재력을 보고 채용한다는 것이었다.

경력에 대한 편견은 인재의 내부적인 이동을 도모해야 하는 기업의 필요성에도 어긋난다. 빈자리가 생겨도 매니저가 외부에서 사람을 찾게 만들기 때문이다. 염 브랜즈Yum! Brands와 알리안츠Allianz, IBM과 올스테이트All-state, 유니레버는 대부분의 경우 외부 경험보다는 내부 경험에 더 가치를 둔다. 그들은 제도적 지식이 기술적인 역량보다 훨씬 중요하다고 판단한다.

더 놀라운 사례를 보자. IT와 기술 교육을 제공하는 대형업체인 제너럴 어셈블리General Assembly는 소프트웨어 엔지니어를 채용하는 어려움을 파악하기 위해 금융서비스 고객을 대상으로 인터뷰를 진행했다. 그리고 이렇게 '고도로 숙련된' 개인을 채용하는데 비용이 많이 든다는 걸 발견했다. 기업들은 계약 채용담당자에게 급여의 최대 40%에 달하는 높은 수수료를 지급해야 했고 채용 광고와 신규 직원 상여금에도 막대한 비용을 써야 했다. 게다가 이들 대부분은 스톡옵션을 제공받지 않아 1~2년 정도만 회사에 있다 떠날 수도 있다.

대신에 기업은 수학과 심리학 학위, 또는 다른 기술적 배경을 지닌 내부 직원들을 대상으로 소프트웨어 엔지니어링 기술을 익히는 사내 부트캠프를 시도해보았다. 그리고 세 가지 경우 모두

12~24개월 안에 6분의 1의 비용으로 외부 채용과 비슷한 수준의 역량과 생산성을 개발할 수 있었다. 결국 시사점은 무엇일까? 빈자리에 항상 경력자를 찾는 대신 배움의 잠재력이 있는 이를 찾아보자.

맞춤 선택을 하라

일하고 싶은 매력적인 회사는 교육이나 대학 간판, 경력과 기술 같은 전통적인 지표 대신 그 사람이 일의 목적에 얼마나 잘 부합하는지를 기준으로 채용한다. 나는 이를 '맞춤 선택'이라고 부른다. 이를 실천하려면 많은 기업이 좋은 직원의 요소에 대한 기존의 이론을 던져 버려야만 한다.

미국 북동부에 위치한 중견 전문 소매업체인 본톤 스토어Bon-Ton Stores는 전통적으로 소매업에서 가장 높은 이윤을 내는 화장품 부문의 재무성과를 개선하고자 했다. 과거의 경험으로는 메이크업을 잘 아는 매력적인 멋쟁이가 최고의 영업사원이었다. 이 이론을 확인하기 위해 본톤 스토어는 컨설팅회사에 의뢰해 높은 성과자 분석을 실시해보기로 했다. 전체 영업사원을 상위 10%와 나머지, 두 그룹으로 분류하고 어떤 특성이 최고의 성과자를 만드는지 알아보기로 한 것이다.[83]

결과는 놀라웠다. 소매업계가 뛰어난 영업사원의 특징이라고 생각했던 대부분이 결과와 어긋났다. 키와 몸무게, 눈과 머리카락 색깔 같은 외모의 특징은 전혀 관련이 없었다. 이전에 영업직을 경험했는지도 관련이 없었다. 대신 인지능력과 민첩한 사고능력이 우수한 성과를 예측할 수 있는 가장 큰 요소였다.

임원들은 경악했다. 화장품 판매에 그렇게 많은 지적 능력이 필요하다고 생각했던 사람은 거의 없었다. 영업사원은 신속하게 고객을 판단한 후 수백 가지의 제품 중 자신 있게 선택하고 권유하여 고객의 반응을 분석하는 과정을 여러 번 반복해야 한다.

본톤 스토어는 이러한 발견을 기반으로 자사의 선별과 평가, 채용 프로세스를 자세히 검토했다. 그리고 이제는 구식의 고정관념이 아니라 필요한 특정 업무에 지원자가 얼마나 적합한지를 기준으로 선택한다.

영화관 체인인 AMC도 이와 유사하게 맞춤 선택 방식을 택했다.[84] AMC의 이익 대부분은 팝콘과 캔디, 음료와 기타 매점 판매에서 나온다. 영화표 가격이 수익을 창출해도 영화 라이선스 비용이 보통 이를 상쇄하므로 고객들이 간식을 많이 구매하도록 유도하는 게 중요하다.

매점 구매를 이끄는 요소를 평가하기 위해 AMC는 각 지점을 조사했고 한 가지 뚜렷한 현상을 발견했다. 매점 판매율이 가장 높은 영화관은 직원 결속력과 고용유지율도 가장 높았다. 다시 말해, 행복한 직원은 매점에서 더 많이 구매하는 행복한 고객을 이끌고 있었다. 이러한 상관관계는 도시의 크기나 부의 정도, 그리고 일반적으로 높은 매출과 관련된 기타 지표와 관계없이 동일했다.

최고인사책임자는 이러한 발견을 전체 영화관의 마케팅에 적용하려고 하였다. 그래서 고객에게 즐거운 경험을 제공하는 방법에 대한 직원 교육을 전사적으로 실시했다. 그러나 몇 분기가 지나도 매점 판매는 큰 변화가 일어나지 않았다.

왜 그랬을까? 훗날 최고인사책임자는 내게 이렇게 말했다. "행복은 교육할 수 없다는 걸 깨달았어요. 행복한 사람들을 고용하는 게 중요하죠!"[85]

후보자 선별과정을 검토한 후 그는 AMC가 평균 학점과 학위, 기타활동과 서비스직 경력을 위주로 채용해 왔다는 걸 알게 됐다. 그리고 '편향적 모델'이 유용한 면도 있지만 정말로 AMC에 잘 맞는 사람들은 영화와 극장, 누군가를 돕는 걸 좋아하는 이들이라는 걸 발견했다.

외부 컨설턴트의 도움으로 AMC는 선별 프로세스를 재설계했고 영화와 극장, 사람을 좋아하는 지원자들을 찾기 시작했다. 그리고 편향 모델에서 맞춤 선택 모델로 바꾼 지 불과 몇 달 만에 매점 판매는 크게 증가했고 재방문 고객도 늘어났다. 그다음 해 AMC는 가장 높은 수익을 기록했다.

변화를 위한 질문

리더와 팀원들에게 이러한 질문을 던져보자.

1 우리의 직무 구조를 언제 마지막으로 점검했는가? 그 시스템을 좀 더 단순화할 수 있는지, 중복되는 자리나 직군은 없는지 모두 검토했는가?

2 우리의 회사에서 사람들은 실제 어떻게 보상받는가? 능력과 경험, 평판에 대해 보상 받는가? 아니면 재직기간과 직위, 정치적 관계와 직함을 기준으로 보상받는가?

3 직원들은 자신의 직무를 '재구성'하는데 어느 정도의 자율성을 갖고 있는가? 서비스와 지원인력은 허락 없이 해당 지역에서 문제를 해결할 수 있는 권한이 있는가? 다른 이의 아이디어에서 배울 수 있도록 혁신을 공유하는 방법이 팀에 있는가?

4 자기 일에 관해 생각해보고 개선할 시간이 있는가? 아니면 직원들은 모두 초과근무하며 많은 목표와 상충하는 우선순위에 매달리는가? 매니저가 목표를 할당하고 팀을 관리할 수 있게 어떤 교육을 제공하는가?

5 우리 회사의 직원들은 팀에서 팀으로, 그룹에서 다른 그룹으로 두려움 없이 이동할 수 있는가? 실패할 경우 이전 직무로 돌아갈 수 있나? 승진 없이도 정기적인 직무 순환을 환영하고 장려하는가? 새로운 역할로 이동해 그 사업에 관한 방대한 지식과 관계를 통해 공헌한 이들의 이야기를 공유하는가?

6 리더들은 성장 마인드셋을 갖추었나? 그들은 직원들이 역할과 팀을 이동

하면서도 성공을 거둘 수 있다고 진정으로 믿는가? 아니면 필요할 때마다 항상 입증된 경력자를 찾아 외부에서 고용하는가?

7 우리의 회사는 지속적인 발전을 믿는가? 직원들은 새로운 기술과 기능, 직무를 배우는 데 전념할 수 있도록 매니저와 회사의 지원을 받는가? 아니면 우리의 회사는 모두가 '자기 스스로 커리어를 관리'하고 방법을 찾아야 하는 회사인가?

직책이 아닌 업무에 집중하라

매니저나 HR 리더에게 채용은 가장 중요한 업무다. 그러나 비즈니스 리더들과 대화를 나누며 나는 많은 임원에게서 절반은 잘못된 판단을 했다고 말하는 걸 들어왔다. 맞춤 선택 모델로 전환해야 할 시기에 대부분의 회사는 아직도 직원을 뽑을 때 편향 모델을 사용한다.

이러한 전환을 거부할 수 없게 만들 방법은 과연 무엇일까?

열정과 에너지, 사명감을 보고 채용하라

최고의 조직은 자신의 회사를 잘 알고 있다. 그들은 회사를 성공으로 이끄는 요인을 알고 그러한 특성에 맞는 이를 채용하는 방법을 습득했다. 일하고 싶은 매력적인 기업은 이전 경력 같은 오해하기 쉬운 특성에 의존하지 않고 적합한 직원을 찾아내기 위해 고용 프로세스에 특별한 요소를 넣었다.

예를 들어 사우스웨스트 항공은 지원자들에게 농담을 해보라고 요청한다.[86] 그들은 좋은 유머 감각과 친절한 성품이 성공에 장기적으로 도움이 됨을 알고 있다.

이케아IKEA도 비슷하다. '지속 가능한 삶으로 가정생활의 향상'을 돕는다는 사명에 진심인 이케아는 지원자에게 글로벌 지속가능성에 관한 각자의 비전을 설명하도록 요청한다. 이케아의 문화에서 성공하는 사람들은 지속가능성과 집단적 사고, 협력적인 의사결정 과정을 중시하는 이들이기 때문이다. 이케아는 이렇게 누가 회사에 적합한지 이해하고 신중히 채용하기 때문에 대체로 스타벅스보다 더 높은 고용유지율을 얻을 수 있었다.

업무의 유동성을 유지하라

많은 기업들이 일의 진정한 의미를 재고하고 훨씬 더 넓고, 창의적인 방식으로 적합성에 집중하고 있다. 클리블랜드 클리닉에서 의사와 전문 의료진은 레벨과 관계없이 프로젝트에서 다른 프로젝트로 이동한다. 고어의 직원들은 자신이 원하는 어떤 프로젝트에든 도움이 필요하다면 참여할 수 있다. 메타에서는 여러 프로젝트에 동시에 참여할 수 있으며 직원들은 흥미로운 프로젝트에 지원해 주말을 할애하기도 한다. 이러한 유동성은 직책과 업무를 분리하는 핵심이다.

명확하고 투명한 목표를 채택하라

직함이 아닌 일에 중점을 두는 조직에서는 각각의 업무를 기반으로 결과물을 책정하는 것이 거의 불가능하다. 많은 조사에 따르면 생산 결과를 기반으로 재무 목표를 설정하는 것이 품질 저하와 혁신 부족, 잘못된 행동을 초래한다.[87]

달성하기 힘든 판매 목표를 강제적으로 설정한 웰스파고Wells Fargo의 사례를 보자.[88] 이를 달성하기 위해 직원들은 가짜 계좌 개설 같은 비윤리적인 행동을 취했다. 이 일은 웰스 파고의 브랜드에 막대한 영향을 미쳤으며 모든 것은 위계적인 하향식 목표 때문이었다.

매력적인 기업들은 이러한 산업 시대의 프로세스 대신, 목표와 핵심 결과(OKR)라 불리는 방식을 목표 설정에 사용한다. 최고 경영진은 방향과 우선순위, 예산과 연간 계획을 설정한다. 그러나 그 과정에서 팀도 달성할 수 있는 수준과 각자의 포부를 기반으로 상향식 목표를 제시한다.

몇 년 전 만해도 이러한 종류의 애자일 목표 설정은 불가능해 보였다. 기업들이 석세스팩터SuccessFactors와 오라클Oracle 같은 소프트웨어 도구를 기존 방식에 맞춰 설계했기 때문이다. 우리는 하향식 목표를 사용하는 수십 명의 경영진과 인터뷰한 적이 있다.

그들은 1월 내내 타이트한 연간 계획을 팀에게 전달하는데 매달렸다고 말했다.

현실 세계에서 이는 심각한 문제를 초래한다.

하드웨어 제조업체인 한 고객은 고정된 연간 목표와 상여금이 연동돼있기 때문에 누구도 중간에 우선순위를 바꾸고 싶어 하지 않는다고 말했다. 이 회사는 공장에서 품질 문제를 겪었지만, 강압적인 목표설정 프로세스 때문에 목표를 재설정하고 합의를 하는 데 몇 개월이나 걸렸다.

연구에 따르면 자신이 목표를 설정하는 이들은 더 열정적이고, 헌신적이며, 성공할 가능성이 높다.[89] 인텔에서 시작한 OKR 모델에서 직원은 5~7개의 목표를 계속해서 설정한다. 어떤 것은 수행하기 쉽고 어떤 목표는 좀 더 노력이 필요하다. 온라인 시스템은 모든 이가 볼 수 있게 목표를 게시하고 이러한 목표를 회사의 계획이나 다른 프로젝트와 연결하기도 한다.

이제 이러한 프로세스 관리에 도움을 주는 소프트웨어 도구로 인해 새로운 시장이 열렸다. 새로운 도구로 목표설정은 어느 때보다 쉬워졌다. 팀들은 지라Jira와 베이스캠프Basecamp, 기타 애자일 시스템을 사용해 목표를 향한 진행 상황을 업데이트하고, 공유하고, 소통할 수 있다. 팀은 명확하고 투명한 목표를 세워야 하며, 개인은 그러한 목표에 주인의식을 가져야 한다.

여유시간을 허용하라

직업에서 일로 구조를 전환하며 기업은 근로자가 휴식을 취하고, 자기 일을 생각하고, 정리할 수 있는 시간을 마련해 줘야 한다. 에너지가 넘쳐야 일도 잘 할 수 있기 때문에 이러한 시간은 생산성을 향상한다.[90] 이는 직원 배치에도 의미하는 바가 크다.

굿 잡스 협회Good Jobs Institute의 제이넵 톤Zeynep Ton 교수의 연구를 보자. 추가적인 교대 인력을 고용해 직원에게 여유 시간을 더 주도록 매장에 인력을 많이 배치한 소매업체는 비용 절약을 위해 직원을 적게 고용한 업체보다 수익성이 높았다.[91] 스페인의 메르카도나Mercadona와 미국의 코스트코Costco는 경쟁사보다 20~25% 더 많은 직원을 매장에 배치한다. 그리고 두 회사 모두 더 높은 이윤을 낸다. 여유시간을 가진 직원은 제품의 배열과 고객 응대, 동료 교육에 더욱 집중할 수 있다.

이러한 회사는 글래스도어에서도 직원들에게 높은 점수를 받는데, 이는 여유시간이 사람의 감정에 미치는 영향을 잘 보여준다.

얼마 전 실시한 팬데믹 대응 관련 조사에서 우리는 높은 성과를 내는 문화의 특징이 직원의 건강과 웰빙에서 드러난다는 점을 알게 되었다.[92] 코로나바이러스의 전염성 측면에서 당연한 얘길 수 있지만 이는 작업장의 방역과 사회적 거리 두기 지침을 실행하는 것보다 더 확장된 개념을 의미한다. 각 근로자는 삶과 일이 서로 얽혀 깊게 영향을 주고받는다. 고용주는 직원의 삶이 조직의 성과에도 큰 영향을 미치기 때문에 직원의 의견을 진지하게 경청해야 한다.

앤하이저부시 인베브Anheuser-Busch InBev는 반기별로 직원 설문조사를 실시하던 것을 주간 설문조사로 바꿨다.[93] 릴라이언스Reliance의 마이 보이스My Voice 같은 토론 포럼과 도이치텔레콤이 실시한 왓츠앱WhatsApp 그룹 채팅은 의견을 들을 수 있는 장을 열었다. 레전더리 엔터테인먼트Legendary Entertainment는 직원의 정신건강과 웰빙을 지원하기 위해 명상과 코칭 세션을 구독할 수 있게끔 했다.

직무 교차교육과 실전에서 습득하라

직함에서 일로의 전환은 학습하는 환경을 구축해야만 가능하다. 오늘날 일하고 싶은 매력적인 회사는 경이적인 수준으로 학습에 투자한다. 또한 직원에 훨씬 더 중점을 두고, 그들이 원하는 경험을 제공한다. 기업들은 교육에 연간 825억 달러를 지출한다.[94]

그 중 '업무 학습'에 중점을 두고 디지털 형식을 사용한 프로그램이 가장 성공적이었다. 비자 대학Visa University을 한 번 살펴보자.[95] 1960년대 초반 경쟁사가 거의 전무하던 비자는 성장을 위한 혁신이 필요 없었다. 그러나 지난 10년간 아메리칸 익스프레스나 마스터카드 같은 전통적 경쟁업체뿐 아니라 애플과 구글, 페이팔과 스퀘어, 벤모와 기타 전자 결제 회사가 막강한 경쟁자로 떠올랐다. 블록체인 기술과 디지털 암호화폐의 등장으로 비자는 이 새로운 세계에서 어떻게 해야 할지 혼란스러웠다.

이전의 조직 모델에서는 CEO와 고위 경영진이 계획을 세우고 직원 그룹에 할 일을 전달했다. 직원들이 계획을 잘 이해하지 못하면 회사는 곤란에 처했다. 그러나 오늘날 비자는 완전히 달라졌다. 혁신과 학습, 창의적인 사고를 전사적으로 장려한다.

비자 대학은 세계적 수준의 학습공간이 되었다. 혁신과 지식 공유, 온라인 학습, 그리고 시장에서 가장 발전된 디지털 학습 도구를 보유하고 있다. 전 세계 비자의 직원은 학습 과정을 설계하거나 배운 내용을 공유할 수 있으며, 회사는 학습에 필요한 플랫폼과 시간을 제공한다. 대학에는 전 직원이 들을 수 있는 '디지털 화폐 숙달'이란 과정이 있는데, 이 새로운 비즈니스를 배우기 위해 비자에서 일하고 싶다는 얘기가 나올 정도로 업계에서 인정받고 있다.

내부 인재 이동을 장려하고 지원하라

그러나 학습에만 집중하는 것으론 충분하지 않다. 끊임없이 변하는 일의 세계에서 조직은 사람들이 다양한 팀과 프로젝트, 그리고 여러 종류의 일로 이동하도록 장려하는 프로세스를 마련해야 한다. 그러나 이러한 형태의 유동적 인재 이동은 전통적인 비즈니스 모델에서는 꺼려질 때가 많았다.

한 글로벌 소비재 회사의 HR 부사장은 유망한 직원이 새로운 부서에서 맡은 직무를 잘 수행하지 못할 때 리더 개발의 실패가 자주 발생한다고 말했다. 이후 경영진 후보로 꼽히던 이들은 실패한 경험에서 배우려 하지 않고 보통 그만둔 후 경쟁업체로 이직한다는 것이다.

오늘날 엔지니어와 프로덕트 오너, 디자이너와 고객서비스 직원처럼 중요한 내부 역량을 지닌 이들은 매우 가치가 높아 여러 팀에서 데려와 많은 작업에 그 전문성을 활용하고 싶어 한다. 기업들은 직원이 승진을 좇지 않고도 이러한 유형의 수평적 이동을 촉진하는 보상 시스템을 만들어 강력한 매력을 갖출 수 있다.

글로벌 엔진 제조기업인 커민스Cummins는 경험하여 얻은 습득은 강력하다는 확고한 믿음으로 내부 인재 이동을 장려한다. 한 직원은 이렇게 학습을 강조하는 문화로 회사가 '마음껏 배울 수 있는 공간'이 됐다고 표현했다. 또한 많은 교차 직무 이동이 가능하고 리더가 전문적 배경과 관계없이 어떤 과제에도 고성과자를 고려할 만큼 개방적이라는 점을 높이 샀다.[96] 이러한 방식으로 커민스는 자연스럽게 학습 기회를 제공하며 직원들의 결속력도 높였다.

조직은 어떤 직원이 다른 직무를 취해야 하는 시기와 그 직무가 적합할지 어떻게 결정할 수 있을까? 이전의 일의 모델에서는 직원이 부서를 떠날 수 있는지, 어디로 가야 하는지에 대한 결정권이 매니저에게 있었다. 오래된 산업 모델에선 매니저가 직원을 소유하는 형태였다. 즉, 직원은 부서를 떠나려면 허락받아야 했고, 직원의 이익이 아닌 매니저에게 가장 이익인 방향으로 결정날 때가 많았다.

오늘날, 밀레니얼 세대와 대부분의 이들은 새로운 일과 개발 기회가 정기적으로 주어지길 기대한다. 결속력과 성과에 관한 우리의 연구에 따르면 직원들은 급여보다 커리어 성장과 기회를 중요하게 여긴다. 이러한 새로운 현실을 반영해 기업은 새로운 도구들을 시도해보고 있다. 직원 각자가 커리어를 이끌 수 있도록 돕는 것이다. 매니저가 직원이 부서를 떠나지 못하도록 방해하지 않는 규칙도 이에 물론 포함이다. 어떤 회사는 직원을 다른 그룹으로 보내는 비율로 매니저를 부분적으로 평가하기도 한다.

유나이티드헬스 그룹과 잉가솔랜드는 직원들이 다른 직무를 잘 찾고, 적합한지 자체 평가하고, 새로운 자리에 지원할 수 있도록 몇 년을 들여 모든 주요 직군에 대한 성공 프로파일을 만들었다.

미국의 AT&T와 호주의 텔스트라는 직원들이 새로운 기회를 찾게끔 경력 코칭 서비스를 제공한다. 화이자나 GE 같은 기업은 사람들이 내부 경쟁에 참여하고 자기 능력에 따라 일을 가져가는 내부 직무 네트워크와 과제 네트워크를 구비했다. 예를 들어 한 가지 연구와 개발그룹에 고립됐던 과학자들은 이제 이러한 네트워크를 통해 다른 문제의 해결을 도울 수 있다.

이러한 네트워크는 그저 좋은 것이 아니다. 이는 탄력성과 융통성이 뛰어난 조직의 기반을 구축하고 직원의 참여와 혁신을 이끈다.

한 대형 헬스케어 기업의 최고학습책임자는 매니저들에게 이렇게 말한다고 한다. "매니저는 부하직원들을 소유한 게 아닙니다. 그저 도와주는 것이죠. 직원들은 조직의 소속입니다. 따라서 당신만이 아닌 전체 조직에 가장 좋은 방향을 취해야 합니다." 관리자는 더 이상 보스가 아니다. 그들은 코치이자 조언가, 인재 발굴자이자 인재 생산자다.

좋은 소식은 매니저와 리더가 이러한 변화를 비교적 쉽게 이룰 수 있다는 것이다. 직원들이 정기적으로 이동하도록 권장하고, 위계적이고 경직된 직함을 없애자. 레벨의 수도 줄여라. 재직기간이나 레벨이 아닌 직원의 서비스와 전문성에 대한 수요를 기반으로 급여를 지급해보자. 인재이동을 매니저가 이끌어줄 수 있게 격려하고, 보상하고, 강요하자. 얼마나 많은 사람이 이동했는지에 따라 관리자를 평가할 수도 있을 거다. 그리고 내부 커리어 코칭을 제공하자.

이 모든 과정을 거치며 당신의 회사는 직업이 아닌 일에 집중하는 매력적인 기업이 될 것이다.

3

보스가 아닌 조력자

'경영자는 직원이 더 나은 사람이 되도록 도울 수 있다.

그렇게만 한다면 정말 훌륭한 직업이다.'

클레이튼 크리스텐슨Clayton Christensen, 하버드 경영대학원 교수,
《혁신기업의 딜레마 THE INNOVATOR'S DILEMMA》의 저자

우리는 애플을 알고, 페이팔도 들어봤다. 그러나 에르스테 그룹Erste Group은 낯설 것이다. 에르스테 그룹은 중부 유럽에서 200년이 넘는 역사를 지닌 은행이다. 애플과 페이팔이 이 에르스테의 존립을 위협하게 되자, 에르스테는 코칭이라는 뛰어난 대응책을 마련했다.[97]

그렇다. 바로 코칭이었다. 약 5천 개의 지점에서 7천만 명의 고객에게 서비스를 제공하는 에르스테는 4만 5천 명의 직원을 보유한 중부 유럽 시장의 선두주자다. 에르스테는 앞으로도 200년의 역사가 지속되려면 내부를 진지하게 들여다봐야 한다고 생각했다. 그리고 직원들이 직속 관리자를 코치로 여기도록 장려하기 위해 70-20-10 모델을 채택했다. 이는 70%는 도전적인 과제를 통해, 20%는 발전적인 관계를 통해, 10%는 학습과 훈련으로 직원을 이끄는 모델이다.

이렇게 적극적인 코칭과 멘토링 제도는 직무에 대한 학습을 장려한다. 또한 각 개인의 힘을 존중하며, 적절한 보상을 이끈다.

그리고 언제나 함께 더 많이 해낼 수 있다는 성장 마인드셋을 기반으로 한다. 주도성과 관련해 매니저의 역할은 급격하게 변화했고, 이 장에서는 이에 관해 좀 더 자세히 설명하겠다.

보스가 아니라 코치다

리더십에 관한 책은 셀 수 없이 많다. 가끔 어떤 회사가 다른 회사보다 뛰어난 성과를 내고 우리는 그 리더들을 향후 수십 년간 본보기로 삼는다. 예를 들자면 스티브 잡스, 잭 웰치, 제프 베이조스 같은 사람들 말이다.

리더십 모델과 심리학에 관한 모든 연구를 여기서 다 다룰 순 없지만 내가 오랫동안 일을 하며 느낀 몇 가지 원칙이 있다.

첫째, 리더도 우리처럼 결함이 있는 사람이다. 리더의 역할은 스스로 완벽한 사람이 되어 완벽한 결정을 내리고 나서 사람들에게 자세히 할 일을 알려주는 게 아니다. 오랫동안 건재한 유능한 리더는 사람들의 능력을 최대치로 이끄는 방법을 알고 있다. 결국 직원들이 성장하기 때문에 회사도 성장하는 것이다.

사이베이스Sybase에 다니는 한 친구는 내게 이렇게 표현했다. '사람이 회사 덕분에 성장하는 것이 아니라 회사가 사람 덕분에 성장한다.' 당신의 팀이 더 단합되고, 많은 자율성을 갖고, 전력을 다할수록 기업은 성장하고, 제품과 서비스는 나아지고, 고객에게는 더 많은 서비스와 지원을 제공할 수 있다. 아주 간단하다.

둘째, 어떤 기간에 그 리더가 적합했다고 해서 비즈니스의 다음 주기에도 꼭 적합한 리더는 아니다. 한 번은 시스코의 HR 수석부사장이 이렇게 말했다. "우리는 경영진의 파이프라인을 자세히 검토한 후 회사 안에 4가지 유형의 리더가 있다는 걸 깨달았어요. A) 새로운 비즈니스를 시작할 수 있는 사람 B) 비즈니스를 확장하고 키울 수 있는 사람 C) 비즈니스를 정비하고 회생시킬 수 있는 사람 D) 비즈니스를 정리하고 합리적으로 개선할 수 있는 사람의 4가지 유형이죠. 우리는 다양한 역할을 경험한 총괄 매니저를 키우려 했지만, 결국 최고의 리더는 자신의 스타일을 고수한다는 걸 깨달았고, 그들의 강점을 살릴 수 있는 새로운 역할을 맡겼습니다."[98]

즉, 모든 것을 할 수 있는 '총괄 매니저'를 키운다는 생각은 맞지 않다. 최고의 리더는 무언가에 특별한 이들이다. 깊은 전문성을 가진 이들은 그것을 자신의 일에 발휘한다.

셋째, 리더는 문화와 결속력, 생산성에 엄청나게 막대한 영향을 준다. 나는 리더가 팀과 프로젝트나 회사와 맞지 않는 상황을 수없이 보아왔다. 이런 일이 발생할 때 조직의 성과는 떨어지고, 사람들은 화를 내고 그만두며, 회사의 문화도 망가진다. 따라서 우리는 모든 리더가 위대한 사업가이자 의사 결정자, 프로젝트 리더가 되길 바라지만 무엇보다 그들은 훌륭한 문화의 원동력이 돼야 한다. 사람들은 리더의 행동을 지켜보고 따라 하며, 리더가 보상하거나 처벌하는 방식을 보고 배운다.

이 세 가지 원칙을 고려할 때 우리는 리더십에 거대한 변화가 일어나고 있음을 인정해야 한다. 까다로운 중장년의 백인 남성 CEO가 할 일을 지시하고 목표를 달성했는지 책임을 묻던 시대는 끝났다. 특히 실질적인 대면 리더십이 부재하거나 드문 유연한 근무환경이 가속화된 현재의 시대에서는 더욱 그렇다.

기억하자. 기업 시가총액의 85%는 혁신과 지적 재산, 서비스와 브랜드에 기반을 둔다. 기술 덕분에 소기업도 모든 업계의 대기업을 위협할 수 있게 만들었다. 사람들은 직장에서의 의미와 목적, 웰빙을 원한다. 그리고 우리에게 필요한 전문성과 기술의 유형은 그 어느 때보다 빠르게 변하고 있다. 이 새로운 세상을 위한 리더십 모델은 무엇일까? 간단하다. 리더가 코치가 되는 것이다.

네트워크를 이끄는 방법

기업은 네트워크 조직이고, 직원은 한 번에 여러 프로젝트를 동시에 참여하며, 기능적인 직무가 전보다 중요하지 않을 수 있다. 이러한 내 주장에 동의한다면 오늘날의 리더는 어떤 역할을 해야 할까?

리더는 전략을 추진하고, 프로젝트를 이끈다. 사람들의 성장을 도우며, 필요한 전문가와 혁신가, 프로젝트 매니저를 찾아야 한다. 그리고 네트워크 구조를 이해하고, 기업이 수익을 내는 방법을 인지하며, 그저 지시 하달이 아닌 주어진 방향으로 사람들을 이끄는 영향력과 팔로어십을 가져야 한다. 그리고 인재와 사람에 대한 깊은 직관을 가져야만 한다. 이렇게 될 수 있는 가장 간단한 방법은? 리더가 보스에서 코치로 바뀌는 것이다.

물론 우리는 여전히 리더와 매니저가 필요하다. 그러나 그들의 과제와 행동, 선택은 바뀌어야만 한다. 상사가 책상에 앉아 직원에게 지시를 내리고 연간 평가서를 나눠주던 시절은 막을 내렸다.

나는 일하고 싶은 매력적인 기업에서 매니저의 역할은 사람은 관리하는 것이 아니라 일을 완성시켜 주는 사람이라고 생각한다. 이는 앞으로 회사에 두 가지 유형의 매니저가 있음을 의미한다. 프로젝트와 일을 관리하는 사람이 첫째 유형, 그리고 두 번째 유형은 사람을 이끌고 코치하는 사람인 '피플 리더'다. '매니저'의 직무 설명서가 변화하면서 회사들은 이제 여러 역할에 다양한 용어를 붙인다.

고어에서는 피플 리더를 '스폰서'라고 부른다. 스폰서의 역할은 사람들을 알아가고 그들의 장단점을 파악해 성공할 수 있게 코치하고 그들의 새로운 역할과 자리, 커리어를 지지해주는 것이다. 스폰서는 승진에 대한 '권한'이 없고 급여를 책정하지도 않지만, 각 개인의 커리어를 발전시키는 책임을 진다.

한 컨설팅 회사에서는 피플 리더를 '커리어 조언가'라고 지칭한다. 그들은 개인이 다음 프로젝트를 찾거나 승진을 준비하는 데 도움을 주거나 성과와 평판, 능력에 관해 솔직한 피드백을 제공한다. 직원의 시간을 관리하거나 매일 할 일을 지시하는 것이 아니라 성공하도록 돕는다. 그들이 이끄는 사람들 역시 리더를 평가한다.

애자일 모델을 사용하는 스포티파이에서는 서클 리더나 기능 부서의 리더가 사람 관리를 담당하는 경우가 많다. 각 개인의 급여와 승진을 결정하는 데 영향을 주는 건 프로젝트 리더지만, 궁극적인 코칭은 기능 레벨에서 진행된다.

코치로서의 리더는 달성할 수 있는 명확한 목표를 주어야 한다. 또한 적합한 역할을 마련하고, 정기적인 피드백을 주며, 학습하고 새로운 기술을 익히고 성과를 향상할 기회를 계속 제공해야 한다. 즉 망가진 성과 관리 프로세스를 재창조하는 것이다.

한 세계적인 헬스케어 기업의 최고인사책임자는 회사의 리더들에게 이렇게 말한다고 한다. "여러분의 역할은 직원을 '관리'하거나 '제어'하는 것이 아닙니다. '이끌고, 발전시키고, 격려해야' 하죠. 직원은 리더의 소유가 아닌 조직의 구성원입니다. 당신은 리더로서 그들의 성공을 돕는 중요한 책임을 그저 맡았을 뿐입니다. 그리고 우리는 승진한 이와 다른 그룹으로 간 직원이나 더 높은 레벨의 역할로 이동한 직원 수로 리더십 역량을 평가할 겁니다."

그리고 당연히 리더들은 직원 결속력에도 막대한 영향을 미친다. 글래스도어의 조사를 보면 고용 브랜드를 평가하는 데에 있어 경영진에 대한 직원들의 인식이 금전적 보상보다 중요하다.[99] 따라서 이 주제를 진지하게 받아들일 필요가 있다. 과거의 기업들은 재직기간이나 전문적인 능력을 기준으로 리더를 결정했다. 미래의 기업은 코치하는 법을 진정으로 이해하는 리더를 찾아야 한다. (표 3.1 참조)

이제는 사람 중심의 리더십이라는 새로운 모델이 등장하고 있다. 이는 리더가 비즈니스를 공동체와 사회, 지역 경제와 연결한다는 의미를 지닌다.

오늘날 성공적인 리더는 직책이나 직급, 직함 대신 모범과 자율성, 영감으로 이끈다. 함께 일하고 싶은 매력적인 리더는 개인과 조직 모두에 적합한 자리로 직원을 이동시키는 능력이 탁월하다. 그들은 팀들을 조정하고 네트워크를 발전시켜 조직의 가치에 맞는 원칙과 문화를 강화한다.

미국의 콜린 파월Colin Powell 전 국무장관은 이렇게 표현했다. "좋은 직원들이 있어야 당신이 좋은 리더임을 알 수 있습니다."[100] 고급 사무실에 앉아 부하 직원에게 할 일을 지시하는 오만한 상사와는 거리가 먼 얘기다.

스포츠에서 훌륭한 코치는 모두가 더 힘을 내고 몰입하도록 만

표 3.1. 과거와 현재의 경영 모습

산업 시대의 경영	디지털 시대의 경영
규모로 차별화	속도로 차별화
리더가 책임	개인과 팀이 책임
하향식 목표와 방향	상향식 목표와 방향
결과와 성과에 집중	연계와 서비스에 집중
경쟁적인 문화	상호의존적이고 협력적인 문화
규모와 품질, 프로세스에 대한 세심한 집중으로 성공	실험과 반복, 지속적인 향상으로 성공
계층 구조를 통한 의사결정	팀과 개인, 네트워크를 통한 의사결정
재직기간과 직위로 개인적인 권한을 키움	관계와 경험, 지식으로 권한을 키움
권력을 위해 위쪽으로의 이동을 강조	폭넓은 경험을 위한 수평적 이동을 강조
공정성과 평등을 기준으로 보상	개인의 성과를 기준으로 보상
경쟁과 희소성의 문화	풍부함과 성장의 문화
권위로 이끎	영향력으로 이끎

출처: 조쉬 버신 컴퍼니, 2021

든다. 그리고 성공할 수 있는 적재적소에 사람을 배치하는 법을 안다. 시즌이 다 끝난 후 팀원에게 단순히 평가를 건네는 것이 아니라 게임이 진행되는 동안 경기력을 높일 수 있는 세세한 지침을 제공한다. 위대한 코치는 사람들이 궁극적인 목표에 집중하게 돕고 팀원들이 자문해보지 않았을 질문을 던진다. 이는 비즈니스의 전통적인 리더상과는 완전히 다르다.

실제로 뛰어난 성과를 내는 비즈니스 리더는 스포츠 코치와 비슷한 특성을 많이 보인다.

- **뛰어난 리더는 명확한 방향을 전달한다.** 가야 할 방향을 뚜렷이 알고 있다. 좋은 코치는 명확한 비전으로 팀의 승리를 돕는다.
- **뛰어난 리더는 사람을 잘 판단한다.** 누가 어떤 성과를 낼지 예리하고 정확한 감각을 갖고 있다. 좋은 코치는 조직에 있는 모든 이의 능력을 알며 그 강점을 잘 발휘하도록 적재적소에 배치한다.
- **뛰어난 리더는 성공적인 게임 계획을 짠다.** 복잡한 문제를 취해 신속히 단계별 해결책으로 나누는 놀라운 능력을 갖추고 있다. 그리고 팀의 성과를 보며 잘하는 점을 식별하고 이를 팀 플레이북에 적용한다.
- **뛰어난 리더는 발전에 중점을 둔다.** 사람들이 역량을 향상하고 성공을 위해 열심히 일하도록 북돋는 능력이 있다. 이를 위해 그

들은 보통 개인과 그들의 장점, 기회와 개선 영역에 집중한다.

사우스웨스트 항공의 방식, 각각의 비행기가 팀이다

항공사들은 조직구조가 엄격한 전통적인 스타일의 회사다. 많은 경우 노사단체협약에는 조종사와 승무원, 수하물 취급자 등이 함께한다. 운영에 차질이 생기면 비행기는 연기되거나 뜨지 못할 수 있다. 그리고 항공사의 평판을 깎는 부정적인 트윗과 해시태그로 고객 서비스 부서는 골치를 앓게 될 것이다. 모든 항공사는 기본적으로 같은 일을 한다. 비행기를 운영하고, 좌석을 판매하고, 승객을 태운다. 그러나 항공 업계는 사람과 경영 방식에 따라 크게 달라지며, 이는 곧 직원의 결속력 수준을 결정짓는다.

이전 장에서 언급했듯이 고객 추천지수에서 언제나 높은 순위를 차지하는 사우스웨스트 항공은 팀 네트워크 방식으로 회사를 운영한다. 각 팀은 비행기와 조종사, 몇 명의 승무원으로 구성된다. 독립적으로 팀을 운영하며 팀원들은 정시 출발과 안전, 식음료 서비스와 전반적인 고객 경험을 책임진다. 경영진은 비행이 잘 진행되도록 규정 안에서 필요한 모든 조처를 할 권한을 팀에 부여한다.

팀에 권한을 주고 책임을 부여하면 결과는 놀랍다. 사우스웨스트 항공사에서 조종사는 정시에 출발할 수 있도록 종종 소매를 걷어붙이고 승무원의 가방 정리를 돕는다. 승무원도 조종사가 신속히 준비할 수 있도록 돕는다. 팀 전체가 높은 결속력으로 몰입하는 것이다. 그리고 승객 역시 이를 느낀다.

높은 추천지수를 보유한 또 다른 항공사인 제트블루JetBlue도 비슷한 철학을 갖고 있다. 이 회사는 기업 학습에 막대한 투자를 하며 시장에서 가장 앞선 기업 대학을 운영한다. 직원들은 양질의 교육을 받고, 제트블루는 리더에게 인재 성장의 책임을 맡기며 신중하게 직원들의 커리어를 관리한다.

이러한 리더와 다른 항공사의 리더 간에는 극명한 차이가 있다.

얼마 전 나는 1978년 이전에 설립된 미국의 유서 깊은 항공사의 임원을 인터뷰했다.[101] 이 항공사는 좀 더 전통적인, 하향식 관리구조를 유지하고 있었다. '각각의 비행기가 팀이다'는 사우스웨스트의 방식과는 정반대라고 볼 수 있다. 그리고 근래에 일어난 일련의 연금 삭감과 정리해고로 사기는 떨어졌고 직원들은 실망하며 경영진을 불신했다. 한 비행기에서 내 옆자리에 앉은 조종사는 '노동자인 자신을 노조가 제일 잘 대표한다고 생각'하므로 경영진의 말을 믿지 않는다고 말했다.

이보다 더 최악의 경영 모델을 떠올릴 수 있는가?

최근 새로운 경영팀이 이 항공사에 합류했고, CEO와 경영팀은 인상적인 피드백 프로그램을 시작했다. 업계 최고의 노하우가 담긴 이 피드백 프로그램을 이용해 직원의 태도를 가늠할 수 있는 주기적인 설문조사를 배포한다. 이러한 과정에서 고위급 임원들과 여러 직원, 조종사들과 이야기를 나누었다. 경영진이 자신들의 말을 경청한다고 느낄 때 직원들에게서 거의 즉각적으로 결속력이 향상되는 변화가 발견되었다. 이 항공사는 이제 일하고 싶은 매력적인 회사가 되기 위한 여정을 시작하며, 전체 리더십 모델을 개편하고 리더십 개발 프로그램을 바꾸고 있다. 이 모든 것이 직원과 고객에게 더 나은 경험을 제공하기 위한 노력이다.

문제는 잘못된 성과관리에 있다

성과 평가 과정은 경영에 있어 일종의 장벽이 될 때가 많다. 이 오래된 방식은 다른 시대에 맞게 설계됐다. 《잭 웰치와 GE 방식 Jack Welch & the G.E. Way》에서는 잭 웰치가 어떻게 매년 하위 10%는 회사를 떠나야 하는 강제적인 순위 시스템을 만들었고, 엄격한 평가 시스템을 구현했으며, 9박스 그리드(표 2.1 참조)를 사용해 부실한 매니저를 걸러냈는지 설명한다.[102]

내가 조사한 바로는 이러한 프로세스는 회사의 규모와 비용을 줄이는 게 목표일 때만 유용했다. 그 외의 모든 비즈니스 상황에서는 문제를 야기할 수 있다. 성과를 평가하는 것이나 리더십에 관한 기준을 가지는 것, 팀과 논의하는 것은 모두 중요하다. 그러나 평가 그 자체는 매우 진부하다. 게다가 목표에 기반을 둔 성과는 많은 문제를 초래할 수 있다.

예를 들어 보자. 2011년 연구 사업부를 딜로이트에 매각하기 전 우리는 연간 1200만 달러의 수익을 창출하고 매년 30%씩 성장하고 있었다. 딜로이트는 새로운 관리직을 많이 영입해 거의 2배 가까이 팀 규모를 늘리기로 했다. 모든 직원에 해당하는 자세한 목표도 세웠는데 5%의 성장률을 달성하자는 정도였다.

그런데 어떤 일이 일어났을까? 목표 달성에 실패했다.

왜? 딜로이트에 인수되기 전 우리는 풍요로운 마인드셋으로 성장했다. 우리가 제공하는 서비스에 무한한 기회가 있다고 믿었고 모든 회사가 잠재 고객이었다. 그러나 딜로이트의 목표 관리 시스템 안에서 사람들은 숫자에만 매달렸으며, 시장의 무한한 기회를 간과하기 시작했다. 오늘날 그 비즈니스는 계속 작아지고 있다.

평가 프로세스는 그 자체가 해가 될 수 있다. 내가 IBM과 엑손, 딜로이트에서 일할 때 매니저들은 12월에 연말 평가를 전달했다. 이 평가에는 우리의 성과와 개선점에 관한 의견과 동시에 악명 높은 성과 등급도 담겨 있었다. 관리자들은 끔찍한 그 미팅을 위한 양식을 작성하기 위해 거의 한 달을 보냈다. 그러나 내가 왜 그런 등급을 받는지는 잘 설명하지 못했다.

45년간 직원으로 일하면서 나는 이런 불편한 미팅을 40회 이상 겪어왔다. 그러나 이 중에서 더 잘할 수 있도록 영감을 주고 북돋아 준 미팅만이 기억에 남는다. 나는 대부분 이러한 프로세스가 시간 낭비이자 실망스럽다고 생각했다. 사무실을 나오면서 이 직장에서 계속 일해야 하나 싶을 때도 있었다.

2006년 우리는 성과 관리에 관한 대규모 조사를 실시해 기업들에 자사의 성과 관리 프로세스가 경쟁적인 평가인지 코칭과 발전을 위해 설계됐는지 물었다. 즉 그 프로세스가 사람을 걸러내기 위한 것인지 발전을 돕기 위한 것인지 확인했다. 이에 76%는 전자라고 답하며 프로세스가 주로 경쟁을 통한 성과 개선에 초점을 둠을 시사했다.[103]

2015년 우리는 똑같은 조사를 진행했는데 이번엔 반대의 결과를 얻었다. 75% 이상의 기업이 이제는 성과 관리 프로세스를 코칭과 개발의 일부로 본다고 답한 것이다. 이 분야가 빠르게 변화하고 있음을 보여주는 확실한 지표였다.[104] 그리고 81%의 기업이 급여예산을 '공정'하게 할당하기 위해 사람들을 분류하고, 거르고, 등급을 매긴 시간이 쓸모없었다고 답한 것은 특히 눈여겨볼 만하다.

지속적으로 성과를 관리하라

한번은 저명한 기업문화 연구가인 에드거 샤인Edgar Schein에게 문화와 성과에 있어 가장 중요한 교훈은 무엇인지 물었다. "간단합니다." 그는 내게 말했다. "뛰어난 성과를 내는 문화의 가장 중요한 요소는 서로 돕는다는 것이죠."[105]

그렇다. 그렇게 간단한 일이다. 보스가 코치가 되는 거다.

기억하라. 매니저는 어항 속 물고기처럼 그들이 보상받는 방식으로 행동한다. 매니저를 코치로 만들고 싶다면 코칭과 피드백, 발전과 진보, 지속적인 학습에 보상을 주어야 한다.

일부에서는 성과 관리의 혁신이 2012년 어도비Adobe에서 시작됐다고 말하기도 한다. 클라우드 서비스를 중심으로 전체 비즈니스 모델을 개편하면서 어도비는 경영진과 리더십, 성과관리 방식 역시 코칭을 중심으로 다시 설계했다. 이 회사는 연 1회의 리뷰가 아닌 지속적인 성과 관리로 성공을 거둘 수 있음을 일찍이 깨달았다.

오늘날 지속적인 성과 관리는 다음의 명확하게 정의된 7단계를 거친다.

1 **목표설정:** 단기와 장기목표 설정, 때로는 OKR 방법 적용한다.
2 **체크인:** 개인이 필요로 하는 만큼 자주 1:1 대화를 하여 진행 상황과 어려움을 확인한다.
3 **피드백과 목표 리뷰:** 정기적인 리뷰와 분기별 비즈니스 리뷰를 진행한다. 개별 피드백을 통해 목표 진행 상황을 검토한다.
4 **코칭과 개발:** 개인의 발전과 향상, 성장에 도움을 주는 계획과 제안, 과제를 제시한다.

5 **성과 리뷰**: 연간, 반기 리뷰, 또는 평가와 함께 더 잦은 공식적인 리뷰를 진행한다.

6 **금전적 보상 리뷰**: 매년, 또는 더 자주 급여 리뷰를 진행하고 금액을 조정한다.

7 **개발 계획과 다음 과제**: 직무 순환과 승진, 성장과 다음 과제에 대해 논의하고 계획한다.

목표설정은 직원들의 결속력을 높이도록 팀에게 맡긴다. 간호사, 비행기 승무원, 디자인, 영업, 엔지니어 등 팀이 목표를 세우는 것이다. 그런 다음 각 팀원은 개인적이고 실행할 수 있으며 다른 이도 납득할만한 3~5가지의 개인 목표를 설정한다.

이제 OKR로 돌아가 보자. 앞서 언급했듯이 OKR은 기업이 목표를 정의하고 추적하는 데 도움을 주는 목표 설정 구조를 만든다. 구글과 링크드인, 트위터와 드롭박스, 아틀라시안과 스포티파이, 에어비앤비와 우버는 모두 OKR을 사용해 목표에 명료성과 투명성, 적합성을 더하며 목표와 그 달성 방법을 정한다.

일반적으로 몇 가지 달성하기 쉬운 목표와 확장된 목표, 그리고 1~2가지의 도전적인 목표를 설정한다. 많은 소프트웨어 업체에서 나오는 새로운 도구들은 각자의 목표를 명확하게 보여주며 과정을 돕는다. 이렇게 개방적이고 투명한 프로세스는 직원들에게 권한과 책임감을 부여해 직장에서 자신이 운명을 개척한다고

느끼게끔 한다. 구글에서는 이러한 수준의 투명성이 CEO에까지 쭉 적용된다.[106]

지속적인 성과 관리의 다음 단계는 피드백 제공이다. 사람들은 좋지 않은 소식이더라도 건설적인 피드백을 원한다.

IBM에서 젊은 시스템 엔지니어로 일할 때 나는 수백만 달러에 달하는 중요한 제안서에서 결정적인 가격 책정 실수를 저질렀다. 우리는 고객에게 프레젠테이션하는 동안 그 실수를 발견했고 나는 거의 기절할 지경이었다. 쥐구멍에라도 숨고 싶었고, 내 보스는 매우 화가 났다. 실수를 알아차린 후 우리는 양해를 구했고 나는 차에 올라타 눈물을 머금고 서둘러 사무실로 돌아왔다. 내 커리어는 거기서 끝났다고 생각했다.

그러나 다행히 일은 잘 마무리됐고 나는 크나큰 교훈을 얻었다. 우리는 이 고객사의 특정 임원과 좋은 관계를 맺어왔으며 그는 나를 불쌍히 여기며 실수를 이해해주었다. 그리고 내용을 수정해서 구매 프로세스를 다시 거치도록 해주었다. 최악의 상황은 면한 것이다.

그 해 말, 성과 리뷰에서 나는 전반적으로 좋은 평가를 받았지만 '세부 사항에 대한 주의력'이 부족하다는 비판을 받았다. 그날 이후로 나는 모든 발표 자료와 제안서, 분석을 다시 살펴보고 재확인하는 것으로 유명해졌다. 이것이 바로 일하고 싶은 매력적인 기업이 직원의 성공을 돕기 위해 반드시 제공해야 하는 명확하고 솔직한 피드백과 코칭이다.

오늘날 내가 IBM에 있을 때처럼 1년에 한 번 성과를 평가하는 방식은 더 이상 의미가 없다. 비즈니스와 일이 너무 빠르게 변화하기 때문이다. 팬데믹의 직격탄 속에서 펩시코는 매주 주기적인 체크와 열린 피드백으로 현재 상황을 확인했다.[107]

'피드백'이란 단어 자체가 부정적인 의미를 줄 때도 있다. 이에 GE는 그 용어를 '인사이트'로 바꾸어 사람들이 좀 더 열린 마음으로 대화하도록 한다. IBM은 '체크포인트'라는 시스템을 사용하고[108] 어도비와 시스코는 '체크인'이라고 표현한다. 용어가 무엇이든 매니저는 항상 좋은 이야기를 할 수 없다 해도 생산적인 피드백의 문화를 받아들여야 한다.

GE는 지난 수십 년간 엄청난 격변을 겪으면서 이제 회사 자신이 디지털 기반 산업체라고 생각한다. 이러한 전환 속에서 GE는 간결함과 직원 개발을 중심으로 성과 관리를 이끌었다. GE는 경영진의 구조를 크게 줄였으며, 목표 설정을 재설계하고, 뛰어난 성과를 내는 실력주의를 이끄는 방법에 집중했다.

한때 개인을 동료와 비교해 순위를 매기고 하위 10%의 저성과자는 내보내던 기업에 일어난 엄청난 변화다. GE는 10여년 전에 등수를 매겨 내쫓는 '랭크 앤 양크' 방식을 끝냈고 최근에는 전통적인 성과관리와 연말 평가도 없앴다. 이제 174,000명의 직원은 모바일 애플리케이션을 통해 잦은 피드백을 받는다. 전설적인 리

더십 교육 센터인 GE의 크로톤빌 연수원은 이러한 경영혁신을 이끄는 중심지가 됐다.[109]

GE가 이러한 대대적인 전환을 이루려 애쓰는 동안에도 아직도 많은 기업들은 여전히 위계적이고 관료적이다. 자신은 그렇지 않다고 주장하고 있지만 말이다. 그러나 기업과 매니저가 새로운 비전을 향해 변화해야 한다는 사실은 대부분 인정한다.

변화를 위한 질문

팀원들과 함께 아래의 질문들에 관해 논의해보자.

1 우리 회사는 '프로젝트 매니저'와 '커리어 코치'의 개념을 구분하는가? 아니면 직속 매니저가 모든 역할을 맡는가?

2 매니저 역할을 맡을 개인을 어떻게 선택하는가? 9박스 그리드와 인재 리뷰 프로세스를 따르는가? 당신의 관리 모델과 구조는 얼마나 현재상황과 맞는가? 임기와 개인적 친분이 영향을 주는 정치적인 시스템이 작용하는가?

3 조직 내에 관리직으로의 승진을 없애고, 사람들이 승진 없이 관리직을 맡는 것을 고려하겠는가?

4 매니저는 어떻게 평가받는가? 인재 양성과 '코치 역할을 하는 매니저'라는 개념이 역할 모델에 포함되는가? 매니저가 성과 지표를 높이기 위해 직권을 남용하고 팀을 혹사하는가? 개방적이고 투명한 프로세스 속에서 팀을 상대 평가할 수 있는 편파적이지 않은 조사 형식이 갖춰져 있는가?

5 리더십 개발에 얼마나 큰 비용과 에너지, 시간을 들이는가? 리더십 개발 프로세스를 평가하고 구축하고 검토하는 전담 리더십 개발 관리자가 있는가? 당신의 회사는 리더십에 관해 정기적으로 말하고 리더의 중요한 역할을 분석하는가?

6 관리직은 당신의 회사에서 특권으로 여겨지는가? 아니면 직무로 여겨지는가? 매니저가 코칭 역할도 번갈아 가며 수행하는가? 어떤 이가 매니저

역할에 맞지 않을 때 쉽게 이동시킬 수 있는가? 아니면 얼마나 다른 이의 성장을 도왔는지 관계없이 남은 커리어 동안 계속 관리직을 '유지'하는가?

7 고위 경영진의 리더십 철학은 무엇인가? 그들은 경영방식과 코칭에 관해 말하는가? 그들은 성장 마인드셋을 진정으로 믿는가? 젊고, 높이 평가되는 이들을 주기적으로 리더십 역할로 이동시키는가? 개발과 코칭에 대한 이야기를 자주 하고 높이 사는가?

권한을 부여하고 지시를 멈춰라

매니저를 코치로 바꾸는 법

기업은 매니저를 선택하고 개발하는데 많은 시간과 비용을 들인다. 리더십 개발 시장은 140억 달러 규모의 비즈니스로 해마다 성장하고 있다.[110] 리더십 개발은 복합적이다. 새로운 관리자로 당신은 급작스럽게 사람의 선택과 채용, 교육과 코치, 평가를 맡게 된다. 직원들은 매우 다양한 업무와 직업, 개인적인 문제로 당신을 찾아온다. 당신은 경청하고 조언하면서 때로는 강인해지는 법을 배워야 한다. 사람들이 좀 더 열정적이고 주도적인 마음으로 성과를 내도록 돕는 것이다.

먼저, 규칙을 바로 세워야 한다. 당신의 기업은 관리직의 어떤 행동에 상을 주는가? 실적은 달성하지만, 직원들의 진을 빼게 만드는 매니저에게 보상할 것인가? 아니면 최선을 다하는 팀의 발전을 위해 노력하는 매니저에게 보상할 것인가? 근시안적 입장에서는 전자가 더 좋게 느껴지겠지만, 조직 전체로 볼 때 후자의 모델이 훨씬 뛰어난 성과를 거둔다. 오늘날 성과가 뛰어난 기업은 회사의 고객 추천 지수나 직원들의 결속력 수준으로 리더를 평가한다.

둘째, 인재의 소모와 생산 중 어떤 것에 상을 주는가? 회사는 뛰어난 직원을 확보하고 자기 팀에 남게 한 매니저에게 상을 주는가? 아니면 자기 팀에서 새로운 발전 기회로 이동시키는 매니저를 격려하고 보상하는가? 제너럴 밀스General Mills와 네슬레Nestlé, 애트나Aetna 같은 강력한 매력을 지닌 기업에서는 인재 생산이 곧 리더십의 목표다. 많은 '소모적인' 기술 회사에서는 그 반대다.

한 대형 방산업체는 모든 매니저와 팀 리더의 인재 생산 수치를 평가한다. 그 매니저 밑에서 일한 지 2년 이내에 얼마나 많은 사람이 승진했는지를 평가해 직원을 코칭하고 발전의 기회를 주는 것이 매니저의 일이라는 메시지를 강조하는 것이다.

셋째, 우리의 조사에 따르면 매니저의 개발에 투자하는 기업은 그렇지 않은 기업보다 성과가 뛰어났다. 리더십 개발에서 최고 수준을 보이는 기업(우리의 4단계 성숙도 모델에 해당)[111]은 직원당 더 많은 수익을 창출하고, 변화를 잘 예측하고 효과적으로 대응할 가능성이 높으며, 경쟁사보다 수익성이 높다.

이렇게 생각해보자. 팀원으로 일하던 이가 관리직으로 이동하면 그들은 자연적으로 커리어를 변경하게 된다. 갑자기 그들의 성공은 얼마나 직원을 잘 융화시키고 코치하고 발전시키는가에 달린다. 많은 신입 매니저가 자기 팀을 세세히 관리하며 직무를 시작하고 본질적으로 자신이 했던 방식대로 직원들을 가르친다. 그러나 때로는 몇 년이 걸리기도 하지만 시간이 흐르며 그들은 각 개인은 다르며, 따라서 고유한 방식으로 각자의 가치를 창출함을 이해하는 성숙함을 기른다.

리더들은 올바른 방향으로 전환할 수 있도록 교육받아야 한다. 파타고니아와 이케아는 매니저에게 집단적 사고가 회사의 중요한 가치라는 명확한 방향을 제시한다. 이 기업의 보상시스템에는 환경을 돕고, 폭넓은 방식으로 솔루션을 디자인하고, 다른 이를 돕는데 시간을 쓰는 것이 포함된다. 그리고 모두 글래스도어에서 업계 평균보다 훨씬 높은 점수를 받는다. 두 회사 모두 환경과 지속적인 비즈니스 관행, 브랜드 목적에 중점을 두는 것을 중요히 여긴다. 매니저들은 회사의 이런 가치들을 배워야만 한다.

주니퍼 네트웍스Juniper Networks는 리더십과 성장의 문화를 강조하는 성과 관리 프로세스를 면밀히 만들었다. 주니퍼의 최신 성과 관리 프로세스는 네 가지 면을 기준으로 사람들을 평가한다. 기여도(목표를 달성했는가?)와 능력(기술이나 역량을 향상했는가?), 연결(네트워크를 확장하고 새로운 이들을 만나고 회사의 다른 프로젝트에 기여했는가?)과 커리어(당신의 커리어 관심 분야가 회사의 관심 분야와 일치하는가?)를 살펴보는 것이다.[112] '주니퍼 방식'의 강조와 더불어 이러한 구조는 모든 매니저가 공통으로 사용할 수 있는 일련의 도구를 제공한다. 매니저는 이를 통해 일관되고, 전략적이고, 발전적인 방식으로 사람들을 지도할 수 있다.

지속적인 목표 관리나 OKR을 실행하자

OKR의 구조는 간단하다. 이를 정의할 수 있는 판매 할당량 등과 같은 목표와 해당 목표에 기여할 일련의 측정할 수 있는 결과를 뜻한다. 이 모델을 사용해 개인과 팀은 목표에 부합하는 구체적인 계획을 짜고 공유할 수 있다. 예를 들어 영업은 판매 할당량 달성을 목표로 잡고, 이와 관련된 주요 결과는 평균 판매 가격을 5% 높이고 하루 평균 20번 고객에게 연락하는 것으로 만들 수 있다.

우버에서는 시스템에 속한 운전자의 증가를 목표로 잡고 각 지역에서 소속 운전자를 20% 늘리고 평균 운전자 세션을 26시간으로 늘리는 것을 주요 결과로 정할 수 있다. 유튜브라면 사용자당 평균 시청 시간을 늘리는 목표 아래 주요 결과를 하루 총 시청 시간을 ○○분으로 늘리고, 비디오 로딩 시간을 ○○% 줄이는 것이 될 것이다.

21세기의 기업은 네트워크 안에 있는 각 팀이 각자의 목표와 목적을 두면서 여전히 다른 팀의 집중 과제를 알게끔 조정해야 한다. 이를 위해선 투명한 목표들을 누구나 볼 수 있게 만드는 것이 가장 좋다. 이는 새로운 도구들을 사용해 쉽게 진행할 수 있다.

목표 설정은 새로운 아이디어가 아니다. 그러나 목표를 정하고, 측정하고, 업데이트하는 방법의 전환에 그 차이점이 있다. (표 3.2 참조)

기술 업계는 OKR에 매우 익숙하며 이 개념은 다양한 용어로 여러 분야에 확산하고 있다. 내 연구는 어떤 용어로 불리든 OKR 방식이 집단적 사고와 팀워크, 융화와 지속적으로 뛰어난 성과에 중요함을 보여준다.

새로운 방식으로 성과를 평가한다

이전에 논의한 것처럼 전통적인 연간 성과 리뷰는 사라져야 한다. 그러한 리뷰는 매우 관료적이며 매니저의 주의와 시간을 소모하고 팀워크와 창의성을 방해한다. 직원들은 사기가 떨어지고, 자신이 제대로 평가받지 못한다고 느낀다. 그렇다고 해서 사람들을 평가하지 말자는 얘기가 아니다. 모든 직원은 자신의 현 상황을 알고 싶어 한다. 우리는 얼마의 급여를 줄지, 누가 연봉인상과 상여금을 받을지, 어떤 이가 새로운 자리에 오를지 결정해야만 한다. 이 모든 것이 경영의 일부다. 따라서 이를 잘 수행하기 위한 위해선 체계가 필요하다.

표 3.2. 목표설정의 전통적 방식 vs 새로운 방식

	전통적 방식	새로운 방식
목표를 세우는 방법	하향식, 위에서 전달, 모두가 따른다.	상향식, 팀이 설정하고 재무와 예산 기준에 따라 조정한다.
빈도	1년에 한 번 설정, 연말에 검토, 연중에는 잘 검토되지 않는다.	정기적으로 업데이트하고 필요에 따라 조정한다. 조사 결과 분기별로 목표를 업데이트한 기업은 이 프로세스를 통해 30% 더 높은 가치를 얻는다.
목표를 세우는 사람	리더가 목표를 정하고 매니저가 책임지고 담당한다.	사람들이 각자의 목표를 세우고 매니저는 코치하고 지원한다.
매니저가 성과를 평가하는 방법	약점과 달성하지 못한 목표에 집중한다.	지속적인 협력과 향상에 집중한다.
목표의 조정 주기	일 년에 한 번이다.	필요할 때마다 자주.
투명성	다소 투명하지 않은 목표, 다른 사람의 일을 잘 모른다.	목표가 매우 투명, 다른 사람의 포부를 인지한다.
전술	관리 가능한 목표로 비교적 쉽게 목표치를 달성한다.	최소 3분의 1은 확장된 목표를 설정하고, 더 좋은 성과를 위한 자극과 에너지를 받는다.
'무엇' vs '어떻게'의 중점	전적으로 목표에 중점을 둔다. 어떻게 달성했는지는 잘 살펴보지 않고 결과에 따라 상여금을 지급할 때가 많다.	어떻게 목표를 달성하는지 많이 논의하며 주요 결과를 사용해 '방법'을 구체적으로 정의한다.

출처: 조쉬 버신 컴퍼니, 2021

첫째, 사람들을 약점이 아닌 강점을 기반으로 전체적인 관점에서 평가하자. 팬데믹 기간에 증명한 것처럼 전 세계의 모든 개인은 자신이 가장 일하기 좋은 때와 장소에서 자기 방식으로 일할 수 있다. 적합한 직무와 업무 환경이 주어질 때 우리 모두는 성공의 잠재력을 발휘한다.

평가의 목적은 누군가를 다른 이가 아닌 그 자신과 비교하는 것이다. 이 사람이 더 업무를 잘하기 위해선 무엇을 할 수 있나? 더 나은 성과를 내는 데 도움이 되는 역할이 있는가?

연구에 따르면 이전의 계층 구조에서 가장 파괴적인 관리방식은 등급을 두고 경쟁해야 한다는 것이었다. 많은 기업이 상위 10%만이 최고 등급을 받는 식의 강제적인 분배 방식을 갖고 있다. 따라서 최고 등급을 놓고 경쟁하며 높은 등급을 받은 이에게 분개하는 희소성의 문화가 생긴다. 모두가 가치를 더하는 네트워크 조직에서 이러한 등급제가 줄 수 있는 이점이 있을까? 내 생각엔 없다.

각자가 지닌 목표와 포부에 비해 그들이 어떤 상태인지를 비교하라. 매니저인 당신은 결국 그들이 발전하도록 돕기 위해 존재한다. 당신의 아이들을 한번 생각해보자. 당신은 자녀들을 비교해가며 등급을 매기는가? 물론 아닐 것이다. 아이들이 각자의 고유한 방식으로 성장하고 성공하길 바랄 것이다. 직원들이 자신에게 가장 적합한 역할과 직무, 매니저와 업무 환경을 찾아가는 것,

이것이 바로 일하고 싶은 매력적인 기업이 일하는 방식이다.

물론 수백 명의 매니저가 각자 이를 수행하기에 조정하는 프로세스는 꼭 필요하다. 많은 연구에 따르면 모든 등급의 40% 이상이 매니저의 결정과 편견에 기반을 둔다.

이에 '조정 회의'나 '인재 리뷰'라고 보통 일컫는 형식이 가장 효과적이다. 이러한 미팅에서 매니저들은 상대적인 성과에 관해 이야기를 나눈다. 이러한 형식은 등급을 나누는 목적이 아닌 사람들이 코칭과 피드백에 익숙해지도록 하기 위해서다.

우리 회사는 등급을 아예 없앴으며 각자의 강점과 개선점, 다음에 할 수 있는 새로운 역할을 논의하는데 이러한 미팅을 사용한다. 그 결과 직원들의 결속력은 치솟았으며 이직률도 매우 낮아졌다. 이러한 프로세스는 염 브랜즈와 유니레버, 그리고 다른 여러 회사에서도 효과를 냈다.

남아시아의 대규모 호텔 경영업체인 인도 호텔 주식회사The Indian Hotels Company Limited는 과거에 직원들을 1~5점까지의 점수로 평가하는 전통적인 직원 성과 관리 시스템을 사용했다. 이 회사의 전 부사장이자 글로벌인사책임자인 P.V. 라마나 머시P.V. Ramana Murthy는 각 호텔을 독립체로 보는 데 중점을 두고 프로세스를 변경했다고 말했다.

고객들은 호텔에서의 경험을 평가하고 포인트로 점수를 매긴다. 합산된 포인트는 직원 성과를 보여주는 단일 점수로 사용된다. "프런트 데스크와 컨시어지, 식당같이 다양한 서비스를 담당하는 모든 직원은 성과 평가에서 자신이 일하는 호텔의 점수를 받습니다." 라마나는 말했다. "다시 말해, 고객이 주는 포인트가 직원들에게 동기를 부여하는 거죠."[113]

펩시코는 2020년에 성과 평가를 재설계하고 매니저가 5가지의 피드백 체계로 높은 수준의 성과를 달성하고 유지하도록 장려하는 데 집중했다. 그 5가지 중 하나가 코칭과 멘토링이다. 회사에서 당신이 무엇에 중요한 가치를 두는지 결정하자. OKR 모델은 그 가치를 강화하는 강력한 방법이다.

수시로 체크인하고 피드백을 전달하자

GE와 어도비, IBM과 뉴욕생명보험 같은 기업이 매니저를 보스에서 코치로 바꾸는 과정에서 꼽은 가장 어려운 과제는 얼마나 긴밀하게 사람과 팀을 관리해야 하는지에 관한 교육이었다. 사람들은 피드백을 원하고 필요로 한다. 피드백을 받지 못하면 불안해질 수 있다.

이에 대한 해결책이 바로 체크인(check-in) 제도다. 형식이 있든 없든 직원과 코치가 대화를 나눌 시간을 정기적으로 가지는 것이다. (표 3.3 참조) 그 일환으로, 어도비는 체크인과 매니저의 진행 상황 확인에 필요한 일련의 지침과 도구를 마련했다.

이제 딜로이트와 시스코도 체크인을 실행할 때 기준이 되는 질

표 3.3. 연말 성과평가 vs 체크인

	이전: 연말 성과평가	이후: 체크인
우선순위 설정	연초에 직원 우선순위를 세우고 재검토를 거의 하지 않음	매니저와 정기적으로 우선순위를 논의하고 조정
피드백 프로세스	성과를 제출하고 피드백을 요청하고 평가서를 써내는 긴 프로세스	형식적인 평가서나 문서작업 없이 피드백과 대화를 주고받는 지속적인 프로세스
금전적 보상의 결정	급여 인상과 형평성을 결정하기 위해 각 직원을 평가하고 등급을 매기는 힘든 프로세스	형식적으로 점수와 등급을 매기지 않음. 매니저는 성과에 따라 매년 급여와 형평성을 결정
미팅의 주기	일관성 없고 검토되지 않는 피드백 세션, 연말 성과평가 시기에 맞춰 직원 생산성 급증	분기별로 예정된 피드백 대화, 지속적인 피드백 제공의 일상화, 정기적인 논의와 피드백으로 1년 내내 일관된 직원 생산성
HR팀의 역할	HR팀은 모든 단계의 마무리를 위한 서류작업과 프로세스를 관리	HR팀은 매니저와 직원이 건설적인 대화를 나눌 수 있도록 준비를 도움
교육과 자료	항상 쉽게 닿을 순 없는 HR 파트너가 매니저 코칭과 자료를 관장함	한곳에 모인 직원 자료 센터에서 필요할 때마다 도움과 답을 제공

출처: 조쉬 버신 컴퍼니, 2021

문 목록을 사용한다. 그리고 이는 시간이 흐르며 평가 방법을 형성한다. 딜로이트는 '이 사람이 승진할 준비가 됐는가?', '이 사람에게 가능한 가장 높게 인상한 상여금을 주겠는가?' 같은 질문을 통해 코치들이 개인의 성과를 객관적으로 보도록 장려한다. 딜로이트는 연말에 이러한 자료의 수치를 반영해 연봉과 승진, 코칭 논의에 반영한다. 인튜이트와 구글, 다른 기업들도 같은 방식을 취한다.

체크인은 매니저와 직원 모두의 집중력을 높인다. 그리고 조직의 핵심을 이해하고 유지하는 일은 분명 높은 결속력을 이끈다. 오늘날 코치의 중요한 임무는 사람들이 해선 안 되는 일과 무시할 일을 결정하도록 돕고 집중할 자유를 주는 것이다. 이를 성공적으로 해내는 매니저가 훌륭한 코치다. 일하고 싶은 매력적인 기업이 되기 위해서는 매니저에게 정기적으로 직원과 체크인하는 방법을 교육하는 것이 중요하다.

어도비에 코칭 문화를 심기 위해 전 최고인사책임자인 도나 모리스Donna Morris는 연간 성과 평가는 거두고 애자일 방식을 채택했다.[114] 그리고 매니저를 함께 모아 좋은 코치가 되도록 돕는 일련의 '퍼드pods(소규모 모임)'를 개발했다. 이러한 퍼드는 매달 90분씩 화상으로 만나는 사회적 학습 그룹이다. 그리고 애자일의 스프린트와 비슷하게 새 역할에 맞는 고성과자 찾기 같은 특정 주제에 집중한다. 퍼드에서 한 사람은 '고객의 소리' 같은 역할을 담당하며 그 퍼드 자체에 대한 피드백을 모은다.

이렇게 애자일 방식을 도입한 지 1년 만에 어도비는 놀라운 결과를 얻었다. 리더의 98%는 퍼드가 매우 가치 있는 시간이었다고 답했으며, 32%는 이 프로그램을 통해 직원들과 체크인하는 능력이 향상됐다고 말했다. 그리고 고객 추천지수에서도 99%의 만족도를 보였다.[115] 아틀라시안의 문화 관련 도구와 리버티 뮤추얼의 학습 관리 시스템처럼 퍼드와 유사한 프로그램들은 리더가 매니저에서 코치로 전환하는 방법을 이해하는데 도움을 준다.

기업에서의 레벨이 아닌 시장의 수요로 급여를 지급하라

사람이 '노동력'이던 산업 시대에는 모든 급여 수준이 밴드에 근거했다. 그리고 이러한 밴드는 그 사람의 직업 레벨과 묶인다. IBM에서 일할 때 매니저는 내가 어느 밴드에 있는지 말해주었고, 따라서 매년 소박한 급여 인상에 관한 이론적 근거가 있었다. 한번은 내게 이렇게 말하기도 했다. "밴드 범위를 넘어가서 급여 인상을 많이 해줄 수가 없다네." 터무니없는 구조라는 걸 알아차리기엔 너무 순진했다. 여하튼 나는 결국 직장을 그만뒀다.

우리 회사는 급여정책을 계속 조사해왔고, 결과는 암담했다. 응답자의 33%만이 자사의 급여정책이 성과의 향상을 이끈다고 답했다. 회사의 목표와 부합한다고 말한 이는 7%에 불과했다. 그리고 30%는 급여정책이 비즈니스의 목적에 어긋난다고 답했다.

어쩌다 이 지경이 됐을까? 아주 간단하다. 우리는 여전히 산업 시대에 만들어진 개념과 모델을 사용하고 있다. 한 개인이 엄청난 가치를 창출할 수 있는 현대의 조직에서는 급여 프로세스를 새롭게 만들고, 계층 구조가 아닌 각 개인에 맞게 최적화해야 한다.

2017년과 2018년, 우리는 어떠한 특정 방법이 긍정적인 비즈니스 결과와 연관이 있는지 급여정책에 관한 철저한 조사를 했다.[116] 그리고 결과는 꽤 놀라웠다.

첫째, 급여의 형평성은 실제론 뛰어난 비즈니스 결과와 크게 관련이 없었다. 사람들이 원한 것은 그들이 받는 급여에 대한 투명성과 명확성, 그리고 설명이다. 그들은 임의적인 급여의 '형평성'을 원하지 않았다. 오늘날 기업 내 성별과 인종 간 급여 형평성은 논쟁의 중심에 있다. 그리고 우리는 시스템상의 편견을 근절해야만 한다. 가장 뛰어난 기업들은 어떨까? 그들은 일반적으로 능력 위주로 급여를 지급하며 그 방식을 명확히 한다.

구글과 메타, 마이크로소프트와 같은 기업에선 두 사람이 같은 일을 해도 급여가 50%에서 100%까지 차이가 날 수 있다고 나는 확신한다. 이는 불공평이 아닌 사람들이 각기 다른 수준의 성과를 낸다는 사실을 그저 반영했을 뿐이다.

둘째, 급여는 꽤 자주 검토돼야 한다. 오늘날 대부분의 직원은 링크드인과 인디드Indeed, 글래스도어와 다른 웹사이트를 방문해 자신의 급여가 낮은지 바로 확인할 수 있다. 따라서 리더인 당신 역시 필요시 급여를 조정할 수 있도록 이러한 정보를 인지해야 한다. 시스코의 보상 책임자는 정기적인 벤치마크 조사를 실시하며 직원들과 모든 정보를 공유한다고 내게 말했다. 다양한 직무에서 누군가는 왜 더 평균보다 높게 받고 낮게 받는 이도 있는지 명확하게 커뮤니케이션하는 것이다.

셋째, 급여도 하나의 시장으로 생각해보자. 회사의 모든 직원은 자신의 연봉 이력, 추진력과 열정의 수준, 그리고 급여를 결정하는 시장의 외부 수요가 있다. 즉 급여 프로세스는 이러한 차이점들을 반영해야 한다. 나는 급여를 네 가지 기준으로 판단한다. A) 이 사람이 우리 조직의 팀원으로 얼마나 좋은 성과를 내는가? B) 지난 기간 목표와 프로젝트를 얼마나 잘 달성했는가? C) 고객과 이해관계자에게 얼마나 많은 가치를 주는가? D) 이 사람이 퇴사한 후 그 자리를 채우려면 얼마의 비용이 들까? 이러한 모델을 적용해보면 직원 중 엄청난 가치를 지닌 이들이 레벨과 직함, 또는 매니저 때문에 낮은 급여를 받고 있음을 발견할 것이다.

넷째, 오늘날 일의 세계에서 금전적 보상은 급여의 일부일 뿐이라는 걸 기억하자. 유연한 근무환경과 복지, 웰빙 프로그램과 개발 기회, 스톡옵션과 커리어 기회, 은퇴 프로그램과 그 외 많은 것들이 보상에 속한다. 내가 사는 지역의 많은 회사는 사무실에서 무료 식사와 간식을 제공하며 원격 근무하는 이들에게는 노트북과 인체공학적인 책상 의자를 지원한다. 장담한다. 젊은 직원은 회사에 지원할 때 이러한 가치들을 따지며 급여 안에 반영한다. 우리의 조사에서 가장 뛰어난 기업들은 복지를 매우 폭넓은 관점에서 바라봤다. 이 책을 통해 여러 사례를 살펴보자.

파타고니아의 방식, 시장 가치의 반영

수십억 달러 규모의 스포츠 의류 회사인 파타고니아는 자율성과 일과 삶의 균형, 높은 성과와 더불어 기업의 시민의식, 환경의 지속가능성, 좋은 일을 실천하는 문화를 매우 중시한다.[117] 이 회사는 누가 어떤 팀과 프로젝트에 일할지 결정할 때 기능 부서에 있는 직원도 고려한다. 기업의 최고인사책임자인 딘 카터Dean Carter는 결속력과 팀워크, 최고의 성과를 중점에 두도록 목표 설정과 성과 프로세스를 재설계했다. 그리고 도전적인 업무를 맡으며 사람들이 성장하는 패턴을 이에 반영했다. 그는 이 시스템을 '재생성과'라고 부른다.

모든 파타고니아 직원은 연말과 분기별 목표를 갖고 매니저나 팀리더에게 정기적인 피드백과 분기별 체크인을 받는다. 파타고니아의 시스템은 독특하게도 이를 금전적 혜택과 보상에 직접적으로 연결한다. 연말에 파타고니아는 두 가지 방식으로 사람들에게 상을 준다. 도달한 목표에 따른 상여금과 직원의 '시장 가치' 증가를 반영한 기본급 인상이다.

즉 새로운 기술을 쌓고 발전하고 파타고니아의 업무를 폭넓게 익힌 직원들은 자신의 직무를 확장하는 데 성공하고 이에 따라

더 받은 돈을 받는다. 승진이나 매니저의 결정을 통해서가 아니다. 대신 파타고니아는 자사의 보상 시스템을 통해 모든 직원이 매년 역량을 향상하도록 격려한다.

매니저의 권한과 권위를 줄이자

일하고 싶은 매력적인 기업에서는 개인이 힘을 가진다. 이러한 기업은 사람들에게 자신을 관리하는 능력과 책임을 주며 리더나 코치는 그들의 융화와 발전을 돕는다.

이를 가장 근본적으로 보장할 방법은 매니저의 힘과 지위, 권위를 줄이거나 없애는 것이다. 솔직히 말해보자. 타인이나 그룹을 통제할 힘이 생길 때 우리는 다르게 행동하는 경우가 많다. 비판적이 되고, 개인적인 편견을 반영하고, 그 특권을 남용할 소지도 있다. 1887년 액톤 경Lord Acton이 '권력은 타락하기 쉽고, 절대권력은 절대적으로 타락한다'고 썼듯이 말이다.

구글에서는 한 명이 아닌 동료로 구성된 위원회가 임금인상과 승진을 결정한다. 매니저의 편향적인 판단과 권한을 줄이기 위해서다.

번지르르한 관리직 명칭을 없애거나 관리직 역할을 계층 구조의 아래로 내린 기업도 있다. 페이스북의 인사팀장인 로리 골러Lori Goler는 매니저 역할을 희망하는 이들에게 이렇게 말한다고 한다. "사람을 관리하고 싶다면 지원해도 좋습니다. 그러나 이 역할이 승진을 의미하진 않습니다. 정말로 다른 이를 도우며 회사에 공헌하고 싶어 선택하면 좋겠어요. 그게 진정한 매니저의 역할이거든요." 매니저의 역할을 보스에서 코치로 전환하는 데 대대적인 영향을 주는 사고방식이다.

경영진의 결정에 데이터를 활용하라

클라우드 기반의 HR 시스템과 성과 관리 도구로 새로운 세상이 열리며 우리는 개인이나 팀의 성과를 식별할 수 있는 엄청난 양의 데이터를 갖추게 됐다. 그리고 이런 데이터를 사용해 필요한 코칭과 관리를 제공하고 어떤 편견이나 사내 정치 관계를 프로세스상에서 제거할 수 있다.

내가 조사한 몇 가지 사례를 살펴보자.

- 한 대형 제조업체는 가장 성공적인 제품 담당 팀원들의 행동을 연구했고, 그 결과 재직기간과 숙련도, 기술은 성공과 사실 별 상관이 없음을 발견했다. 성공을 이끄는 원동력은 협업을 비롯해 팀과 회사의 다른 부문 간의 연계가 중요하게 작용했다. 즉 회사 내부적으로도 관계를 잘 쌓고 거래망 네트워크와 가격, 제조와 다른 비즈니스 프로세스를 잘 이해한 팀이 가장 큰 성공을 거두었다. 이후 이 기업은 팀을 형성하고 개발하는 완전히 새로운 모델을 구축했다.

- 첨단 기술 시스템과 소프트웨어를 만드는 한 기업은 자사 엔지니어들의 행복과 생산성을 조사했다. 몇 달간 직원들의 위치와 이동성, 어조를 평가할 수 있는 '스마트 배지'를 자발적으로 착용하도록 부탁한 것이다. 그리고 가장 많이 걷고 움직인 엔지니어가 행복과 생산성 지수도 가장 높음을 발견했다. 더 활동적이고, 사회적으로 소통했기 때문이다. 이 회사는 이러한 정보를 사용해 작업장의 위치를 재구성하고, 새로운 식당 장소를 만들었다. 또한 외부에서 산책하며 미팅을 진행하고, 사람들이 더 많이 움직이도록 코치하는 프로그램을 만들었다.
- 어떤 HR 기술 회사는 절도와 비윤리 행위의 현황을 조사했고 이러한 나쁜 행동이 전염적임을 발견했다. 다시 말해, 한 명이 비윤리적인 행동을 할 경우 같은 층의 가까운 곳에서 비슷한 행동이 발견됐다. 이에 따라 나쁜 행동은 발견 즉시 없애고 '바로잡아'야 한다는 걸 깨달았고 준법 교육과 규율, 부정행위에 관한 일련의 새로운 정책을 만들었다.
- 오피스 365에 탑재된 마이크로소프트의 새로운 도구는 유용한 여러 코칭 정보뿐 아니라 매니저와 HR팀, 개인에게 이메일과 내부 미팅, 고객에 얼마의 시간을 썼는지 주간, 월간 보고서를 제공한다. 이제 우리는 이러한 정보를 이용해 너무 많은 이메일을 보내는지, 취소해야 할 미팅은 없는지 결

정하고 더 효과적이고 생산적으로 소통할 방법을 모색할 수 있다.

- 점점 더 많은 기업이 매니저를 주기적 설문조사와 분기별 피드백 조사로 평가한다. 예를 들어 어센션Ascension은 매주 15만 명의 전직원을 대상으로 설문조사를 실시한다. 에퀴닉스Equinix는 6주마다 8,700명의 직원에게 주기적 설문조사를 실시하고 에퀴닉스 비즈니스 스쿨을 만들고, 성과 관리를 재설계하면서 꾸준히 성장하고 있다. 이콜랩Ecolab은 주기적인 설문조사를 통해 젊은 직원들이 더 많은 피드백을 줄 거라 예상되는 다른 기업이 있다면 조직을 떠날 수도 있음을 발견했다. 이에 이 기업은 '매니저 필수 프로그램'을 만들었다. 매니저에게 최상의 코칭은 그들의 팀이 회사 내 다른 팀과 비교해 어떤 감정인지를 알려주는 편견 없는 데이터다. 이러한 방식은 일반적인 관행으로 자리 잡으며 관리적으로 취약한 부분을 보여준다.

미래에 코칭은 점점 똑똑해지는 소프트웨어로 더욱 진화할 것이다. 기계가 매니저를 완전히 대체할 순 없을 거다. 그러나 통신 기기와 업무 기기가 개선점을 제안하고 매니저는 우리가 모두 필요로 하는 진정한 '휴먼 코치'가 되는 세상은 확실히 다가오고 있다.

4

규칙이 아닌 문화

'당신이 누군가의 고용주가 될 만큼 운이 좋다면,

당신에게는 그 사람이 아침에 일어나

빨리 일하고 싶게끔 만들 엄청난 도덕적 의무가 있다.'

존 매키John Mackey, 홀푸드 CEO이자 창업자, 2008

명상과 필라테스, 스피닝과 요가 수업, 그리고 '깔끔한' 샐러드 바와 500칼로리 미만의 건강식으로 하루를 채우는 뉴잉글랜드의 한 장소를 상상해보자. 그곳에는 여럿이서 함께 즐길 수 있는 라켓볼 게임과 농구코트도 마련돼 있다.

그곳은 북동부 전원마을에 새로 생긴 최신 스파일까? 아니다. 바로 코네티컷주의 하트퍼드에 있는 애트나(CVS 헬스에 속함)의 본사다. 이곳에서 이 건강보험회사는 풍요로운 기업환경을 조성하며 건강을 '관리'하는 기업이 되자는 회사의 정신을 실천한다.

직원이 사무실에서 일하든, 집에서 원격 근무를 하든, 일하고 싶은 매력적인 기업은 직원의 건강과 안전, 웰빙을 증진하는 전략을 추구한다. 즉 그들은 규칙이 아닌 문화를 만든다. 그리고 직원의 선택권은 문화의 중요한 요소이다. 이제 그 이유를 알아보자.

규칙이 아니라 문화다

사무실을 살펴보자. 격식 있게 책상이 놓여있고 사람들이 앉아 일하던 회사 사무실은 이제 우리가 일하고, 먹고, 자고, 협력하고, 운동하고, 빨래하고, 쇼핑하고 개인적인 업무도 보는 장소로 급격히 확장됐다. 많은 직원이 재택근무를 하면서 일하는 공간은 선택사항이 됐다. '2021 딜로이트 글로벌 인적자본 동향' 조사에 따르면 10명의 임원 중 7명은 원격근무로의 전환이 직원의 웰빙에 긍정적이었다고 답했다.[118]

팀 체제로 일하고, 온라인으로 정보를 주고받으며, 매니저가 곁에서 지켜보는 게 아니라 자기 업무에 열중할 때가 많은 일터를 어떻게 규정하면 좋을까? 그리고 실행에 과도하게 집중하지 않고 창의성과 민첩성에 많이 투자하는 업무 환경을 만들 방법은?

정답은 규칙이 아니라 문화다. 유연성과 자유, 공정성을 중점에 두고 새로운 일터를 규정하는 것이다. 사무실은 생산성을 도모하는 전반적인 환경으로 만들어야 한다. 물론 사무실 칸막이를 없애고 첨단 디지털 협력 플랫폼을 도입하는 일도 필요하다. 그러나 가장 중요한 건 문화다. 조직은 개방적이고 투명한 문화를 만들고 이를 지지하는 업무 환경을 조성해야 한다.

많은 임원이 사무실을 재설계하면 갑자기 생산성이 높아지고, 협력이 증진되고, 몰입도가 향상될 것이라 믿는다. 반은 맞고 반은 틀리다. 물론 개방된 업무 환경은 필요하지만, 그저 새 사무실로 강력한 매력을 지닌 환경을 만들 순 없다.

예를 들어보자. 실리콘 밸리에 있는 한 유명한 기업이 샌프란시스코에 위치한 급성장하는 스타트업을 인수했다. 매우 혁신적인 비즈니스를 운영하는 이 인수된 기업은 아름다운 개방형 사무실에 최상급의 사무실 가구와 컴퓨터, 기술을 갖췄으며 고급 음식을 삼시세끼 제공했다. 이 회사를 인수한 CEO는 이에 너무 감명받아 자신의 경영진에게 말했다. "우리도 똑같이 그런 환경을 만들어봅시다."

그들은 산타클라라 지역에 있는 오래된 사무실 빌딩을 완전히 다시 설계했다. 오래된 칸막이를 두고 일하던 엔지니어들은 아름다운 개방형 공간으로 옮겼다. 사무실에선 무료 음식과 간식을 제공하고, 카페테리아는 고급 식당으로 업그레이드했다.

그리고 어떤 일이 발생했을까? 단 몇 주 만에 엔지니어들은 불평하기 시작했다. 그들은 너무 시끄러워 일을 제대로 할 수 없다고 말했다. 새로운 공간은 조명도 눈부시고 방해 요소가 많았다. 무료 음식이 좋긴 하지만 그들은 집에서 점심을 먹는 데 익숙했으며, 가족과의 시간을 위해 오후에 일찍 떠나는 이들도 많았다. 회사가 조성한 환경은 이 특정그룹에 맞는 최상의 문화가 아니었다.

환경의 5가지 요소

'문화'란 진정 무엇일까? 나는 조직의 성격을 보여주는 가치와 태도, 기준과 믿음을 의미한다고 생각한다. 많은 컨설턴트가 묘사하듯 문화는 어항 안의 물처럼 우리가 매일 경험하지만, 눈에 항상 띄진 않는다.

많은 경영과 비즈니스 관행은 기업의 문화를 만들고 리더십은 이에 막중한 역할을 한다. 실제로 여러 조사는 리더가 문화를 만들고, 강화하며, 리더만이 문화를 바꿀 수 있다고 강조한다.

이 장에서는 일하고 싶은 매력을 지닌 문화의 5가지 요소에 대해 살펴보겠다.

1. **업무 환경**: 실제와 가상, 환경적인 요소
2. **웰빙**: 직원의 건강과 안전, 그리고 신체와 정신, 재무적 안정을 어떻게 지원하는가
3. **포용**: 업무 환경이 얼마나 다양하고, 개방적이고, 포용적이고, 투명한가
4. **인정과 보상**: 기업이 직원을 어떻게 대하고 보상하는가
5. **유연성**: 직원에게 얼마나 많은 권한과 선택권, 자유가 주어지는가

기업이 이러한 5가지 요소에 많은 신경을 쏟아야 한다는 분위

기는 거세지고 있다. 팀 체제와 역할의 유동성이 더해지면서 이러한 업무 활동을 지지하기 위해선 반드시 개방적이고 유연한 환경이 필요하다. 팀들은 화이트보드 공유와, 문제를 논의하고 설계할 열린 공간, 집중할 수 있는 조용한 장소를 원할 수 있다. 기술과 친숙하게 자라난 직원들은 장소와 관계없이 인터넷 연결이 가능하길 기대한다. 앞서 언급했듯이 기존의 사무실과 원격근무를 오가며 직원들의 스트레스와 과부하가 높아졌기 때문에 직원의 생산성과 웰빙, 유연성을 혁신적으로 이끌어야 하는 리더의 역할은 커졌다.

개방적이고 유연한 업무 환경

'사무실(Office)'이란 단어는 '일의 수행(Officium)'을 뜻하는 라틴어에서 유래했다. 하루 종일 핸드폰이 켜져 있고 기술로 가득 찬 세상에서 일은 어느 곳에서나 수행할 수 있다. 책상과 복도, 공항과 고객사, 승강기 앞이나 식탁에서든 관계없다. 일 자체는 그렇지 않지만 업무 환경은 이제 그만큼 유동적이다.

실질적인 사무실 환경부터 생각해보자. 지난 40년간 내가 일한 환경을 생각해보면 그 급격한 변화가 확연히 느껴진다.(표 4.1 참조)

일터의 설계는 정말 중요하다. 새로운 오피스 디자인을 연구하고 이끄는 회사인 스틸케이스Steelcase는 결속력이 높은 직원들의 특징을 발견했다. 그들은 필요할 때 개인적인 시간을 갖는 것을

표 4.1. 구식의 업무 환경 vs. 매력적인 업무 환경

업무환경: 오래된 방식	업무환경: 매력적인 방식
명판이 새겨진 고정된 책상이나 사무실	직원의 필요성에 따라 전용 장소나 이동식 장소 선택
팀과 같은 건물에 위치, 부서와 함께 앉음	가상이나 다른 장소에서 작업하는 경우가 많지만, 항상 팀과 긴밀히 협력
거의 매일 사무실에 와야 함	필요에 따라 다른 장소에서 일할 수 있는 자유가 주어짐
회사의 격식에 맞게 표준화된 복장과 용모규정	편안하고 개인에게 맞는 옷, 완화된 규정, 매일 격식에 맞게 입지 않아도 됨
사무실에 편의시설이 거의 없으며, 밖에서 식사와 커피를 해결	사무실 내에 커피와 음식, 운동과 수면실, 기술 서비스와 건강 서비스, 그 외 많은 혜택을 구비
HR이 주도하고 할당량에 따라 추진되는 다양성 프로그램	성별과 연령, 인종과 문화적 다양성을 중시하는 포용적인 문화
건강보험과 일정 수준의 직원 지원 프로그램 제공	직원의 생산성 향상을 목표로 심신과 재정, 직업적인 건강을 아우르는 직원 웰빙에 중점을 둔 광범위한 프로그램
사람들은 회사와 상사에 충성한다고 느낌	자기 팀과 조직, 고객과 사회적으로 관계를 구축한다고 느낌
기능이나 부서별로 구성된 건물	식사 공간과 회의실, 자유로운 공간에서 여러 기능의 협업을 추진할 수 있음

회의실은 대규모 회의를 위해 예약	합동회의와 토론, 팀 회의를 위한 많은 소규모 회의실 마련
임원에게만 제공되는 화상 회의 도구	화상 회의와 즉각적인 소통을 위한 여러 설비 마련
정기적인 칭찬 행사, 직원회의나 전사적인 회의	인정과 보상, 피드백과 칭찬을 뉴스피드처럼 정기적으로 상시 제공
전화선과 이메일, 복사기 같은 생산성 도구에 집중	메시지와 비디오, 목표 관리, AI 기반의 문서와 자산관리와 같은 생산성 도구, VPN(가상사설망)과 기타 보안 도구로 지적재산을 모니터하고 제어
디자인과 예술, 공간의 아름다움에 중점을 둠	디자인과 예술, 채광과 열린 공간, 유연성에 중점, 팀 공간과 화이트보드 공유같이 각 직원이 원하는 업무 경험을 직접적으로 지원
공간은 많지만 잘 활용하지는 않음 (팬데믹 이전 사무실의 70% 공간이 정기적으로 사용되지 않음)	많은 이가 사용할 수 있고 활용도가 높은 공간 마련, 사람들을 하나로 모으고 일하는 장소와 방법에 여러 선택권을 주는 데 목적을 둠

출처: GLOBEST.COM, 2021/ 조쉬 버신 컴퍼니, 2021

비롯해 자신이 일하는 장소와 방법을 선택할 수 있었다.[119] 직원의 결속력과 실질적인 일터에 대한 만족도는 거의 완벽한 상관관계를 보였다.

이렇게 결속력이 높고 생산적인 일터는 어떤 모습일까? 폐쇄적

일까, 개방적일까? 사람들은 개인 사무실을 갖고 있는가? 기업은 운동시설과 무료 음식을 제공하는가? 사무실에 오지 않고 재택근무를 할 수 있는가? 그렇다면 완전한 재택근무를 계속 허용해야 할까? 아니면 사무실에 오도록 해야 할까?

퓨 리서치 센터Pew Research Center가 2020년 12월 발표한 조사에 따르면 집에서 업무가 가능하다고 해도 팬데믹 전에는 대부분 원격근무를 하지 않았다. 5분의 1 정도만이 재택근무를 100%나 근접하게 진행했다. 그러나 조사를 진행하던 시기에는 직원들의 71%가 풀타임이나 거의 이에 가깝게 재택근무를 하고 있었다. 그리고 많은 이들이 방해 없이 프로젝트를 제시간에 끝내고 마감을 맞추기 쉬웠으며 업무에 몰입할 수 있었다고 답했다.[120]

우리의 조사 역시 원격으로 일해도 직원들이 사무실에서 일할 때만큼 몰입할 수 있음을 증명했다. 솔직히 일과 직무에 관한 결속력 피드백은 내가 분석가로 일하면서 본 중 가장 높은 수치였다. 사람들은 집에서 원격으로 근무하는데 매우 만족감을 느꼈다. 매니저의 효율성에 관한 점수도 마찬가지로 매우 높았다.

10년 전부터 직원들이 가장 일하기 좋은 장소와 시간을 선택하게끔 업무 환경이 유연해질 거라는 예측은 있었다. 팬데믹은 이러한 전환을 더 앞당겼을 뿐이다.

마이크로소프트의 인재와 학습, 통찰을 이끄는 조 위팅힐Joe Whittinghill 부사장은 이렇게 말한다. "기술이 사람 간의 직접적인 연결을 완벽하게 대체하진 못할 겁니다. 그러나 기술을 사용해 생산성과 탄력성, 창의성과 연결은 더욱 확장할 수 있습니다."[121]

2021년 마이크로소프트는 유연근무기회를 영구적인 업무 기준으로 제공하기로 했다. 포드와 TIAA, 씨티그룹 역시 유연한 하이브리드 업무 모델로 전환했다.[122]

이러한 결정은 선택과 조절이 핵심임을 보여준다. 역할과 직무에 관계없이 가장 생산적이고, 도움이 되고, 즐거운 방식으로 일할 자유를 직원에게 부여한 것이다.

이를 위해 기업은 사무실에 공유형 업무공간을 마련하고 집에도 재구성된 업무공간을 제공해야 한다. 개인공간과 사용하기 쉬운 기술, 큰 창문과 음식, 움직일 수 있는 장소 같은 편의시설, 그리고 운동하고 조용히 휴식하거나 낮잠을 취할 수 있는 자유 시간을 제공하는 것이다.

어떤 의미에선 신체적, 인지적, 감정적 웰빙에 중점을 두고 전체 일터를 만들어야 한다고도 볼 수 있다.

원격근무를 위한 성공적인 방식, 하이브리드

코로나19 팬데믹 이후로 기업은 매우 유연한 근무 제도를 마련했다.

기업들은 업무공간과 제품, 서비스와 더불어 고객과 직원과의 관계를 뚜렷한 지침 없이 빠르게 재구성해야 했다. 직원들은 새로운 환경에서 원활히 일하기 위한 지원과 시설, 프로그램이 필요했고, 매니저는 원격 팀을 이끄는 방법을 배워야 했다.

많은 조직과 직원이 번개 같은 속도로 원격 근무에 적응하면서 이러한 전환을 이뤘다는 건 놀라운 일이다. 기업들은 자원과 도구, 기반 시설의 강화로 비즈니스의 운영을 도모하며 생산성을 높였다.

새롭게 등장한 무수한 도구와 협력 기술에 우리는 감사해야 한다. 영상회의 플랫폼과 모바일 메시지 애플리케이션, 목표 공유 시스템, 그리고 문서와 일정 동기화와 같은 많은 도구 덕분에 집에서도 독자적인 업무가 가능했다.

또 감사해야 할 대상은 HR 직원들이다. 그들은 팬데믹으로 인한 건강 위험 요소에 기업이 잘 대응하도록 이끌고 직원들의 스트레스 완화를 돕는 역할을 맡았다. 그리고 리더십의 역할과 특성을 재정의하면서 일터의 전환을 이끌었다.

우리는 전 세계 HR 리더와 계속 대화하며 원격근무 팀의 역량을 비교분석하고, 장단점을 파악하며, 더욱 강력한 성장과 개발을 도모하는 방법을 찾기 위해 노력했다.

팬데믹으로 사람 간의 관계가 줄어드는 것을 우려한 HR은 원격근무 직원들의 결속력을 높이는 데 주력했다. 우리의 조사에 따르면 직원들과 그 가족을 지원하는 조직은 직원을 결속하고 유지할 가능성이 6.8배 더 높았다.[123]

도이치 텔레콤은 팬데믹으로 인해 직원들이 방황하고 혼란스러워함을 인지했다. 그러한 스트레스를 줄이기 위해 이 회사는 워크숍과 생존 키트, 생각 키트와 더불어 리더십 위기 대응 프로그램을 만들었다.[124] 그리고 주간 리더십 커뮤니케이션을 마련해 직원들이 불확실성과 모호한 상황에 잘 대처할 수 있도록 도왔다. 이렇게 직원들의 신뢰와 충성심을 얻으며 결속력은 75%에서 85%로 치솟았다.

많은 조직이 아동과 부양가족의 돌봄 기회를 비롯해 무료 넷플릭스 구독권과 온라인 무비 나잇 같이 가족이 즐길 수 있는 프로그램 등 다양한 형태의 지원을 마련했다. 직원들은 동료 모임을 만들어 업무에서 벗어나 스트레스를 풀고 취미를 공유하며 가상으로 모이기도 했다.

딜로이트의 2021년 글로벌 인적자본 동향 보고서는 개인과 팀, 조직 차원의 업무설계에 웰빙을 고려한 기업은 직원들이 최상의 기분으로 최선을 다하는 지속 가능한 미래를 만들 수 있다고 단언한다.[125]

그러한 일하고 싶은 매력적인 기업은 사명과 목적, 민첩성에 관한 메시지와 중점을 강화하며 직원들에게 그들의 업무가 왜 중요하고, 그것이 더 나은 세상을 위해 어떻게 공헌하는지 알려준다. 이제 고용은 재창조되고, 직무는 재설계되고, 사람들은 재배치 됐으며, 비즈니스와 운영모델은 전환됐다.

표 4.2. 리더와 HR이 행할 사람 중심 방식

사람 중심 방식의 목표	리더가 할 수 있는 일	HR이 할 수 있는 일
근로자의 가족과 생활을 지원	근로자에게 공감하고 개인에 맞는 지원을 제공해 균형 잡힌 도움 환경 마련	건강관리보다 포괄적인 가족 지원 프로그램을 재설계하고 근로자의 몸과 마음의 웰빙을 지원
대체인력의 전략적 사용	단순한 인력배치가 아닌 전략적 관점을 갖고 필요한 능력의 중요도, 일정, 긴급성을 판단해 어떤 인력을 사용할지 결정	구매팀 같은 다른 그룹과 대체인력 관리를 위한 전략적이고 전술적인 방식을 마련
팀이 빠르게 실험하고 배우도록 권한 부여	팀과 개인에게 결정권을 주고 실험을 지원, 실수를 통해 배우도록 함	형식적인 교육이 아닌 사람들이 학습과 실험, 실수에서 배운 것을 적용할 수 있는 환경 조성
성과 관리의 조정	팀 목표와 우선순위를 자주 소통하고 직원들이 신속히 재조정할 수 있도록 함, 실시간 피드백 중시	성과관리 방식의 단순화, 성과와 학습을 이끄는 요소에 중점, 비즈니스의 속도에 맞추게끔 함

출처: 조쉬 버신 컴퍼니, 2021

사람을 중심에 둔 인력 관리는 경제 성장기와 예상치 못한 침체, 급작스러운 위기 같은 어떤 상황에서도 성공을 이끄는 가장 중요한 전략적인 목표로 여겨진다. 조직들은 자사의 비즈니스 모델을 바꾸면서 사람과 인재를 관리하는 방식 역시 재창조하고 새롭게 생각해야 한다. (표 4.2)

뛰어난 조직은 이미 이러한 애자일 인력 관리 방식을 몇 년에 걸쳐 구축했기에 팬데믹이 닥쳤을 때도 쉽게 조정하고 배치할 준비가 돼 있었다.

웰빙을 더 강조하기

'규칙이 아닌 문화'의 마인드셋에서는 직원의 웰빙에 많은 중점을 두는 것이 가장 중요하다. 이 분야는 비즈니스에서 가장 빠르게 성장하는 시장으로 기업들은 최고건강관리자나 안전과 웰빙 담당자, 웰빙 책임자 등을 고용하는 추세다. 2021년 4월을 기준으로 55,000개의 관련 일자리가 나와 있다.[126]

수십 년간 직원들의 웰빙은 일터의 안전성과 직장 건강보험과 관련한 혁신적인 발전에만 맞춰져 있었다. 실제로 내가 1978년 엑손Exxon에 입사했을 때 회사에서 가장 중요한 프로그램은 정유소의 안전에 관한 것이었다. 우리는 마지막 사고 이후의 날 수가 새겨진 안전모를 착용했다.

직원의 건강과 체력에서 웰빙과 성과의 증진으로 중점을 전환한 지는 10년이 채 되지 않았다. 기업들은 사무직 직원은 건강과 생산성 향상을 위해 다른 프로그램 필요하단 걸 깨달았고, 그 결과 오늘날 조직을 휩쓴 웰빙 프로그램의 새로운 시대가 열렸다. 이러한 프로그램은 단지 보험비용을 줄이는 게 아니라 직원들이 직무를 잘 수행하도록 돕는 데 목적을 둔다.

직원 웰빙을 이끄는 존슨앤드존슨 성과연구소(HPI)[127]는 '기업의 선수(Corporate Athlete)'라는 브랜드를 갖고 수백 개의 회사에 교육을 제공하고 있다. 직원들에게 스트레스에 대처하는 법과 탄력성을 키우는 법, 지속적인 성과를 내는 법을 교육하는 것이다. 원래는 임원들을 위해 고안됐던 HPI는 이제 모든 유형의 직원들에게 교육을 제공한다.

점점 더 많은 기업이 직원의 결속력을 위해서도 웰빙이 필요한 전략임을 깨닫고 있다. 직원들이 사무실이나 가상회의에 피곤하고 좋지 않은 컨디션으로 나타나거나 가정이나 재정문제로 집중하지 못한다면 생산성은 떨어지고 만다. 사람들을 지탱하는 건 심리적인 안정감이다. 그들이 불행하거나 화가 날 때, 프로젝트가 진척이 안 될 때, 매니저와 잘 어울리지 못할 때, 그러한 감정을 표출할 수 있는 창구가 있는가?

최근 나는 한 대기업의 최고인사책임자와 이야기를 나눴다. 그녀는 CEO와 임원들을 설득해 스트레스와 불안, 과로에 관해 각자의 어려움을 논의할 수 있는 전 직원회의를 마련했으며, 이에 모든 이가 안도감을 느낄 수 있었다고 말했다. 이제 이 회사는 모든 리더에게 경청과 유연성, 직원관리 대한 교육을 실시한다.

대형 캐나다 은행의 최고인사책임자는 회사가 일터의 안전과 웰빙뿐 아니라 매니저에게 건강한 정신과 감정의 중요성에 대해서도 교육한다고 말한다. 다양성과 포용성에 관한 필수교육은 물론이고, 이 은행은 매니저에게 스트레스와 불안, 정신건강에 관해서도 가르친다.

매니저의 역할은 그저 결과를 이끄는 것보다 훨씬 크다. 그들은 사람을 보살피고, 자기 행동을 검열하며, 전체 조직에 긍정적인 '넷 포지티브' 효과를 만들 책임이 있다. 일하고 싶은 매력적인 기업은 웰빙을 '복지부서'가 아닌 기업 문화의 일부가 되도록 한다.

적응 공간이 필요하다

물리적인 형태의 사무실이라는 공간은 그동안 많은 혁신이 일어났으며 계속해서 진화할 것이다. 스포티파이와 아틀라시안, 어도비와 IBM, ING의 사례에서 보았듯 물리적 공간은 일의 방식과 조화를 이뤄야 한다. 팀들은 같이 모일 공간이, 개인은 사적인 공간이, 건물에는 더 큰 공용장소가 필요하다.

그러나 혁신은 물리적 공간의 개념을 넘어야 한다. 작업공간의 배치 방법은 변화한 직원들의 관리와 상호작용 방식을 반영해야 한다. 여전히 사무실에서 근무하는 직원들을 위해선 좀 더 개방적이고, 다면적이며, 유연한 공간이 필요하다. 많은 경우 직원들이 사무실의 디자인을 주도하기도 한다.

스틸케이스는 일터의 만족을 이끄는 가장 큰 요소가 사무실의 개방성도 아니며, 스탠드업 책상과 수면실, 조용한 공간의 유무도 아님을 발견했다. 물론 이러한 요소도 중요해 보이지만 일하는 방법과 장소, 그리고 필요할 때는 개인적인 시간을 보장받는 많은 권한이 직원에게 있는지가 결정적이었다.[128] 즉 유연함과 자유, 포용성을 부여할 때 직원들은 높은 자율성을 느꼈다. 이와 관련된 놀라운 수치를 보자.

- 88%의 직원이 일할 장소를 선택할 수 있을 때 더 능동적이고 생산적이라고 느꼈다.
- 96%의 직원이 돌아다니며 자세를 바꿀 수 있을 때 더 능동적이고 생산적이라고 느꼈다.
- 94%의 직원이 방해 없이 팀으로 일할 때 더 능동적이고 생산적이라고 느꼈다.
- 98%의 직원이 회사에 소속감을 느낄 때 더 능동적이고 생산적이라고 느꼈다.

스틸케이스의 조사는 코로나19 이후 사무실이 안전해야 직원들이 돌아갈 것이기에 호텔링과 공용보조 공간을 많이 적용한 현대의 고밀도 일터에 변형이 필요함을 시사한다.[129] "기업들은 일터에 전염병이 돌 경우 사업이 중단될 수 있으며, 브랜드와 신입 인재의 영입에도 악영향을 줄 수 있다는 걸 알고 있다"고 보고서는 덧붙였다.

따라서 미래의 사무실은 공동체 의식과 창의성, 생산성을 지키면서 안전을 도모하도록 재설계해야 한다. 그 방법을 제시하기 위해 스틸케이스는 감염을 제어하는 과학적 방법을 기반으로 한 전체적인 사무실 해결책을 찾고 있다. 그리고 미래의 업무 환경을 재설계하고 재구성하기 위해 일반적인 작업장의 직선배열을 바꾸고, 마주 앉는 구조를 줄이도록 프리스탠딩 책상을 배치하는 방안을 검토하고 있다.

개방형 형식과 공유 공간, 유연하게 적용 가능한 가구와 높은 이동성, 직원의 행동 역시 미래의 일터를 재설계하는 데 반영된다. "사무실은 안전함을 즉시 갖출 뿐 아니라 더 탄력적이고 적응이 용이하게 만들어져야 한다." 스틸케이스의 보고서는 제시했다.

캐나다에 있는 대형 컨설팅 회사는 자사의 새 사무실 디자인 계획에 앞서 가장 성과가 좋은 팀을 살펴봤고 몇 가지 중요한 특징을 발견했다.[130] 첫째, 이러한 팀들은 다른 팀보다 함께 시간을 더 많이 보냈다. 둘째, 세금 전문가와 경영자문가가 함께 일하듯이 그들은 서비스 라인 전체와 잘 협력했다. 셋째, 그들은 자주 옮겨 다녔다.

이러한 정보를 가지고 회사는 새로운 사무실 공간을 세심히 설계했다. 새로운 시설은 18가지 유형의 다양한 작업 공간을 구비했다. 그리고 라운지와 협력 공간부터 개인 공간까지 해야 할 업무와 환경이 조화를 이루도록 했다. 6층 전체에 연결되는 개방형

계단은 협력의 문화가 중요함을 상징적으로 보여주었다. 이러한 물리적 환경은 이전에는 고립돼있던 부서와 서비스 라인이 좀 더 긴밀하게 소통하도록 이끌었다. 동떨어진 폐쇄적 환경에 비해 다른 부서의 동료들도 눈에 잘 띄었다.

이는 일터의 변화로 일하는 방식 자체를 혁명적으로 바꾼 멋진 사례다. 단순히 서로 다른 부서의 직원을 모으는 것뿐 아니라 혁신과 기발한 창의성, 협력을 증진하도록 바꾼 것이다. 전통적인 사무실이 80%의 개인 업무공간과 5%의 협력 공간으로 이뤄져 있었다면[131] 이 컨설팅 회사는 65%를 협력 공간으로 지정했다. 그리고 자연 채광이 들어오는 사무실에서 직원들이 일할 때 생산성이 18% 증가한다는 조사 결과를 반영해 90%의 앉는 공간은 일광을 받게 설계했으며 건물에는 천장부터 바닥까지 내려오는 대형 창문을 설치했다. 우리가 조사한 바에 따르면 이러한 사무실 디자인은 잦은 결근을 줄이고 직원의 충성도를 높이는데도 효과가 있었다.

ADP의 첼시 디자인 센터는 직원들이 협력하고 창의적인 생각을 할 수 있도록 일부러 친근하고 격식 없는 분위기를 만든다. 한가운데 있는 대형 비디오 화면은 어떤 디자인 팀도 가상으로 다른 팀과 디자인 프로그램과 소프트웨어를 함께 설계하도록 돕는다.

지난 10년간 일어난 많은 일터의 재설계는 사람들을 물리적으로 가깝게 만드는 데 초점을 두었다. 애플이나 구글 같은 기업은 직원들이 일터에서 서로 마주치며 새로운 사회적 경험을 만들고, 문화를 강화하며, 혁신과 창의적인 사고를 도모함을 발견했다.

아마존웹서비스Amazon Web Services의 인재 부문 부사장인 마이클 아레나는 그의 저서인 《적응 공간Adaptive Space》에서 물리적 근접성의 필요성을 설명하고, 집과 사무실을 넘어 개인의 삶에 존재하는 '제3의 공간'에 대한 생각을 논의했다.[132] 커피숍과 카페, 바는 다른 이와 함께하고, 논의하고, 대화할 수 있는 장소다. 그리고 이곳에서는 일과 가정의 부담과 책임을 잠시 내려놓을 수 있다.

대부분의 사람에게 사무실과 책상은 대부분 '창의적 사고'가 아닌 '일을 마무리'하는 장소다. 현재의 비즈니스 모델을 타파하고 새로운 생각을 시도할 때 우리는 사무실을 벗어나거나 산책할 때가 많다. 회사 역시 일터에 그러한 적응 공간을 마련해야 한다.

포용성과 다양성, 공정성을 가진 문화를 만든다

다양성과 포용성에 관한 주제보다 중요한 주제는 없다. 현대의 팀 중심 조직에서 직원이 소속감과 존중을 느끼는 것은 매우 가치 있다. 일하고 싶은 매력적인 기업에서 다양성과 포용성은 단순한 HR 프로그램이 아니라, 적합한 업무 환경의 조성에 결정적 역할을 한다. 다양성과 포용성은 일의 모든 요소에 스며들어야 하며, 직원의 성과와 결속력에 영향을 준다.

많은 기업이 배타적 행동과 관행을 식별하는 데도 어려움을 겪는다. MIT와 컬럼비아 대학의 과학자가 진행한 연구는 기업 전반에 미묘하게 사람들을 좌절시키는 미세한 차별이 만연함을 보여준다.[133] 편향적인 평가를 찾아내는 기업 텍스티오Textio의 CEO인 키런 스나이더Kieran Snyder는 한때 마이크로소프트에서 일했다. 그녀는 수학 강의를 들으러 별도로 마련된 방에 들어갔던 이야기를 들려줬다. 그곳에 있던 두 남성 참석자는 그녀에게 디자인 강의가 반대편에서 열리고 있다고 말했다. 수학을 논하는 강의에 어울리지 않는다고 짐작한 것이다.[134] 불행하게도 너무나 만연한 이러한 태도는 근절돼야 하며, CEO는 이런 일이 발생하지 않도록 할 책임이 있다.

채용과 승진, 급여에 관한 편견도 사람들이 생각하는 것보다 훨씬 흔하다. 성 편견에 관한 조사를 실시한 세일즈포스는 동등한 자리에 있는 여성이 남성보다 11% 적게 급여를 받는 것을 발견했다. CEO인 마크 베니오프Marc Beniof는 격차를 해소하기 위해 총급여액을 3백만 달러 인상하여 문제를 즉시 해결했다. 그는 또한 향후 세일즈포스가 인수하는 모든 회사에 이러한 문제를 없애겠다고 맹세했다.[135]

딜로이트는 수년간 다양성과 포용성에 관해 조사했다. 그러한 조사 중 하나인 '내 수프에 포용성이 들어있나?'에서 소속감과 다양성을 느끼는 팀은 동료그룹보다 재무와 운영적인 수치에서

80%라는 놀라운 격차를 보였다.[136] 이와 유사하게 내 전 동료인 줄리엣 버크Juliet Bourke의 조사에 따르면 성별이 다양한 팀은 더 안정적이고, 인종이 다양한 팀은 훨씬 혁신적이었으며, 세대가 다양한 팀은 더욱 성공적인 결과를 냈다. 다양성은 그저 옳은 행동만이 아니라 성과를 이끈다.

다양성, 형평성, 포용성(DE&I)은 고객의 브랜드 평가에도 중요하다. 소덱소Sodexo와 제너럴밀스General Mills, 유니레버와 네슬레Nestlé, 커민스와 팀켄Timken, 그리고 셰브런 같이 DE&I 조사의 선두에 있는 기업들은 고객과 구직자들 사이에서도 긍정적인 평가를 받는 것으로 유명하다. 이러한 기업들은 일반적으로 글래스도어 점수에서도 업계 평균을 상회한다.

최근 우리가 진행한 '형평성과 다양성 높이기' 조사는 한층 더 나아간다.[137] 2021년에 마무리한 이 조사는 높은 다양성을 갖춘 기업이 코로나 팬데믹 기간에도 동종 기업보다 훨씬 좋은 성과를 냈음을 보여준다. 이러한 기업은 심리적 안정과 소속감에 중점을 두면서 소수집단의 결속력을 도울 뿐 아니라 모든 직원이 '진정한 자기 모습'으로 일에 임하도록 했다.

여러 연구는 사회적으로 의식 있는 기업이 재무성과에만 매달리는 기업보다 뛰어난 성과를 거둠을 보여준다. 《위대한 기업을 넘어 사랑받는 기업으로Firms of Endearment》의 저자들은 이러한 기업에 대해 조사했고 직원과 고객, 투자자와 전반적인 지역사회와 같은 다양한 이해관계자에게 그 가치를 전달한 기업은 30년 동안 S&P500 지수의 8배를 넘는 성과를 냈음을 발견했다.[138]

오늘날 우리는 고려해야 할 새로운 형태의 다양성이 많다. 성별과 나이, 인종과 국적, 신체 능력과 정신 능력, 정서적인 상태가 모두 그 대상이다. 예를 들어 이 분야의 개척자인 SAP는 '편견을 뛰어넘은 비즈니스Business Beyond Bias'라는 전사 프로그램과 제품군을 만들었다.[139] SAP는 주로 회사에서 소프트웨어 테스트를 담당하거나 하는 자폐인을 위한 특별 프로그램을 마련하고 리더십 자리에 여성을 많이 올리며 승진과 보상, 재직기간과 인력조정, 인재 평가에 있어 포용성과 다양성을 신중하게 고려한다.[140]

다양성 교육은 흥미롭고 유용하지만 행동을 크게 변화시키진 않는다. 많은 조사는 그러한 교육이 소송을 줄이거나 회사 내 다양성 수준을 변화시키지 못함을 입증한다.[141] 31년간 829개의 회사를 대상으로 한 장기간 연구에 따르면 다양성 교육은 일반적인 일터에서 전혀 긍정적인 영향을 주지 못했다.[142] 이 연구는 더 많은 교육을 할수록, 경영문화의 다양성을 경험할 가능성이 적다고 제시했다.

그러면 어떻게 해야 할까? 이 분야에 매우 선도적인 기업인 셰브런은 다양성과 포용성을 안전과 같은 항목으로 대하며 편견을 용납하지 않고 이를 교육이 아닌 비즈니스 프로세스의 문제로 본다. 셰브런은 다양성 위원회를 두고 모든 중요한 인재 결정을 검토한다. 소수집단의 후보자에게 공정한 기회를 줬는지 조사하고 확인하는 것이다.[143] 개인의 승진과 새로운 역할로의 이동, 임금 인상 같은 일이 일어날 때마다 외부 동료로 구성된 위원회는 결정을 검토하고 항목을 평가하며 그 결정이 공정했는지 판단한다.

이러한 프로세스는 교육으로 불가능했던 세 가지를 제공한다. 첫째, 명확히 정의된 비즈니스 프로세스를 사용해 시스템에 공정성을 제도화한다. 둘째, 전 직원이 포용성을 이해하고 도모하도록 책임감을 부여한다. 셋째, 임원이나 관리자가 배타적으로 행동하는 영향력이나 힘을 갖지 못하도록 매니저 개인의 권한을 가져간다.

마지막으로 나는 위대한 기업은 다양성을 HR 프로그램이 아닌 비즈니스 전략으로 본다는 말을 덧붙이고 싶다. 타깃Target의 최고 다양성 책임자이자 고위 임원인 키에라 페르난데즈Kiera Fernandez는 제품과 가격, 상점의 위치와 유통, 내부 관행 등 회사 전체에 깃든 다양성과 포용성 전략을 검토한다.

예를 들어 타깃의 사명은 '모든 가족이 생활의 즐거움을 발견하게 돕자'이다.[144] 즉 모든 지역사회의 저소득층, 중산층, 고소득층 가정이 일상생활에 필요한 좋은 제품을 찾고 구입하도록 돕는 것이다. 이를 위해 타깃은 저소득 지역에 상점을 배치하고, 사람들을 공정하고 포용적인 방법으로 채용하고 보수를 지급하며, 소수집단을 적극적으로 경영진에 올린다. 이 회사는 매년 다양성과 관련된 상을 받아왔다.

많은 고객이 내게 말했듯이 다양성은 해결해야 하는 문제가 아니다. 다양성은 일하는 환경의 자연스러운 일부가 되어야 한다. 즉 포용성은 다양성을 창출해도 그 반대는 성립하지 않는다. 사람들에게 다양성을 교육하는 대신 우리는 경청하고, 협력하고, 존중하는 방법을 가르쳐야 한다. IBM이 1980년대에 말했던 것처럼 개인에 대한 존중은 가장 중요한 가치다.[145] 그리고 일하고 싶은 매력적인 기업은 그 문화적 가치를 잘 알고 있다.

인정하고 경청하는 문화를 만든다

3장 '보스가 아닌 코치가 되자'에서 설명했듯이 많은 기업 문화는 사람들이 보상받는 방식을 중심으로 한다. 보상은 급여와 복지보다 훨씬 더 넓은 개념이다.

매슬로의 욕구 단계 이론은 훌륭한 경영을 위한 좋은 지침이다. (표 4.3 참조) 단계의 아래쪽에 해당하는 급여, 복지, 일터의 안전성 같은 욕구는 기본적으로 충족돼야 한다. 일단 이러한 욕구가 충족되어야 직원들은 더 일할 의지를 갖기 때문에 위대한 기업들은 이를 고려한다. 글래스도어의 자료를 분석한 후 나는 전반적인 글래스도어 점수에 기회와 문화에 대한 직원의 인식이 급여보다 3.5배 더 중요하게 작용함을 발견했다.

인정의 문화는 성과에 막대한 영향을 미친다. 조사 결과 높이 인정하는 문화를 가진 기업은 자발적 이직률이 평균적으로 30% 낮았다.

IBM에 다니던 초창기, 월 미팅에서 지점 매니저는 1,000달러짜리 수표를 지난해에 뛰어난 성과를 거둔 1~2명의 직원에게 건넸다. 이러한 고전적인 칭찬 이벤트는 고무적인 면도 있었지만, 한편으론 이런 생각이 들었다. '나는 절대 못 받겠군.' 그리고 그

표 4.3. 매슬로 욕구 단계이론의 비즈니스 적용

매슬로의 욕구 단계 (상위단계부터 하위단계)	비즈니스에의 적용
자아실현	사명, 목적, 성장, 커리어 발전
존중과 성취감	의미 있는 일, 인정, 긍정적인 피드백
사랑과 소속감	팀워크, 경영진의 공감, 배려, 인내심, 유연성
안전	일터의 안전성과 건강, 웰빙과 포용성
물리적 욕구	적절한 보수와 혜택, 업무 도구

출처: 조쉬 버신 컴퍼니, 2021

수표가 진정한 인정이 아닌 정치적인 상금에 지나지 않는다고 느껴졌다.

이제는 의미 있게 직원을 인정하는 새로운 세상이 펼쳐졌다고

나는 기쁘게 말할 수 있다. 직원에게 '좋아요'와 '포인트', '명예 마크' 같은 소셜 도구를 사용해 긍정적인 피드백과 칭찬을 전달하는 것이다. 나는 이러한 도구를 사용하는 수십 명의 임원들과 인터뷰 했는데 그들의 기업은 모두 글래스도어의 종 모양 곡선에서 오른쪽에 속해있었다. 이는 조직의 구성원들이 그저 '상냥해서' 나온 결과가 아니다. 감사를 표현하는 것은 신체에도 이롭다. 연구에 따르면 '감사합니다'라고 할 때 몸에 옥시토신이 분비돼 더 행복하고, 믿을 수 있고, 협조적인 사람으로 만든다고 한다.[146]

직원의 말에 경청하는 것은 그들의 성과를 인정하는 것과 비슷한 효과를 낸다. 고객이나 투자자와 달리 직원들을 자신의 인생을 걸고 회사를 선택했다. 가족의 수입과 시간, 개인적인 에너지가 회사와 연결돼있다. 따라서 직원의 고민거리나 좋은 생각에 관해 당신은 진심으로 경청해야 한다.

CEO와 리더들은 직원 유지율 개선을 위한 정기적인 결속력 조사로 직원들의 의견을 듣는다고 생각할 때가 많다. 이것도 좋은 방법이긴 하나 충분하지 않다. 새로운 차원의 결속력을 다지기 위해선 다방면으로 이야기를 듣고, 당신이 내리는 결정에 직원들이 목소리를 내고, 제안하며, 기여할 수 있도록 해야 한다.

일하고 싶은 매력적인 기업은 이런 방식으로 동종업계보다 높은 성과를 거둔다. 경청을 문화적 가치로 만들자. CEO부터 일선 관리자까지 모든 리더는 잠시 멈추고 듣고, 직원들이 자유로운 마음으로 터놓고 말할 수 있는 심리적 안정감을 주는 환경을 만들고, 그들이 말하는 내용을 메모해야 한다.

타운홀 미팅과 팀 피드백 세션, 사후 리뷰를 진행하고 직원들이 문제를 지적하고 개선점을 제안하고 해결책을 제시하는 제안함을 만들자. 예를 들어 IBM은 '잼스jams'라는 글로벌 온라인 프로그램으로 리더들이 급여 관행부터 재택근무 정책까지 모든 것을 재설계하도록 돕는다.[147]

마이크로소프트는 매일 2,500명이 넘는 직원을 대상으로 조사해 전 직원이 분기당 한 번은 설문조사에 참여하도록 한다.[148] 그리고 회사의 사람분석책임자인 돈 클링호퍼Dawn Klinghoffer는 이 조사 자료를 통해 번 아웃이나 스트레스 같은 문제를 바로 감지하고 해로운 환경을 완화하도록 업무수행 방식을 다시 설계한다.[149]

직원들의 이야기를 듣다 보면 놀라운 점을 발견할 것이다. 대형 제약회사의 한 CEO는 내게 직원은 본질적인 고객의 대리인이라고 말했다. 직원이 화가 나거나 만족하지 못한다면 당신의 고객 역시 그럴 것이다. 따라서 '직원의 목소리'를 HR 문제라고 여기지 말자. 이는 중요한 비즈니스 프로세스다. 직원들의 감정과 피드백, 목소리는 채용과 고용유지, 결속력에 중요할 뿐 아니라 고객 경험을 직접적으로 보여준다.

공정하고 경쟁력 있는 임금을 지급하라

매슬로 욕구 이론의 하위단계를 살펴보자. 급여와 복지에 빠르게 투명성이 확대되며 급여 관행도 천천히 변화하기 시작했다. 일하고 싶은 매력적인 기업은 몇 가지 중요한 이슈를 이해해야 한다.

첫째, 급여가 일급비밀이고 매니저가 권한으로 그 정보를 쥐고 있던 과거와 달리 오늘날의 급여 수준은 투명하다. ADP와 링크드인, 글래스도어와 페이스케일, 샐러리닷컴 같은 업체들은 급여 정보를 크라우드소싱하며 타 회사에서 비슷한 직무를 하는 이의 급여를 꽤 정확히 보여준다. 직원들의 자신의 직함과 직급, 재직기간과 지역을 살펴보고 다른 사람은 얼마를 버는지 바로 확인할 수 있다. HR 매니저들은 예전엔 이러한 정보를 조사회사에서 구매해야 했지만, 이제는 인터넷에서 자유롭게 정보를 얻을 수 있다.

꽤 급진적인 변화다. 산업사회 모델에서 사람들은 레벨 별로 묶인 밴드를 기준으로 급여를 받았다. 앞서 언급했듯이 각자의 밴드에서 누군가를 이동시킬 때 매니저는 그 이유를 정당화해야 했다. 우리는 사람을 노동력으로 대했으며, 개인마다 각자의 시장이 존재한다는 개념은 존중하지 않았다.

나는 엑손이나 IBM에 있을 때 내 급여에 대해 의문을 제기한 적이 없었다. 급여가 직무구조에 맞춰 제도화돼있고, 내 연간 평가에 거의 직결됨을 알았기 때문이다. 매니저는 내 급여에 절대적인 권한을 갖고 있었다. 따라서 평가 과정이 있다고 해도 내 미래의 재정 상태는 매니저에게 달려있었다.

오늘날, 이 모든 것은 상당한 변화를 겪고 있다. 구글 같은 기업은 급여 프로세스에서 매니저의 권한을 없앴다. 동료 매니저 위원회가 개인의 급여를 논의하고 직속 매니저는 그 결정에 참여할 뿐이다.[150] 동료 간에도 급여 차이가 크게 날 수 있다. 예를 들어 매우 높은 평가를 받는 엔지니어가 바로 옆에 앉는 동료보다 30~50%가량 더 많이 받는 건 드문 일이 아니다.

둘째, 직업이 아닌 명확한 일의 범위를 기준으로 급여를 지급해야 한다. '직업'에서 '일'로 변화한 것을 반영하자. 합류하는 프로젝트에 따라 해마다 그 사람의 직무가 바뀐다면 공정한 급여 지급을 보장할 방법은? 시스코와 주니퍼, 파타고니아와 같은 기업들은 업무 성과와 기술, 역량과 평판, 네트워크, 주도성과 성장 잠재력 같은 다양한 요소를 기반으로 급여를 지급한다. 동료 그룹은 레벨과 관계없이 이러한 항목을 평가해 경험을 기준으로 한 '급여 밴드'를 각 개인에게 부여할 수 있다.

파타고니아의 최고 인사책임자인 딘 카터Dean Carter는 직원들이 예측하기 쉬운 간단한 구조 모델을 개발했다. 파타고니아에서는 당신의 팀워크와 핵심 업무 성과, 역량 개발에 따라 기본급이 인상되며 상여금은 개인적인 목표 달성에 달려있다. 이 두 가지는 분리해서 측정된다. 따라서 당신이 목표를 달성했지만 팀에 공헌하지 않았다면, 상여금은 받을 수 있어도 급여 인상은 어렵다.

셋째, 좋은 금전적 대우는 부담스러운 지출이 아닌 전략적인 경쟁 이점이다. 전통적으로 CEO는 가능한 시급을 낮게 유지하도록 직원과 '계약'하고는 직원들이 불만을 터트릴 때까지 지켜볼 때가 많다. 이는 더 적게 급여를 지급할수록 비즈니스에는 더 이롭다는 개념에 근거한다.

현재에는 그 반대라고 나는 생각한다. 공정한 임금은 뛰어난 지원자를 모으고, 직원들의 충성심을 높이며, 더 생산적인 인력을 만든다. 오늘날 많은 시간제 근로자는 재정적으로 불안한 삶을 살고 있다. 연구에 따르면 급작스럽게 발생한 1,000달러의 비용을 저축에서 꺼내 낼 수 있는 미국인은 10명 중 4명도 채 안됐다.[151] 많은 미국 가정은 저축이 전혀 없으며 평균 신용카드 빚은 6,270달러에 달했다.[152] 나이가 어느 정도 있는 밀레니얼 세대의 70% 가까이는 졸업 후에도 10년 이상 학자금 빚을 갚고 있다.[153]

우리는 급여에 관해 조사하며 가장 성과가 뛰어난 기업은 급여 정책을 공개적으로 커뮤니케이션함을 발견했다. 그들은 정확하게 전략을 내놓고, 전체적인 혜택을 제공한다. 그리고 지역과 재직기간, 온전한 업무의 공헌도를 기준으로 급여를 지급한다.[154] 60여개의 여러 임금 관행을 조사했을 때 이러한 기업들은 7% 더 수익성이 높고, 직원당 28% 더 많은 수익을 창출했다. 즉 타당하고 경쟁적인 임금 전략이 실제로 효과가 있음이 증명되었다.

급여는 각 직원에게 맞게 개인화할 필요가 있다. 기업은 직원들의 필요와 욕구를 이해하기 위해 정기적으로 조사하고 인터뷰하는 디자인 씽킹을 사용해야 한다. 이에 맞는 강력한 도구가 컨조인트 분석이다. 주로 제품 마케팅에 사용되는 컨조인트 분석은 상대적인 가치를 알기 위해 사람들이 서로 다른 것들의 가치를 비교하게 만드는 과정이다.

이 분석을 사용하는 기업들은 소위 급여와 복지의 '효율적 투자선'을 구축해 각 직원그룹이 어떤 가치를 중요하게 여기는지 정확히 파악할 수 있다. 이러한 도구들을 고객에게 적용하듯이 우리는 직원에게도 적용해야 한다. 어린 자녀가 있는 직원은 휴가와 연차를 매우 중요하게 여긴다. 은퇴를 앞둔 이들은 의료 서비스에 가치를 둔다. 이러한 동력들을 조사해본다면 일하고 싶은 매력적인 급여 방식을 회사에 구축할 수 있을 것이다.

전체적인 투명성을 높이자

자, 이제 투명성에 대해 알아보자. 직장 내 괴롭힘과 성별 임금 불평등, 차별과 공개적인 나쁜 행동에 대한 기사와 블로그, 트윗와 소셜 미디어의 글을 우리는 수도 없이 접한다.

글래스도어와 크누누kununu, 페어리갓보스Fairygodboss같은 웹사이트와 블라인드Blind, 하이픈Hyphen같은 많은 익명의 네트워크에서 이제 직원들은 직장 내 행동에 관해 쉽게 공유하고, 글을 올리고, 의견을 낼 수 있다.

이러한 새로운 차원의 투명성으로 회사 생활의 판도라 상자가 열렸다. 즉 신뢰의 문화를 구축하기 위해선 매니저와 리더, 임원이 재무 소식과 고객, 제품 이슈와 내부의 운영 문제, 그리고 일이 개개인에 미치는 영향 같은 정보를 공유하는 데 익숙해져야 한다. 글래스도어 자료를 분석하며 나는 리더십과 CEO 점수가 다른 지표에 미치는 영향을 살펴보았다. 그리고 회사와 문화에 관한 점수가 CEO와 고위 리더십에 관한 직원의 인식과 거의 일치함을 발견했다. 의심할 여지없이 투명성은 일하고 싶은 매력적인 기업의 핵심 원칙이다. (부록 2 참조)

변화를 위한 질문

팀원들과 함께 아래의 질문들을 논의해보자.

1 우리의 리더는 기업 문화를 만들고 이끄는 자신의 역할을 얼마나 잘 이해하고 있는가? 그것에 대해 이야기하는가? 자신의 역할을 인지하는가?

2 현재 당신의 기업 문화를 알고 있는가? 직원들을 상대로 얼마나 자주 조사 하는가?

3 우리 업무환경은 얼마나 현대적이며 현재 상황을 반영했는가? 직원들은 업무공간이 도움이 된다고 느끼는가? 업무공간의 물리적 경험을 바꿀 때가 됐는가?

4 충분한 웰빙 프로그램이나 웰빙 전략을 갖추고 있는가? 웰빙이 생산성과 성과에 얼마나 중요한지 생각해본 적이 있는가?

5 우리 회사에서 포용성과 다양성을 책임지는 이는 누구인가? HR 리더가 위임받았는가, 아니면 최고 경영진이 책임을 지는가? 만약 신문의 1면에 당신 기업의 다양성 지표가 소개된다면 자랑스럽겠는가? 그렇지 않다면 어떻게 바꾸고 있는가?

6 인정의 문화를 어떻게 도모하는가? 사람들은 작은 일에도 서로 인정하고 감사하는가? 아니면 고성과자와 최고 실적자만 인정하는 분위기인가? 감사와 인정을 돕는 프로그램이나 시스템이 있는가?

7 보상 프로그램은 얼마나 포괄적이고, 유연하며, 현재 상황에 맞는가? 제

공하는 혜택의 유용성을 평가하고 정기적으로 업데이트하는가? 그러한 프로그램은 모든 인력에 해당하나?

8. 회사의 고위 임원진은 투명성과 유연성의 개념을 두려워하는가? 아니면 기업의 정보와 개인적인 이야기, 현재의 어려움을 편안하게 공유하는가?

존중, 유연성,
공정의 문화를 만들어라

포용적인 문화를 구축한다

포용성은 그저 HR 프로그램이 아닌 조직 문화의 일부가 되어야만 한다. 진정으로 포용적인 문화를 지닌 기업은 윗선에서 이를 관리한다. 그러한 기업은 엄격하게 다양성과 편견을 판단하며, 매니저가 모든 결정에 공정함과 다양성을 책임지고 반영하도록 대시보드를 구축한다.

셰브런에서는 다양성 위원회가 모든 주요한 인재 결정을 감독한다.[155] 위원회는 매니저에게 그 사람이 승진해야 하는 이유를 묻고 그 결정이 적합한지 다양한 후보군을 재검토하도록 요청할 수 있다. 다양성의 강조는 셰브런의 비즈니스 전략에 중요한 역할을 한다.

SAP의 다양성과 포용성 부문 수석 부사장을 역임하고 현재는 독일에 있는 세계아동재단의 이사회 의장으로 있는 앙카 비텐베르크Anka Wittenberg는 성별과 연령, 문화와 능력의 다양성(신경 발달 문제와 장애가 있는 이들을 포용), 그리고 인종과 출신의 다양성을 중시하는 전략의 수호자다.[156] SAP에서 그녀는 리더십 자리의 25%를 여성으로 채우는 목표를 세우고 달성했다.[157] SAP는 또한 자폐 스펙트럼을 가진 이들을 채용한다. 이 대형 기술회사가 운영하는 '오티즘@워크(Autism at Work)' 프로그램은 신경 발달장애인을 채용하며 유사한 가치를 추구하는 기업들에 모범이 되고 있다.[158]

소프트웨어는 직무 설명서 속의 성 편견을 식별하고, 매니저가 백인 남성을 더 많이 인터뷰하거나 특정 집단에 속한 사람을 승진시키는 경향이 있는지 인재 결정을 분석할 수 있다. 또한 인터뷰가 진행되는 동안 기술은 인종을 시각적으로 인식하고 면접관이 후보자들에게 공정한 기회를 주고 있는지 파악하기 위해 눈을 관찰할 수 있다.

본질적인 편견의 문제는 완전히 사라지지 않을 수도 있다. 그러나 높은 결속력을 추구하는 기업은 그러한 문제를 뽑아내고 조직 문화에 포용성을 심기 위해 더 많은 노력을 기울여야 한다.

디자인 씽킹으로 매력적이고 포용적인 일터를 만들자

기업은 이러한 포용적인 문화와 필수 업무 유형, 고유의 필요성을 반영해 일터를 디자인할 수 있다. 그러나 개방형 사무실 계획에만 몰두하는 것은 일률적인 사고방식으로 개별 조직의 고유한 요구사항을 고려하지 못할 때가 많다.

내가 방문했던 가장 매력적인 사무실 두 곳은 컨설팅 회사다. 첫 번째 회사는 내가 앞서 언급한 캐나다 회사이며, 두 번째는 네덜란드에 사무실이 위치해 있다.[159] 이 빌딩들은 높은 중앙 홀과 아름다운 개방형 창문, 기술 설비가 즐비한 이동식 사무실이다. 창문은 빛을 최적화하고 눈부심을 줄이게 자동 조절되며, 계단은 사람들이 마주치고 대화를 나누기 쉽게 개방형으로 설계됐다. 팀이 다기능 방식으로 함께 일하게끔 의도적으로 설계한 것이다. 이러한 업무 공간에는 직원들이 행복과 소속감, 결속력을 느끼는 문화를 만들겠다는 기업의 의지가 담겨있다.

적정한 보수를 지급한다

글래스도어 데이터베이스에서 4,500개 이상의 기업을 분석하며 나는 보수와 복지의 정당성에 관한 직원의 인식이 높은 현금 보유와 직원당 수익성 같은 중요한 재무 결과의 큰 예측지표임을 발견했다(부록2 참조). 즉, 가장 수익성 높고 현금이 많은 기업은 직원들도 보수에 만족한다.

반복적으로 보아온 현상이다. 웨그먼스Wegmans와 코스트코, 스타벅스처럼 더 많은 보수를 지급하는 유통업체들은 동종기업에 비해 높은 성과를 거둔다. 구글과 링크드인 같은 기업의 엔지니어들과 할리버튼Halliburton의 생산전문가들은 보통 경쟁사의 같은 직무에 있는 이들보다 많은 보수를 받는다.[160] 이러한 회사들은 뛰어난 성과자에게 정당한, 평균 이상의 보수를 지급하는 것이 조직이 직원을 아낌을 보여줌을 알고 있다. 결국 가치를 인정받는다고 느낀 직원들은 조직을 위해 최선을 다해 더 몰입하고 에너지를 쏟는다.

목적을 두고 특혜를 제공하자

현대의 유연근무 환경에서 직원들은 언제나 일하는 것처럼 보인다. 많은 기업은 더 즐거운 사무실을 만들기 위해 스탠딩 책상과 수면실, 탁구와 테이블 풋볼, 볼링장까지 마련하기도 한다. 샌프란시스코의 명성 높은 한 사무실은 최고급 위스키가 채워진 오픈형 바까지 구비했다.

그러나 이러한 특혜가 많아져도 유흥이 직원의 결속력에 진정한 도움이 되지 않는다는 것을 조사를 통해 볼 수 있다. 따라서 특정한 목적을 두고 특혜를 제공하는 것이 더 나은 방법이다. 신규직원을 채용하거나 재정적 부담을 경감해 주고, 직무에 더 많은 시간을 투입해 주는 특혜에 목적을 두는 것이다.

예를 들어 드롭박스Dropbox는 직원들에게 삼시세끼 건강식을 제공한다. 이로써 집세를 마련하기도 힘든 샌프란시스코의 젊은 엔지니어들은 직장에서 식사하며 돈을 절약할 수 있다.[161] 이 회사는 최근 석식 서비스를 7시까지 제공하는 것으로 바꿨는데, 이에 따라 직원들은 더 늦게까지 직장에 머무르게 됐다.

VM웨어에 인수된 기술 기업인 피보탈랩은 팬데믹 이전에 따뜻한 고급 아침 식사를 매일 아침 8~9시까지 제공하며 직원들이 제시간에 출근하도록 도모했다.[162] 일찍 도착한 직원들은 식사한 후 9시부터 15분간 진행되는 전사 스탠드업 미팅에 참여한다. 함께 서서 대화하고 9시 15분에 자신의 프로젝트를 수행하러 가는 직원들의 모습에서 나는 그 에너지와 힘을 느낄 수 있었다.

웰빙을 전체적으로 접근한다

웰빙은 피트니스 센터와 수면실, 좋은 보수보다 더 넓은 개념이다. 기업은 성과를 방해하는 직원의 스트레스와 불안, 피로의 요인을 이해하기 위해 전체적인holistic 접근을 취해야만 한다.

사람들은 더 많은 휴식 시간이 필요하다. 1978년과 2000년 사이에 미국인들은 매년 평균 20.3일의 휴가를 냈다. 미국 노동통계청에 따르면 2020년 이후로는 평균 유급휴가가 10일로 곤두박질쳤다.[163] '프로젝트:휴가'라는 그룹은 미국 자동차 협회(AAA)와 협력해 미국인들이 1년에 못 쓰는 휴가가 6억 6200만 일에 달한

다고 산정했다.[164]

기업의 리더들은 주어진 휴가를 쓰면서 본보기를 보여야 한다. 이는 자신을 희생하며 일에 매달리는 많은 노동자의 사고를 깨는 데 도움을 줄 수 있다. 휴가 중 이메일을 보내는 것은 잘못된 메시지를 전달한다. 유전공학의 선두주자인 일루미나Illumina에는 '제이케이션Jaycation'이라는 정책이 있다. 전임 CEO인 제이 플래틀리Jay Flatley에서 이름을 따온 이 휴가 정책은 1년에 두 번씩 회사를 아예 닫는다.[165] 덴버에 있는 소프트웨어 기업인 풀콘택트FullContact는 직원이 세 가지 규칙을 따르면 7,500달러의 상여금을 지급한다. '첫째, 휴가를 간다. 둘째, 휴가 중에는 연락을 끊는다. 셋째, 휴가 중에 일하지 않는다.'는 세 가지 규칙이다.[166] 쉽게 돈을 받을 수 있을 것 같지만, 해보면 그리 쉽지 않다.

미팅의 횟수와 시간을 줄이는 것도 혹사당한다는 느낌을 경감할 수 있다. 내가 함께 일했던 몇몇 회사들은 20분간의 미팅이나 짧은 스탠드업 미팅을 잡아 직원들의 시간 소모도 줄이고 몸을 움직이게끔 했다. 다른 방식으로 과부하 문제를 해결하는 기업도 있다. 파타고니아는 정기적으로 직원 미팅을 해변에서 진행한다. 직원들은 편한 차림으로 참여해 날씨가 좋을 때는 서핑을 즐기기도 한다.[167] 애트나는 산책하며 미팅하도록 권유한다.[168]

고려하고 시도해볼 아이디어는 수없이 많다.

- 건강한 음식과 영양가 있는 간식: 구글의 전 최고인사책임자인 라즐로 복Laszlo Bock은 직원들이 건강한 간식을 매우 싫어한다는 이야기를 들려줬다. 그는 당분이 많은 음식은 캐비닛의 뒤쪽에 배치해 직원들이 찾기 힘들게 만들었다.[169] 그 결과 직원들의 몸무게는 줄고, 몰입도는 높아졌다.
- 수면시간: 직원들은 휴식이 필요하다. 이에 많은 기업이 사무실 안에 조용한 수면실을 제공한다.
- 직장에 애완견 데려오기: 글래스도어와 아마존, 징가와 텀블러를 비롯한 미국 기업의 17%는 애완견을 직장에 데려올 수 있도록 한다.[170]
- 유급휴가와 더불어 자발적 휴가 제공하기: 세일즈포스는 각 직원에게 1년에 5일간의 자발적 휴가(VTO)를 준다. 회사로 몰려드는 밀레니얼 세대에게 특히 매력적인 혜택이다. 한 대형 컨설팅 회사는 전 미국 지사가 하루 휴가를 내고 지역사회를 위해 일하는 임팩트 데이를 해마다 연다.
- 기술의 이용: 마이크로소프트와 오라클, SAP의 석세스팩터와 그 외 수십 개의 소규모 기업들은 HR 소프트웨어에 웰빙 플랫폼을 구축하기 시작했다. 이를 통해 직원들은 온라인으로 교육받고 대회에 참가하고 자신의 활동과 운동을 추적할 수 있다.

리더십의 중요성을 인지하자

새로운 일의 세계에서 리더의 가장 중요한 업무는 그저 좋은 본보기를 제시하는 것이다. 개방형 사무실은 소통과 솔직함의 문화를 불어넣는다. 나는 직원 결속력이 평균보다 높은 기업의 CEO들은 보통 개방형 사무실에서 일함을 발견했다. 이와 대조적으로 밤새 이메일을 보내고 주말에 미팅을 요청하는 행동은 직원의 사생활과 가족과의 시간을 존중하지 않는다는 메시지를 준다.

몇몇 일본 기업은 상사가 퇴근할 때까지 아무도 사무실을 떠나지 않는 전통을 갖고 있다. 극단적인 경우, 이는 '과로사' 같은 암담한 현상으로 이어진다. 2015년에 일본 정부는 예방할 수 있는 2,159건의 죽음이 자살이나 일과 관련된 스트레스 때문임을 확인했다. 이에 아베 내각은 과도한 초과 근무를 방지하는 새로운 법을 고려하게 됐다.[171] 늦게까지 회사에 남거나 그러한 행동을 직원에게 강요하지 않을 새로운 세대의 리더에게 힘을 실어주는 것이 그 목표다.

당신은 비즈니스 리더, 팀 리더, 매니저로서 좋은 본보기를 보일 막중한 책임을 지고 있다. 당신이 휴가를 가고, 이른 미팅을 취소하고, 주말에 이메일을 보내지 않고, 공정성과 포용성과 웰빙을 중시할 때 직원 역시 함께 좋은 성과를 내는 에너지와 힘을 얻는다. 그곳이 바로 일하고 싶은 매력적인 기업이다.

5

승진이 아닌 성장

'당신은 성장을 향해 나아가거나

안전을 위해 물러설 수 있다.'

에이브러햄 매슬로Abraham Maslow, 심리학자. 매슬로 욕구 단계 이론의 창시자 텔스트라라는 기업을 들어봤는가? 모바일 서비스의 선두 주자인 이 회사는 호주의 AT&T와 같은 기업이다. 2020년에 이 텔레커뮤니케이션 회사는 직원의 직무를 특정 지역에 한정 짓지 않겠다는 결정을 내렸다. 몇 년 전만 해도 급진적으로 여겨졌던 업무의 유연성을 허용한 것이다. 또한 일에 있어서 모든 개인은 다르다는 걸 인정한 것도 혁신적이다.

우리도 알고 있다. 어떤 사람은 아침에 빨리 회사에 가길 원하지만, 늦은 오후에 발동이 걸리는 사람도 있다. 일을 마무리하는데 저녁 시간이 가장 좋다고 생각하는 이들도 있다. 그러나 이러한 사실에도 불구하고 많은 조직은 같은 시간에, 같은 장소에서, 생산성을 체크하는 매니저의 감독 아래 모든 직원이 일하길 바란다.

텔스트라에선 아니다. "우리는 관리 모델을 직원과 공동을 이익을 위해 합의하는데 중점을 두도록 바꾸었습니다." 텔스트라에서 전환과 소통, 인사를 이끄는 임원인 알렉스 베이드녹은 말한다.[172] "과제를 수행하는지 감시하는 대신 매니저는 목표를 분명히 해야 합니다. 조직에 자긍심을 느끼도록 직원의 목적과 발전에 대해 논의하는 것이 매니저의 유일한 목표죠."

이렇게 생각해보자. 일하고 싶은 매력적인 기업을 만들고 싶다면 가능한 한 빠르게 습득하는 조직이 돼야 한다. 즉 학습을 전사적인 인재전략의 핵심으로 두어야 한다. 이를 통해 사람들은 직위나 직함과 관계없이 성장하고, 더 많이 벌며, 발전할 수 있다.

네트워크 조직에서 발전의 의미를 재고하기

앞서 논의했듯이 강력한 매력적인 기업은 계층과 직업이 아닌 사람과 일에 중점을 둔다. 성공은 그들이 생산한 제품과 일하는 고객, 만드는 브랜드와 제공하는 일을 의미하며, 가능한 모든 방식으로 그 가치를 더한다.

버신 & 어소시에이츠Bersin & Associates를 운영할 때 나는 언제나 관리직을 맡기는데 신중했다. 우리는 뛰어난 능력이 있는 이들을 고용해 도전적인 과제를 주었고, 모두가 매우 효율적으로 협력했다. 그리고 비즈니스를 운영하는 동안 거의 매달 수익성을 유지했다. 이는 많은 부분 가능할 때마다 중간관리직을 없앴기 때문이다.

그러나 새로운 무언가를 시도해야 할 시기는 찾아오고, 당신이 이를 해낼 적합한 사람과 기술, 능력이 부재함을 깨닫는다. 영업팀의 성과가 나빠지면 더 훈련이 필요한지 고민한다. 재무팀은 수익 모델을 찾으려 애쓰고 이에 당신은 자문가를 채용한다. 마케팅팀은 검색엔진 최적화를 비롯한 수많은 새로운 개념을 이해하지 못해 뒤처지는 느낌이다. 이럴 때 당신은 어떻게 하는가? 외부에서 이러한 전문가를 찾아 고용하는가? 아니면 스스로 익히려 노력하는가?

경제 성장이 둔화할 때는 일자리를 찾는 전문가들이 많다. 나는 버신 기업을 많은 인재가 구직시장에 나와 있던 불경기에 세웠다. 그러나 오늘날처럼 긴박한 경제 상황에서는 채용할 전문가가 충분하지 않다. 따라서 자기 자신이 역량을 개발해야 한다.

나는 수년간, 이 주제를 연구하며 성과가 뛰어난 회사가 가진 한 가지 공통점을 계속해서 발견했다. 바로 학습의 문화다. 그러한 회사는 공유와 발전의 문화가 자리잡혀있으며 사람들은 학습할 시간을 가진다. 매니저의 역할은 코치이자 멘토, 그리고 교육자다.

조직의 학습은 다양한 형태를 띤다. 팀들은 잠시 시간을 갖고 무엇이 실패했는지 논의할 수 있다. 누군가에게 새로운 역량을 키울 새로운 과제를 주는 것도 학습이다. 수업을 듣고 평가를 완료하고 멘토를 찾는 것이 될 수도 있다.

어떤 회사든 실무와 학습 사이에는 본질적인 스트레스가 존재한다. 이메일에 답해야 할까, 읽고 싶은 기사를 읽을까? 이러한 분열은 일하는 내내 머릿속에 맴돈다. 따라서 회사가 학습할 시간과 권한을 줄 때야 우리는 시간을 쓴다. IBM의 창립자인 토머스 왓슨Thomas Watson은 '생각하자THINK'라고 적힌 데스크톱 사인보드를 모든 직원에게 나눠주었다. 그는 '바쁘다고 회사가 성장하지 않는다. 어떻게 더 잘할 수 있을지 생각해야 한다.'는 유명한 말을 남겼다.

필요한 역량이 충족되지 못할 때 당신은 이를 메꿀 누군가를 채용하려 한다. 그러나 이는 많은 경우 좋지 않은 생각이다. 외부에서 사람을 채용하는 일은 비용이 많이 들고, 찾기도 쉽지 않으며, 기업의 문화에 그 사람이 적합하지 않을 수 있다. 제너럴 어셈블리와 일하며 우리는 웹 개발 전문가를 채용하는 어려움과 관련해 여러 은행과 인터뷰를 진행했다. 그리고 모집과 채용, 상여금과 높은 연봉에 들어가는 모든 비용을 살펴본 후 내부 직원을 부트캠프에 보내 코드 만드는 법을 9개월 동안 배우게 하는 게 외부에서 개발자를 채용하는 것보다 6배나 저렴하다는 걸 발견했다.

자, 네트워크 조직에서는 어떤 방식을 취할까? 일하고 싶은 매력적인 기업은 승진이 아닌 성장에 중점을 두는 학습전략을 갖는다.

성장 vs 승진, 그 의미는 무엇일까

간단히 말해 '승진이 아닌 성장을 중시하자'는 경영 원칙은 우리가 하는 일에서 성장을 최대한 이끄는 것이다. 물론 사람들은 승진한다. 그러나 이는 목표가 아니라 결과에 가깝다. IBM과 엑손, 사이베이스Sybase에서 일하던 초창기 시절, 나는 어떻게 하면 승진이 될까 고민하며 상당한 시간을 보냈다. 승진에 목매진 않았지만 그것이 일에 보상받는 주요한 방법이라는 게 신경 쓰였다.

나는 사내 정치에 능숙하지 않았고 자주 승진에 실패했다. 그래서 맡은 업무를 잘 해내며 스스로 행복을 찾았다. 지금에 와서 지난 45년의 커리어를 돌아보면 매우 현명한 태도였다는 생각이 든다.

몇 달 전 동료들과 이야기를 나눌 때였다. 그들은 내가 경험한 일자리 수에 매우 놀라워했다. 나는 정비 엔지니어였고 시스템 엔지니어도 경험했다. 영업사원으로, 마케팅 매니저로도 일했다. 그 외에 제품 전문가와 고위 임원의 직원, 비즈니스 개발 리더와 제품 관리 리더로 일하기도 했다. 커리어 후반부에는 마케팅과 영업, 제품 관리 부문의 부사장직을 맡았고 그 뒤에는 CEO와 업계 분석가가 됐다.

몇몇 자리는 승진이었지만 대다수는 수평적인 이동이었다. 재밌었고 새로운 것을 배울 기회가 있었고 회사가 그 자리에 나를 원했기 때문에 맡았으며 그 과정에서 매년 성장했다.

그러나 고용주 입장에서는 안타깝지만 나는 이러한 새로운 기회를 얻기 위해 일하던 회사를 떠나야 했다. 계층 구조를 뚫을 수 없었기 때문이다. 당시 일했던 회사들은 매우 위계적이었기에 나는 회사를 옮겨 다니면서 이러한 성장을 만들어야 했다.

오늘날 기업은 점점 더 네트워크 조직이 되고 있다. 따라서 회사 내에 승진과 관계없이 사람들이 성장할 수 있는 환경을 구축해야 한다. 승진이 나쁘다는 말이 아니다. 사람들은 새로운 역량을 배우고 발전함을 느낄 때 직함이 바뀌지 않더라고 자신의 시장 가치가 올라감을 인지한다.

그렇다면 이를 어떻게 실행하면 될까?

커리어를 재창조해야 할 절박한 필요성

우선, 커리어 자체에 관해 얘기해보자. 우리가 어릴 때 배웠던 위로 올라가는 커리어 곡선은 더는 존재하지 않는다.

거의 모든 업계에서 발생한 디지털 혁명 때문이다. 기업들이 민첩성과 고객 응대, 직원 중심을 중요시하면서 재무와 IT부터 엔지니어와 영업까지 모든 역할은 자동화 프로세스와 기술 도구, 솔루션과 플랫폼의 도움으로 일을 완수하게 됐다.

기술 발전은 역동적이기 때문에 모든 부서의 직원은 필수적인 기능과제를 수행하는 새로운 방법을 끊임없이 배워야 한다. 따라서 기술 역량이 주목받지만, 영업과 고객 서비스, 헬스케어와 일반적인 프로젝트 관리의 역량 역시 중요하다. 좋은 커리어는 이러한 역량을 모두 쌓는 것이다.

직원이든 매니저든 지속적인 학습은 당신의 가장 가치 높은 역량이다. 나는 이렇게 표현하고 싶다. '학습곡선은 수익곡선과 같다.' 그리고 이 곡선은 계속해서 움직인다.

엠시 버닝 글라스는 세계 곳곳의 직업과 기술, 연봉을 분석하는 조사를 실시했다. 그리고 불과 몇 년 사이에 데이터 과학자의 연봉이 300% 이상 치솟았다가 후에 하락한 것을 발견했다. 새로운 직군인 '머신러닝'과 '사이버보안'이 뜨겁게 떠오르며 그 자리를 차지한 것이 일정부분 영향을 주었다.[173] 우리는 역할과 관계없이 끊임없이 현재 상황을 따라가야 한다.

예를 들어 마케팅 부문에서 마케팅 매니저의 역할은 광고의 기획과 실행, 잠재고객 생성과 홍보, 기타 지원 프로그램을 담당하는 것이었다. 오늘날에는 거기에다 검색 엔진 최적화한 인플루언서 마케팅, 틱톡 마케팅이 더해진다. 세일즈포스와 허브스팟Hubspot, 마케토Marketo와 구글 애드워즈Google AdWords 시스템을 관리하고 마케팅 캠페인을 위한 견적과 예산도 짜야 한다. 광고와 웹페이지 성과를 분석하고 창의적인 콘텐츠도 만들어야 한다. 만약 최신 디지털 마케팅 기술에 익숙하지 않다면 뒤처지고 말 것이다.

대부분의 직원이 이를 느낀다. 사람들은 '학습의 부재'를 회사를 떠나는 가장 큰 이유로 꼽는다.[174] 따라서 당신이 직원들의 학습을 돕지 않는다면 그들은 다른 곳으로 눈을 돌릴 것이다. 글래스도어 데이터베이스의 자료를 조사하고 많은 직원 결속력 조사를 살펴본 후 나는 놀라운 사실을 발견했다. 밀레니얼 세대에게 배우고 발전할 기회는 일하기 좋은 곳으로 자사를 꼽는데 급여보다 3배 더 중요하게 작용했다. 이는 고용유지율과 결속력, 충성도에도 영향을 준다.

전체 조직에도 이는 절체절명의 문제다. 뛰어난 능력을 지닌 직원을 채용하거나 유지하지 못하면 그 조직은 뒤처질 수밖에 없다.

개인적으로도 커리어의 발전은 삶에 필수요소다. 링크드인의 2018년 조사에 따르면 사람들이 배우고 싶은 1순위는 자신의 직무에 도움이 되는 역량이었다. 더 나은 리더가 되기 위한 역량, 그리고 일과 삶의 균형에 도움을 주는 역량이 그 뒤를 따랐다. 중대한 이슈들이다.[175] 이러한 역량을 얻는 방법으로 링크드인의 2021년 역량 보고서는 업스킬링*과 리스킬링**을 통한 학습과 발전을 우선으로 꼽았다.[176]

우리는 모두 소위 '자기 재창조'에 능숙해져야 한다. 당신을 영

* 옮긴이 주 : 현재 직무를 위해 새로운 스킬 배우기

** 새로운 직무에 필요한 스킬 배우기

업사원이나 수석 컨설턴트라고 단정 짓지 말자. 당신은 원하는 무엇이든 될 수 있다. 이것이 커리어를 관리하는 새로운 방법이다. 학교에 다니고, 직업을 얻고, 은퇴하는 것이 아닌 우리는 이제 배우고, 일하고, 바라건대 70대 이후까지 이러한 주기를 반복하며 삶을 즐기는 세상에 살고 있다.

커리어는 어떻게 급격하게 변했을까

1900년대 초부터 1950년대에서 1960년대까지, 우리는 대략 다음과 같은 커리어 모델을 따랐다. 초등, 중등 교육을 마치고 대학이나 기술학교에 가거나 수습 기간을 거친 후 일을 시작한다. 그리고 은퇴할 때까지 30년간 일한다.

전체 경제가 이러한 모델을 기반으로 세워졌다. 우리는 아이들을 18년간 학교에 보낸다. 그들은 그곳에서 수학과 읽기, 기본적인 능력을 배우고 고등학교에서는 과학과 사회과학, 그 외에 사회의 구성원이 되기 위한 규율을 익힌다. 대학은 전공과 커리어를 선택하는 시기였다.

고등학교 시절, 나는 모든 학생이 하는 일반적인 적성평가인 스트롱 직업흥미검사를 해보았다. 검사 결과 내 적성은 과학과 여행이며 우주비행사가 맞는 직업으로 나왔다. 나는 실제로 그 검사를 반영해 추후 엔지니어링을 공부하기로 했으며 공군에 들어갈까 고민도 했다. 적성검사와 다른 도구의 결과는 내가 원하는 커리어 유형을 결정하는 데 도움을 주었다.

그러나 이러한 모델에는 많은 문제가 있다. 가장 큰 문제는 우리는 이제 훨씬 오래 살며 어떤 직업과 커리어, 회사를 선택하든 사는 동안 바뀌고, 사라지고, 급변할 수 있다는 것이다. 오늘날 미국인의 3분의 2만이 65세까지 일한다. 팬데믹 동안 살짝 올랐어도 이 수치는 매년 떨어지고 있다.[177]

우리는 대부분 60대, 70대까지 생기 넘치고, 활동적이다. 그리고 세상에 돌려줄 것도 많다. 이 시기에 우리는 그동안의 경험과 역량, 관점을 공유할 수 있고 많은 이들이 이를 원한다. 여러 조사는 은퇴가 많은 이들에게 무섭고 부정적인 경험임을 보여준다.[178] 은퇴가 외로움과 고독, 자존감의 상실로 이어진다는 결과도 있다.[179] 딜로이트에서 은퇴를 앞두고 나는 은퇴 후에 심장마비를 겪은 파트너들의 소식을 듣기 시작했다. 그리고 절대 은퇴하지 않기로 다짐했다!

이러한 모델의 결점은 수년간 더욱 확실해졌다. 특히 일을 시작하면 학습은 끝난다는 가정이 최근 더 부각되는 결점이다. 모두가 알다시피 말도 안 되는 얘기다. 그러나 당신의 회사는 50대와 60대 직원들을 위한 리스킬링 프로그램과 부트캠프, 새로운 직무 훈련 프로그램과 견습 제도를 제공하는가? 글쎄올시다. 이러한 멋진 프로그램들은 젊은 직원들을 위해서만 존재한다. 따라서 '재직기간이 긴' 직원들은 덩그러니 남는다. 기존 모델을 변화해 만들 수 있는 기회는 엄청나며, IBM과 CVS, 다른 기업들은 천천히 이러한 모델을 바꾸고 있다.

새로운 세상에서는 학습과 일, 휴식이 항상 함께 존재한다. 그것이 일할 맛 나는 조직이 가야할 방향이다.

일하고 싶은 매력적인 기업의 커리어 모델

강력한 매력을 지닌 기업은 이러한 새로운 모델을 찾고 있다. 그들은 승진이 아닌 개인의 성장에 중점을 둔다. 피라미드를 꼭 올라가지 않아도 책임과 전문성, 급여는 올라갈 수 있다. 우리는 이제 충만한 커리어는 공식적인 학습 기회와 도전적인 과제, 새로운 프로젝트와 회사 내 매우 다양한 팀에서 공헌할 기회를 의미함을 안다. 끊임없이 자신이 발전한다고 느끼고 새로운 기술을 배우는 것이다. 사람들은 관리직으로 향하는 계획된 오르막길을 가지 않아도 자신의 가치를 더욱 키울 수 있다. 나는 커리어를 사다리가 아닌 경험이라고 생각한다.

이러한 변화는 조직에 중요한 의미를 시사한다. 우선, 지속적인 학습을 반영하도록 위계적인 커리어 사다리는 조정된다. 이로써 직원들은 필요한 기술을 쌓고, 새로운 지식을 탐구하고, 동료에게 배울 수 있다. 예를 들어 마케팅으로 직무를 바꾸고 싶은 영업 사원이 있다고 해보자. 이 직원이 그다음엔 고객서비스로, 그 후엔 새로운 지역이나 해외지사로 가길 원한다면 어떨까? 이는 직원과 비즈니스, 고객 모두에게 좋은 일이다. 이러한 커리어 이동을 제공할 수 있을까? 네슬레와 IBM 같은 기업에선 흔한 일이다.

둘째, 기업 대학이나 학습과 개발(L&D) 부서는 더는 단순한 학습센터가 아니라 다양한 외부와 내부의 학습 기회를 관리하는 곳이다. 많은 면에서 오늘날 기업의 학습은 대학 요람보다 넷플릭스에 가깝다. 사람들은 원하는 매개체나 프로그램을 찾고, 존경하는 전문가를 팔로우하고, 배우고 싶은 장소와 시기에 학습한다. 우리는 단지 교육받을 때만이 아니라 항상 학습을 촉진하는 일련의 전략을 구축해야 한다.

물론 공식적인 교육은 계속 중요하다. 이는 여전히 전 세계 기업 학습에 드는 1400억 달러의 30% 이상을 차지하며, 2027년까지 시장 규모가 4170억 달러에 이를 것으로 예상된다.[180] 그러나 모든 조사가 보여주듯 이제 학습은 경험과 전문가, 시뮬레이션과 가상현실까지 동원된 혼합 방식으로 진행된다. 파머스 보험 그룹은 자동차 사고 처리 전문가들에게[181], 월마트는 고객 서비스 직원들에게 3D 가상현실을 이용해 교육한다.[182]

HP의 '브레인 캔디 프로그램'을 살펴보자.[183] HP의 글로벌 인재 및 학습 책임자인 마이크 조던Mike Jordan은 회사 내 기술 전문가들이 서로 지식을 공유하는 학습 솔루션이 필요하다고 판단했다. HP는 그러한 프로그램의 콘텐츠를 65% 만들고 고객지원과 엔지니어링, 영업과 다른 비즈니스 부서에 내부적으로 공유했다. 이로써 1,000개 이상의 학습 통로가 생겨났다. 전통적인 기업 학습보다는 넷플릭스나 훌루와 성격이 비슷한 이 프로그램은 직원들이 콘텐츠와 교육과정, 사람을 찾을 수 있는 중심지가 됐다. 그리고 단 1년 만에 100,000개의 학습활동이 완료됐으며, 베이비부머부터 Z세대까지 HP 모든 직원에게 인기를 끌었다.

덴버에 위치한 길드 에듀케이션Guild Education은 기업들과 제휴해 그들의 직원에게 교육 기회를 제공하며 학위 없이 일하는 6400만 명의 미국 근로자 중 많은 이가 학위를 따게 돕는다.

다른 기업들도 비슷한 자기 주도형 전략을 개발하고 있다. 캐피털 원Capital One은 기술과 디지털 리스킬링에 집중하는 전사적인 내부 대학을 마련했다. 그리고 이제 소프트웨어 기업에서 엔지니어를 데려와 채용하는 것보다 자사의 디지털 역량을 키우는 것이 훨씬 비용이 덜 든다는 것을 증명했다. 항상 직원 교육에 많은 투자를 해온 셸 석유Shell Oil Company는 전사적인 가상 대학을 구축해 엔지니어와 재무 분석가, 그리고 다른 직원들이 지질학과 다양한 에너지 형태를 찾고 생산하는 비즈니스에 관해 배우도록 돕는다. 몬트리올 은행Bank of Montreal과 비자Visa, 뱅크 오브 아메리카Bank of America는 대대적인 온라인 학습 플랫폼을 만들어 모든 기능 분야에 걸쳐 직원들이 콘텐츠를 공유하도록 한다.

지속적인 발전의 필요성은 다른 이유에서도 중요하다. 이는 직원들의 역량과 커리어 발전을 도울 뿐 아니라 회사의 직무가 진부해지는 것을 막는다. 엠시 버닝 글라스의 조사에 따르면 코더와 그래픽 디자이너, 재무 분석가 같은 단일 기능 직무는 자동화의 발전으로 그 가치가 점차 하락하고 있다.[184] 급여의 상승으로 볼 때 가치가 증가하는 것은 바로 다양한 역량을 요구하는 '하이브리드 직무'다.

하이브리드 직무는 모바일 애플리케이션 디자이너와 사물인터넷(IoT) 엔지니어, 대규모 영업 관리자와 마케팅 매니저, 생산관리자를 예로 들 수 있다. 이러한 직무는 기술 능력과 프로젝트 관리, 리더십과 커뮤니케이션 역량이 있어야 한다. 즉 배경에 관계없이 우리는 모두 새롭게 배울 것들이 있다.

IBM에서 일할 때 나는 내 기술적인 능력이 더는 충분하지 않으며 발전을 위해서 영업과 커뮤니케이션, 팀 협력과 마케팅을 배워야 한다고 느꼈던 것을 생생히 기억한다. 그리고 이러한 기술을 모두 익히는 데 40년이 걸렸다. 오늘날 기업들은 이러한 하이브리드 직무 개발 기회를 내부적으로 제공할 수 있다. 직원들이 동시에 리스킬링과 업스킬링을 할 수 있도록 돕는 것이다.

비자와 캐피털 원과 같은 기업의 임원들과 만나면 나는 언제나 같은 이야기를 듣는다. "우리는 먼저 디지털 리스킬링으로 시작했어요. 그러나 직원들이 프로젝트 관리와 커뮤니케이션, 목표설정 같은 다른 역량도 배우고 싶어 한다는 걸 깨달았죠. 그래서 이러한 소프트 스킬의 교육까지 프로그램을 확장했습니다." 일의 미래를 보여주는 또 다른 측면이다. 회사 내 모든 직업에 인간의 가치를 더하도록 우리는 휴먼 스킬을 확장해야한다.

물론, 자기 스스로 재창조하려는 의지도 필요하다. 같은 직무에 커리어를 전부 바치는 것은 시대와 맞지 않는다. 오늘날의 커리어 모델은 사람들이 다른 역할, 다른 직무, 심지어 다른 기능으로 이동하도록 지지한다. 따라서 적극적으로 나서자. 당신을 붙잡는 것은 새로운 시도가 실패로 돌아갈까 하는 두려움이다. HR은 이런 부분에 개입해 현대식 커리어 발전을 돕고 이끌 수 있다. 심리적 안정의 발판을 마련해 계속 배우는 한 시도하고 실패해도 괜찮음을 알게 해주는 것이다.

그렇다면 실제로 이를 실행할 방법은 무엇일까? 이 주제를 수년간 연구한 뒤 우리는 기업에 필요한 요소를 설명하는 학습 구조를 개발했다.[185] 이는 모든 직원의 성장이 4가지 E 요소에 근거한다는 사실을 반영한다. 바로 훈련을 통한 교육(Education)과 프로젝트와 직무를 통한 경험(Experience), 멘토와 코치, 동료를 통한 노출(Exposure)과 조직이 부여하는 시간과 보상, 배울 기회와 같은 환경(Environment)이다. 4가지 E 요소에 관해서는 뒷부분에서 더 자세히 설명하겠다.

모든 매니저와 개인은 커리어에 있어 승진이 아닌 성장을 생각해야 한다. 당신은 발전적인 과제를 달라고 요구하는가? 당신의 전문 분야가 아닌 프로젝트에 참여할 의지가 있는가? 당신의 매니저는 새로운 것을 배우도록 제안하고 그러한 열망을 지지하는가? 승진이나 급여 인상이 결과로 보장되지 않는다고 해도 이러한 일들을 시도할 수 있는가? 오늘날 성공을 위해선 이러한 자세가 필요하다.

커리어를 개인과 기업의 필요와 바람에 따라 새로운 역할을 경험하는 여정이라 생각해보자. 리더로서 당신은 일련의 프로젝트와 역할, 직무에 직원을 제공하고 채워야 한다. 각 개인은 자신의 커리어 목표와 열망, 강점이 있다. 우리는 이를 역동적으로 매칭해야 한다. 그리고 이 책을 쓰는 동안, 새로운 종류의 커리어 관리 도구가 등장해 이러한 부분의 해소를 도울 전망이다.

예를 들어 유나이티드헬스 그룹은 자체진단 사이트를 구축해 어떤 직원이든 자기 역량을 평가하고, 수백 개의 직무와 비교해 보며, 회사 내의 새로운 기회를 찾도록 했다. IBM은 자사의 인공지능 컴퓨터인 왓슨으로 인지적 커리어 조언을 제공한다. 잉가솔랜드와 슈나이더 일렉트릭, 유니레버는 커리어 평가와 코칭, 개발 사이트에 투자해 직원과 매니저가 새로운 역할을 찾도록 돕는다. 이는 AI의 성장 가능성이 큰 영역으로 이제 새로운 HR 도구는 직원에게 가장 적합한 다음 역할을 찾아줄 수 있다.

AT&T는 근엄한 전통적인 전화회사에서 벗어나 현재 세상에서 가장 역동적이고 경쟁적인 산업을 운영한다. 경쟁력을 갖추기 위해 이 기업의 HR 부서는 내리막길 직무와 비교해 상승세에 있는 직무를 식별하고 직원들이 미래에 수요가 높은 역할에 필요한 역량을 개발하도록 부추긴다.[186] 코볼COBOL과 DSL과 같은 구식의, 내리막길 분야가 아닌 데이터 과학과 사이버 보안, 모바일 시스템과 같은 오르막길 분야의 역량을 개발하는 것이다.

AT&T는 최상의 학습 환경을 구축해 온라인 프로그램과 짧고 다양한 수업, 콘텐츠 공유와 폭넓은 공식적인 직무교육을 제공한다. 그리고 발전하지 않을 경우 결과가 따른다는 문화를 이어간다. 원칙은 간단하다. 모든 직원은 발전하고 상황에 적응할 기회를 가진다. 그렇지 않을 경우엔 나가는 게 회사와 직원 모두를 위해 좋다.

모든 회사가 직원의 발전을 중요시하진 않는다. 그러나 이제는 그래야만 한다.

산업 시대에는 회사가 직원에게 배울 것을 알려주는 것으로 충분했다. 오늘날의 근로자는 민감하게 변화를 파악하고, 새로운 기술을 계속 익히며, 수요가 있다면 새 역량을 발휘해야 한다. 이는 최고경영진까지 모두에게 해당하는 이야기다.

얼마 전 나는 인도의 가장 큰 통신 회사의 CEO를 만났는데, 그는 최근에 파이선Python의 온라인 코스를 이수했다고 했다. 이유를 묻자 대수롭지 않게 말했다. "이런 일을 다루는 사람들을 관리하려면 어떤 건지 저도 알아야 한다고 생각합니다." 이런 마음가짐으로 리더는 직장에서 모범을 보이고 영감을 주어야 한다.

일하고 싶은 매력적인 기업은 신규 직원을 위한 공식 교육도 있지만, 짧은 영상부터 긴 교육과정을 포괄하는 온라인 콘텐츠와 팀의 지원을 받는 많은 코칭까지 수요에 따른 마이크로러닝과 매크로러닝 같은 다양한 학습 기회를 제공하는 데 더 집중한다.

사람들에게 학습 시간을 주고, 개발을 가치 있게 여기고, 다른 이들을 계속 코치하는 팀은 가장 합류하고 싶은 곳으로 꾸준히 꼽힌다. 조직 전체에 학습의 문화를 심을 때 얻을 수 있는 또 다른 혜택이다. 놀랍게도 미 군대는 이러한 문화를 잘 보여준다. 커리어 초기에 나는 많은 해군 사령관을 교육한 고위 리더와 함께 일했다. 그리고 그에게서 미군의 철학에 대해 배울 수 있었다. 그 철학은 이렇다. '우리는 훈련하고 싸우는 두 가지 일을 한다. 싸우지 않을 때 우리는 훈련한다. 그리고 싸우는 동안 우리는 배운다.'[187]

기업의 과제는 물론 이와 다르지만, 지속적인 학습의 원칙은 같다. 염 브랜즈와 알리안츠, 제너럴 밀스와 많은 기업은 직무 이동에 보상을 주고 직원들이 영업에서 마케팅으로, IT로, HR로 이동하도록 권장한다. 이로써 조직은 민첩성을 얻고 변화에 쉽게 적응할 수 있다. 직원들은 승진이 안 되더라고 조직 내에서 새로운 역할로 자기를 재창조할 수 있기에 강력한 자율성과 성장의식으로 더 높은 결속력을 보인다.

학습하는 문화가 필요하다

엑손과 IBM에서 일할 때 나는 매우 자세히 짜인 교육 프로그램에 3~4주의 시간을 쓰곤 했다. 따라서 이 기간에는 내 직무를 수행하지 못했고 이는 회사에도 큰 비용을 초래했다. 오늘날 이러한 형식의 공식 교육은 여전히 존재하지만, 웨비나와 영상, 다양한 주제의 문서 같은 온라인 학습 플랫폼이 기업의 교육시설로 직접 가는 것을 많은 부분 대체했다.

경영진의 긴밀한 참여는 중요하다. SAP의 전 학습 책임자인 제니 디어본Jenny Dearborn은 전사의 리더십 모델과 영업 훈련 아카데미, 그리고 다양성과 문화, 결속력에 새로운 힘을 불어넣는 광범위한 시도를 이끌었다.[188] 그녀의 팀은 수백 개의 중복 프로그램은 없애고, 여러 학습 관리 시스템을 통합했으며, 공통된 전략 아래 글로벌 L&D 부서를 합쳤다.

최근에 내 아들은 SAP 아카데미에서 영업과 사전영업에 관한 가장 통합적이고 다면적인 학습 경험을 했다. 전 세계에서 사람들이 모여 일련의 프로젝트와 공식 학습 활동, 네트워킹 행사와 임원과의 만남을 9개월 동안 진행한 것이다. 매우 정밀하고, 엄격하고, 벅차기도 한 프로그램이었지만 효과는 있었다. 이 프로그램은 커리어가 시작하는 시점부터 학습에 많은 투자를 하겠다는 SAP의 의지를 보여준다.

결국, 학습 환경을 구축하고 유지하는 것은 문화의 문제다. 회사나 팀이 결과에 너무 집중하고 학습과 성장에 충분히 힘을 쏟지 않으면 원하는 성과를 얻을 수 없다. 사티아 나델라Satya Nadella는 마이크로소프트에 CEO로 합류하자마자 회사가 수익과 실행만이 아닌 경청과 시도, 성장에 보상해야 한다는 필요성을 느꼈다.[189] 그는 전 직원에게 이메일을 보내 마이크로소프트의 미래는 통합적이고 포용적인 성장 마인드셋에 기반을 둘 것이라는 메시지를 분명히 전했다.

> '우리에겐 기본적으로 성장 마인드셋의 문화가 필요하다고 생각합니다. 이러한 문화는 모든 직원은 성장하고 발전하며, 잠재력은 미리 정해지는 것이 아닌 개발되고, 누구든 자신의 마인드셋을 바꿀 수 있다는 믿음에서 시작하죠. 리더십이란 사람들이 자기 일의 심오한 의미를 알며 최고의 힘을 발휘하는 곳에서 최상의 성과를 내도록 이끄는 것입니다. 우리는 언제나 배우고 호기심에 목말라야 합니다. 불확실성을 기꺼이 받아들이고, 위험을 감수하며, 실수했을 때는 숙달하는 과정에 실패도 발생함을 인정하며 빨리 털어내야 합니다. 그리고 타인의 아이디어를 열린 마음으로 받아들여야 합니다. 그러할 때 우리는 함께 성공할 수 있습니다.'[190]

학습은 비즈니스 철학의 중심에 있다. 사티아 나델라가 CEO

를 맡은 후 마이크로소프트의 주가는 4배 이상 올랐으며 새로운 제품 라인은 경쟁력 있고 흥미롭다. 회사를 방문했을 때 나는 혁신과 새로운 경청의 문화로 인한 신선한 에너지를 느낄 수 있었다. 한 임원은 내게 이렇게 말했다. "마이크로소프트에 모인 이들은 가장 똑똑한 사람들이었습니다. 이제 우리는 가장 잘 경청하는 사람들이죠. 그리고 그 효과는 나타나고 있습니다."[191] 이것이 학습 문화의 힘이다.

학습 문화가 무엇이라고? 학습문화는 HR이나 L&D차원의 문제가 아니다. 이는 경영 철학이고, 보상체계이며, 일련의 스토리다. 강력한 학습문화를 조사하며 우리는 몇 가지 가장 중요한 관행들을 발견했다. 그러한 문화를 지닌 조직에선 위험을 감수한 이들에게 상을 주고, 실수를 숙고하고 논의할 시간을 제공하며, 실패에서 배우는 자율성을 부여한다. 그리고 직원들이 도전적인 과제를 수행하도록 지지하고 성공에 필요한 지원을 제공한다.[192] 진정으로 일할 맛 나는 기업이 되고 싶다면 모두 실천해야 할 경영 원칙이다.

제프 베이조스Jeff Bezos는 아마존의 웹사이트에 이렇게 언급했다. '아마존은 세상에서 가장 실패하기 좋은 장소다. 창조하기 위해 당신은 시도해야 한다.'[193]

언제나 학습하고, 성장하라

우리는 학습 문화를 구축하는 법을 안다. 이를 위해선 비즈니스에서 간과하기 쉬운 호기심을 매우 중요하게 여겨야 한다. 최근 조사에 따르면 팬데믹을 성공적으로 헤쳐 나간 회사의 직원이 보인 가장 큰 특징은 호기심과 민첩성이었다.[194] 그러나 우리가 실시한 강력한 학습문화 조사에서는 고위 임원진만 이러한 특성에 대한 보상을 받은 것으로 나타났다.[195] 피라미드의 아래쪽으로 내려갈수록 사람들은 질문을 하지 않는다. 이것이 문제다.

우리는 장기적인 비즈니스 결과와 관련해 40가지의 경영 방식을 조사하며 학습에 있어 가장 중요한 관행은 실수를 논의하려는 의지임을 발견했다. 한 젊은 직원이 어떤 일의 원인을 묻는다면 당신은 어떻게 반응할 것인가? 아무쪼록 시간을 들여 논의하길 바란다.

조사를 하던 어느 시점에서 우리는 기업교육의 새로운 주제를 지속적인 학습이라고 정했다. 이제는 HR에서 널리 사용되는 주제다. 회사를 지속적인 교육조직으로 생각한다면 당신은 자신에게 맞는 자리를 찾을 수 있다. 젊은 직원들은 이러한 필요성을 인지하며 그것이 그들이 자란 방식이다.

대학을 갓 졸업한 내 딸은 이메일 마케팅 부문에 일자리를 얻어 웹사이트 관리와 이메일 콘텐츠 관리, 검색엔진 최적화와 마케팅 분석에 관한 도구 사용법을 빠르게 배웠다. 얼마 전 그녀는 불길한 조짐을 느끼고 내게 말했다. "아빠, 저 데이터 과학자가 되겠어요. 마케팅에선 제 역량이 더는 쓸모가 없는 거 같아요." 최근에 딸은 직업을 바꿨고 이제는 데이터 부문에서 자기 경력을 쌓고 있다.

새로운 하이브리드 직무의 중요성

엠시 버닝 글라스의 조사는 거의 모든 직업이 비슷한 주기를 거친다는 것을 보여준다.[196] 새로운 유형의 직업은 처음에는 매우 특별해 높은 보수를 받으며, 그 일을 하는 사람을 구하기도 어렵다. 그 후 그 직무로 사람들은 모여들고, 교육과 훈련 프로그램이 생겨나며, 업계는 더 많은 도구를 개발한다. 그리고 몇 년 후 그 직업은 전문적인 능력과 판단 능력, 기술의 적용과 사회적 기술을 모두 필요로 하는 하이브리드 직무로 진화한다.

한번 생각해보자. 1년에 3천만 건 이상이 올라오는 링크드인과 인디드Indeed의 채용 공고에서 가장 필요로 하는 역량은 바로 커뮤니케이션이다. 쓰고, 말하고, 설득하고, 사람을 이끄는 이 복합적 역량은 비즈니스에서 여전히 매우 중요하다.[197]

예를 들어 의사와 간호사는 일정 기간 공부하고 자격을 취득해야 때문에 인원과 역량이 제한적인 만큼 계속 수요가 높다. 실제 헬스케어는 현재 미국 경제에서 가장 큰 고용 분야다.[198] 그러나 현실에서 간호사의 역할은 전문성과 커뮤니케이션, 듣는 능력과 공감, 통합적인 사고를 요구하는 하이브리드 직무다. 이러한 업스킬링의 필요성 때문에 지난 15년간 간호직의 급여는 상당히 증가했다.[199]

HP와 IBM은 전통적인 컴퓨터 사업에서 디지털 기술과 분석, AI 사업으로 전환하면서 고통스러운 인력의 변화를 겪어야 했다. 두 회사는 직원들이 다시 훈련받도록 많은 혜택을 부여했다. 그리고 시간이 지나 새로운 기술을 익힌 직원들은 그러한 학습 기회로 새로운 커리어를 시작했다.

나는 한 가지 덧붙여 말하고 싶다. 인더스트리 4.0으로도 알려진 현재의 4차 산업혁명에서는 코딩 기술과 소프트웨어 엔지니어링 기술이 경제의 미래라는 말이 많다.[200] 그러나 아무리 수요가 높다고 해도 역사는 그러한 직업이 경제의 10%만 차지함을 알려준다. 리더십과 커뮤니케이션 능력은 기업이 찾는 모든 능력 중 가장 수요가 높은 항목이다. 또한 지속적인 역량으로 알려진 소위 소프트 스킬에 대한 수요는 2021년 올려진 8천만 건 이상의 채용공고 중 약 3분의 2를 차지했다.[201]

변화를 위한 질문

당신의 리더와 팀과 아래의 질문을 논의해보자.

1 기존의 커리어 모델이 있는가? 있다면 재검토한 지는 얼마나 됐는가? 인사팀과 함께 시야를 넓혀 좀 더 포괄적이고 성장 지향적인 커리어 모델을 구상할 실무그룹을 모을 수 있는가?

2 회사 안에서 가장 뛰어난 성과를 내고 인정받는 사람의 실제 커리어 과정을 살펴보았는가? 이들을 롤 모델로 삼아 뛰어난 성과의 의미를 재정의할 수 있는가?

3 사람들이 내부 일자리와 역할, 프로젝트를 찾도록 돕는데 어떤 도구를 제공하는가? 모든 채용 공고를 내부적으로 올리는가? 매니저가 내부 직원을 채용하는 것에 관한 장려책이 있는가? 새로운 역할을 시작할 때, 내부에서 채용됐다 해도 직무의 학습을 돕는 일정 시간과 관리적인 장려책을 주는가?

4 전문성을 어떻게 공유하고, 촉진하고, 측정하는가? 당신의 회사는 정기적인 브라운백 미팅*과 지식 공유, 리더가 이끄는 교육 프로그램을 제공하는가? 회사의 기능부서와 관리직 직원들은 온보딩과 교육 프로그램에 참여하는가? 회사 내에서 전문가를 쉽게 찾을 수 있으며, 그들은 전문성에 대해 보상받는가?

* 옮긴이 주: 간단한 식사를 곁들인 토론모임

5 회사의 학습 체계를 개혁하기 위해 진지하게 살펴보았는가? 기업 대학 같은 공식적인 학습 장소가 있는가? 오늘날의 학습은 업무의 일환이 되어야 하며, 직원들은 필요할 때 정보와 지원, 조언을 제공하는 AI 기반 기술의 도움이 필요하다. 지난 몇 년간 이 분야에 투자해오지 않았다면 지금 시작해야 한다. 지난 10년간 보아 온 것보다 기술과 해결책은 성숙한 상태다.

6 고위 리더들은 회사 내 커리어의 역할에 대해 완전히 이해하는가? 그들은 직원들을 지원하고, 수평적인 이동을 인정하고 혜택을 주며, 항상 배우도록 이끄는가? 성장 마인드셋은 위에서부터 시작한다. 고위 리더들이 승진이 아닌 성장으로 상을 줄때 모두에게 올바른 메시지가 전달된다.

승진이 아닌 성장을 주목하라

커리어 구조를 만들고 직원과 매니저에게 명확한 지침을 주자

우선 가장 중요하게 당신은 직원들을 위한 진정한 커리어 구조를 구축해야 한다. 오늘날 전통적인 수직형 커리어 모델을 가진 회사는 19%에 불과하지만, 직원들은 여전히 나침반이 필요하다. 내 다음 단계는 무엇일까? 우리 회사에서 수요가 높은 역량은? 관리직이나 프로젝트 리더십으로 옮겨야 할까? 아니면 특정분야의 전문가가 되어야 할까? 가능한 승진 시기와 커리어 경로는 무엇일까?

이 모든 질문에 대한 답은 바로 당신에게 달려있다. 잉가솔랜드와 유나이티드헬스 그룹 같은 많은 기업은 주요 역할마다 '성공 프로파일'을 자세히 명시해 직원들이 외부 지원자처럼 새로운 직무를 살펴보고 선택할 수 있도록 한다. 이러한 회사들은 퓨얼50 Fuel50이나 내부자체 사이트 같은 도구를 사용해 직원들이 새로운 역할을 검색하고 기회를 도모하도록 돕는다. 퓨얼50의 플랫폼을 통해 매니저는 개발 과제와 시간제 프로젝트를 올릴 수도 있다.

최고경영진 팀과 시간을 마련해 향후 몇 년간 가장 긴급히 필요한 역량을 논의해보자. 전략과 전술에 관한 많은 논의가 이루어질 것이다.

마시앤드매클레넌Marsh McLennan이 보험 사업을 상품 중개에서 전체 서비스 영업으로 전환했을 때 최고학습책임자는 CEO와 함께 일련의 새 고객 관리와 관계 기술 역량을 구축했다.[202] 그리고 이러한 구조를 사용해 글로벌 전사를 교육하고 평가했다. 동시에 사람들은 변화된 회사에 자신이 맞는지 안 맞는지를 판단할 수 있었다.

오늘날 IBM과 제너럴 모터스, 유니레버와 같은 기업 역시 모두 같은 방식을 취한다. 그들은 미래에 필요한 역량을 살펴보며 협력과 포용성, 세상에 대한 인식, 그리고 혁신 같은 개인적인 역량이 그 어느 때보다 중요함을 발견했다. 이러한 역량을 적어 매니저들이 성과 논의에 사용하고 매년 검토할 수 있도록 건네주자.

기업들은 비즈니스나 환경의 변화에 따라 리더십 모델을

24~36개월마다 업데이트한다. 직원들은 이를 통해 그들이 갖춰야 할 역량을 확실히 파악하고 기업의 리더십 트랙에 자신이 적합한지 판단할 수 있다.

미래의 필요에 맞게 보상을 조정하자

누군가 직무를 바꿨을 때 당신의 회사는 상을 주는가, 벌을 주는가? 근속직원이 새로운 부서로 이동했지만, 관련 경험이 없다면? 기업은 그러한 직무 기회를 얻은 것에 대해 그 개인에게 벌을 주는가, 상을 주는가? 매니저가 외부의 전문가를 찾는 대신 이러한 내부 지원자를 채용할 때 회사는 장려책을 주는가?

승진은 어떻게 결정되는가? 당신의 기업문화는 어떤 것을 가치 있게 보는가? 기술적인 전문성이나 비즈니스 성과? 아니면 협력과 팀워크? 고객 서비스와 고객 유지율? 이러한 보상 철학은 직원들이 가장 성공하는 방향으로 커리어를 이끌도록 매우 명확해야 한다.

오늘날 기업이 마주하는 가장 어려운 문제는 미래에 대한 불확실성이다. 예를 들어 한 대형 컨설팅 회사는 자동화와 AI가 감사 비즈니스를 완전히 바꿀 것이라는 걸 알고 있다. 그렇다면 미래에 필요한 회계 감사의 역할과 역량은 무엇일까? 감사업무를 제외하고 이러한 직원들이 제공할 수 있는 상담 성격의 서비스가 있을까? 이 회사는 감사 직원들의 커리어 방향을 제시하기 위해

이 문제를 적극적으로 들여다보고 있다.

세계에서 가장 큰 IT 직군 네트워크를 보유한 소프트웨어개발자협회 NASSCOM은 IT의 미래를 위한 커리어 구조를 구축하는 초기 단계에 있다.[203] 이들은 보안과 클라우드 컴퓨팅, 운영과 모바일, 다른 기술 분야에 필요한 새로운 역할을 조사 중이다. 그 후 미래를 위한 일련의 커리어 경로를 제시하고 이를 수천 개의 교육 프로그램과 연계할 계획이다.

세일즈포스는 자사의 혁신적인 개발 사이트인 트레일헤드Trailhead를 더 쉽게 이용할 수 있도록 돕는 새 애플리케이션을 2020년에 출시했다.[204] 트레일헤드는 게임 요소가 가미된 재밌는 교육환경으로 세일즈포스와 관련된 도구를 배우고 싶은 사람이라면 누구든 방대한 세일즈포스 관련 수업과 자료를 무료로 접할 수 있다.

한 가지 중요한 사실을 기억하자. 지속적인 커리어 발전은 여러모로 회사와 직원에게 이익이다. 직원들은 현재 상황과 맞게 커리어를 발전할 수 있고, 조직의 결속력과 고용유지율도 높아진다. 강력해진 브랜드로 뛰어난 인재도 영입할 수 있으며 직원들 역시 비즈니스에 필요한 역량을 쌓는다. 많은 기업이 커리어 프로그램에 연간 200달러에서 4,000달러를 사용한다. 그리고 우리의 조사에 따르면 그러한 투자가 언제나 가치 있다.[205]

어떤 의미에서든 기업 대학을 구축하자

기업 대학이 돌아왔다. 이번에는 매우 강렬하게. 그리고 과거와는 사뭇 다른 모습이다. 우리는 이제 역량 아카데미라고 부른다.[206]

2000년대 초반, e-러닝은 굉장한 인기를 끌었다. 그리고 기업들은 학습 관리 시스템에 수십억 달러를 쏟았다. 많은 기업이 실제나 가상의 기업 대학을 구축했다.

그러나 디지털 학습이 증가하고 사람들이 핸드폰과 비디오 플랫폼, 소셜 네트워킹 형식에 빠지면서 이러한 기업 학습 플랫폼은 구식으로 여겨졌다. 우리는 HR팀이 아닌 직원들이 자사의 기업학습 경험을 부정적인 점수로 평가하는 경우가 많음을 발견했다.[207] 원하는 학습경험을 기업이 따라가지 못하는 것이다.

따라서 기업 대학의 개념으로 돌아가야 한다. 애플과 보잉, 맥도날드와 GE, IBM 같은 기업들은 어느 때보다 그 중요성을 인지하며 기업학습 플랫폼을 개혁해왔다.[208] 왜? 실질적인 장소는 진정한 적응 공간이 될 수 있기 때문이다. 사람들은 만나서 새로운 생각을 하고 마음을 비우고 배우는 장소가 필요하다. 집에서는 너무 많은 일이 일어나므로, 이러한 장소는 사람들이 어울릴 수 있는 좋은 기회가 되기도 한다.

딜로이트 대학Deloitte University의 사례를 보자. 10년 전 비즈니스가 어려울 때 딜로이트의 파트너들은 회의실과 교육 장소, 여러 협력 프로그램에 드는 비용을 절약할 방법을 마련해야 했다. 그리고 최상급의 실제 대학을 구축해 교육과 협력, 리더십 개발에만 집중하자는 제안이 나왔다. 비용만 2억 달러 이상이 드는 이 투자의 대안은 온라인에서 이러한 경험을 흉내 낼 수 있는 가상 대학이었다.

매우 격렬한 논의 끝에 파트너의 50% 이상이 실제 공간을 구축하는 데 투표했다. 그리고 딜로이트는 현재 이 세상 모든 기업이 부러워하는 최신식 시설을 구축했다. 딜로이트는 모든 순간이 긍정적이고, 협력적이고, 생산적인 경험이도록 디자인 씽킹을 중심으로 대학을 세웠다. 이 시설에는 매우 다양한 현대식 회의실과 최신식 헬스장, 휴식 공간이 있으며, 커피와 건강식이 끊임없이 제공된다.

오늘날 전 세계에 312,000명 이상의 직원을 둔 딜로이트는 지속적인 학습과 커리어 성장, 협력을 도모하며 번창하고 있다. 딜로이트 대학은 소중한 학습의 장소, 만남의 장소, 쉬면서 활력을 찾는 장소로 자리 잡았다. 이 기업학습 시설은 미국에서도 상위 10위안에 꼽히며,[209] 이제 유럽과 아시아 역시 이러한 모델을 따르려 하고 있다.

역량 아카데미 모델

오늘날 기업들이 역량 기술과 많은 온라인 학습으로 무장하면서 더 흥미로운 모델이 탄생했다. 바로 역량 아카데미다. 이는 해당 기능 분야에서 장기적인 역량을 구축하고 강화하는 데 전념하는 그룹을 뜻한다.

영업과 리더십 아카데미가 대표적인 사례다. 그러나 이제 회사들은 데이터 과학과 사이버 보안, 보험계리학과 디지털 마케팅 관련해서도 아카데미를 구축한다. 이러한 아카데미들은 비즈니스 리더가 이끌고 HR과 L&D팀이 지원한다.

예를 들어 캐피털 원은 클라우드로 프로세싱과 시스템을 이동하면서 전사적인 클라우드 기술 아카데미를 구축했다. 시멘트의 주요 공급업체인 시멕스Cemex는 직원들이 골재와 결합재의 복잡한 공급망을 이해할 수 있게 공급망 아카데미를 만들었다. 서비스나우ServiceNow는 IT 서비스 제공과 직원 경험 관련 전문가를 위한 내부 아카데미를 구축하고 있다. 인텔은 AI 관련 모든 기술과 수학에 관한 아카데미를 만들고 있다. 올스테이트Allstate와 리버티 뮤추얼Liberty Mutual 같은 기업은 보험계리학과 클레임 관리, 다른 전략적인 기술을 위한 아카데미를 만들었다.

기업 대학은 여전히 중요하지만, 기업의 성공을 돕는 전략적인 역량에 집중해야 한다. 비즈니스 리더로서 당신의 역할은 이러한 방식을 후원하고, 참여하고, 지지하는 것이다. 이를 통해 당신의 회사는 기술과 비즈니스의 진화에 발맞추어 갈 수 있다.

문화: 가치를 개발하고 회사의 실수에서 배우자

'문화'라는 용어는 막연하지만, 우리는 강력한 학습 문화를 만드는 데 도움이 되는 10가지 중요한 관행을 발견했다.[210] (표 5.1 참조)

2년에 걸쳐 완성된 이 조사는 이러한 방식을 잘 실천한 강력한 기업들을 식별했다.[211] 이 분석에서 상위 10%에 든 기업들은 시장을 개척할 가능성이 32% 더 많았다. 즉, 그들은 혁신의 리더였다. 직원의 생산성은 37% 더 높았으며, 고객 요구의 응대도 35% 더 높은 수치를 보였다. 시장을 선점할 확률은 17% 높았다. 자, 학습 문화는 이만큼 중요하다.

전체적으로 접근하자

학습문화에서 온라인 수업은 대면 수업만큼 중요하다. 실제로 온라인 학습은 더 넓은 방식을 접목하기에 좋다. 이러한 방식을 우리는 4가지 E라고 부른다. 표 5.2에 나오는 교육(Education)과 경험(Experience), 노출(Exposure)과 환경(Environment)이다.

이제 학습에 이렇게 넓은 접근 방식을 접목하는 일은 예전보다 쉽다. 기업들은 코세라Coursera와 유다시티Udacity, 링크드인과 스킬소프트, 제너럴 어셈블리Skillsoft와 플루럴 사이트Pluralsight, 그 외 수많은 엄선된 플랫폼을 제공해 직원들이 온라인으로 기술과 전문 역량을 배우게 할 수 있다. 관련 주제를 공부하고 역량을 개발하고 싶은 누구나 다양한 온라인 공개강좌(MOOCs)를 무료로 들을 수 있다. 스탠퍼드나 MIT 같은 교육기관이 제공하는 강좌도 있다. 베터업BetterUp 같은 코칭 플랫폼은 매니저와 직원이 회사 내외부에서 우수한 코치가 되도록 이끈다. 그리고 직원들은 내부 공유 플랫폼을 통해 다른 직원을 위한 콘텐츠를 신속히 공유하고, 추천하고, 생성할 수 있다.

표 5.1. 학습문화의 모범적 관행 10가지

1	리더들은 나쁜 소식에도 열린 마음을 갖는다.
2	질문을 권장한다.
3	의사결정 과정이 명확하다.
4	직원들은 현재 가진 지식을 확장해 배울 수 있는 프로젝트에 참여한다.
5	직원들은 자기 일에 권한을 가진다.
6	회사는 새로운 역량을 배우는 직원들에게 보상하고 그 가치를 인정한다.
7	회사는 실수와 실패를 배움의 기회로 여기며 성찰할 시간을 체계적으로 제공한다.
8	회사는 새로운 역량 학습을 시간을 가치 있게 쓰는 것으로 생각한다.
9	직원들은 학습과 역량 개발을 시간을 가치 있게 쓰는 것으로 생각한다.
10	직원은 자신의 개인적인 발전을 적극적으로 주도한다.

출처: 조쉬 버신 컴퍼니, 2021

표 5.2. 기업 학습의 4가지 E 요소

교육	대면과 현장, 온라인으로 진행되는 공식, 비공식 교육-보통은 교육과정이나 공식적인 교육 프로세스를 통해 진행
경험	사람들에게 새로운 영역의 역량과 자신감을 주는 개발 과제와 프로젝트, 업무
환경	학습을 촉진하는 일련의 문화와 경영 관행. 관리자의 코칭과 배움의 중요성 강조, 성찰을 위한 시간 마련과 실수에 대한 토론
노출	사람들이 리더와 내부 전문가, 동료와 외부의 리더와 배우고 발전하며 자신의 관점을 넓힐 기회

출처: 조쉬 버신 컴퍼니, 2021

새로운 플랫폼들이 소위 '개인맞춤형 학습'이나 '적응 학습'을 제공하며 마이크로러닝의 세상이 도래했다. 이러한 플랫폼들은 직원의 역할과 필요한 교육, 과거 학습 기록을 바탕으로 교육을 추천하고 제공한다.

몇 년 전, BT 그룹의 최고학습책임자가 버신 연구 콘퍼런스에 참석했다. 그는 운영을 경험해본 HR 리더로서 BT의 큰 도전과제는 서비스 직원이 전 세계의 오래된 전화 시스템을 수리하고, 유지하고, 교체하도록 지속적인 교육을 제공하는 것이라 생각했다. 서비스 기술자는 현장에 도착해 오래된 시스템을 살펴보고는 어떻게 해야 할지 모른 채 그저 떠날 때가 많았다.

이는 비용 낭비일 뿐 아니라 고객을 짜증 나게 하고 BT 브랜드에도 나쁜 영향을 미쳤다. 그러나 전 세계에 설치된 막대한 장비 수를 고려할 때 아무리 많은 공식 교육도 모든 직원이 장비 전부를 이해하기엔 충분하지 않았다.

이에 이 최고학습책임자는 새로운 시도를 해보기로 했다고 말했다. 그는 모든 서비스 담당자에게 작은 비디오카메라를 주었다. 그리고 오래된 장비를 수리할 때마다 어떤 방법을 사용했는지 촬영하고 회사의 학습 사이트에 영상을 올리도록 했다. 다른 기술자들은 영상을 보고 평점을 남겨, 가장 유용한 영상이 제일 상단에 올라가는 방식이었다. 이렇게 지식을 공유하는 시도로 회사는 2년 만에 유지와 수리에 들던 수백만 달러를 아낄 수 있었다. 어떤 의미에서 그 최고학습책임자는 BT 그룹의 유튜브를 만든 셈이다.

교육: 데이터와 AI를 활용하자

스타벅스의 가장 큰 과제는 다양한 종류의 커피 상품을 바리스타가 이해하도록 교육하는 것이다. 발리Volley라는 스타트업에서 개발한 AI 도구를 사용해 스타벅스는 자동으로 회사의 최신 커피 설명서를 스캔하고, 요약을 제공하며, 새로운 커피 블렌드에 관해 바리스타를 테스트할 수 있다. 이 모든 것이 공식적인 교육 없이 가능하다.

새로운 기술의 기준인 경험 응용 프로그램 인터페이스(xAPI)는 이제 기업 플랫폼이 블로그 읽기부터 학습 과정 완료까지 회사 내 어떤 형태의 디지털 학습도 추적할 수 있게 한다.[212] 다른 이의 학습 행동을 참고해 광고 같은 추천 엔진이 가능해진 것이다. 마스터카드와 비자, 뱅크오브아메리카 같은 기업은 이제 이러한 학습 경험 플랫폼을 사용해 모든 직원에게 직무와 연관된 교육을 추천하고, 엄선하며, 제공한다.

경험: 전문성에 보상하라

대부분의 기술 기업에는 '펠로우'나 '선임 기술자' 같은 커리어 경로가 있다. 이는 기술 회사에서 이룰 수 있는 업적의 정점을 상징한다. 대학 시절부터 가장 친한 친구 한 명은 40년이 넘게 디자인 엔지니어로 일하고 이제 고주파 칩 디자인 분야에서 매우 존경받는 전문가가 됐다. 그리고 마침내 펠로우 직함을 얻었다. 사람들을 관리하고 프로젝트를 직접 이끌면서 그는 굉장한 자긍심을 느꼈고 조직 내에서 존경받았다. 다른 직원들에게는 그와 같은 길을 따라가겠다는 동기를 주었다. 엔지니어링과 기술 회사에서 흔히 볼 수 있는 이러한 관행이 미래의 조직에서는 더 확대돼야 한다고 생각한다.

당신은 프로젝트 리더십과 재무 리더십, 회사 내 다른 전문 분야에도 '펠로우'와 유사한 역할을 만들 수 있다.

환경: 관리와 리더십에 집중한다

성공적인 학습 환경을 조성하기 위해서는 조직의 모든 요소에 학습의 철학을 심어야 한다. 리더들은 문화가 드러나는 모든 방법을 생각해야만 한다. 예를 들면 회사는 프로젝트가 실패했을 때 시간을 들여 점검하고 잘못된 점을 생각하는 팀원들에 보상을 주는가? 아니면 그저 벌을 주는가? 일하고 싶은 매력적인 기업은 실수를 피해 가지 않는다. 터놓고 말한다.

이와 유사하게 조직 전체에 확장될 수 있는 역량을 지닌 인재를 양성하는 매니저에게 보상을 주는가? 아니면 매니저가 인재를 계속 자기 팀에 보유하도록 장려하는 편인가? 내가 함께 일했던 한 회사는 자기 그룹 밖으로 승진한 직원 수로 매니저에게 보수를 준다. 직원의 개발을 위해 노력한 리더에게 주는 강력한 보상 시스템이다.

계속 생각해보자. 매니저들은 회사 내외부의 학습 도구를 사용할 자유와 예산을 갖는가? 회사는 배운 것을 공유하는 팀에게 보상하는가? 학습은 끊임없이 일어나는가 아니면 정기적으로 잡힌 교육 세션에서만 가능한가? 회사는 직원들에게 새로운 역할에 새로운 역량을 시도할 기회를 주는가? 아니면 엄격하게 기존 직무에 국한하는가?

학습 문화의 개발은 쉽지 않고, 지속적인 노력이 필요하다. 그러나 일할 맛 나는 기업으로 변모하기 위해선 절대적인 요소다.

노출: 관계의 가치를 존중하고 보상하라

전통적인 수직형 커리어 모델에서는 사람들이 재직기간과 권한, 맡은 책임에 따라 위로 올라간다. 오늘날 많은 연구는 내외부에서 강력하고 존중받는 네트워크를 구축한 이들이 조직에서 가장 영향력 있음을 보여준다.

일하고 싶은 매력적인 기업에서 가장 성공적인 근속직원은 그의 팔로어십이 말해준다. 사람들은 그를 따르고 존경하는가? 그 사람은 다른 이의 일을 이해하고 경청하는가? 새로운 아이디어를 불어넣고 어떻게 이를 달성할지 아는 사람인가?

관계를 쌓고 기업의 운영방식을 알기 위해 시간과 에너지를 쏟는 이러한 역량은 성공적인 커리어의 가장 중요한 블록이 됐다. 구식의 커리어 모델을 벗어던지며 명심하자. 조직은 사람을 만나고 비즈니스를 이해하고 회사 내 팔로어십을 구축할 수 있는 시간과, 보상, 장려책을 제공해야 한다.

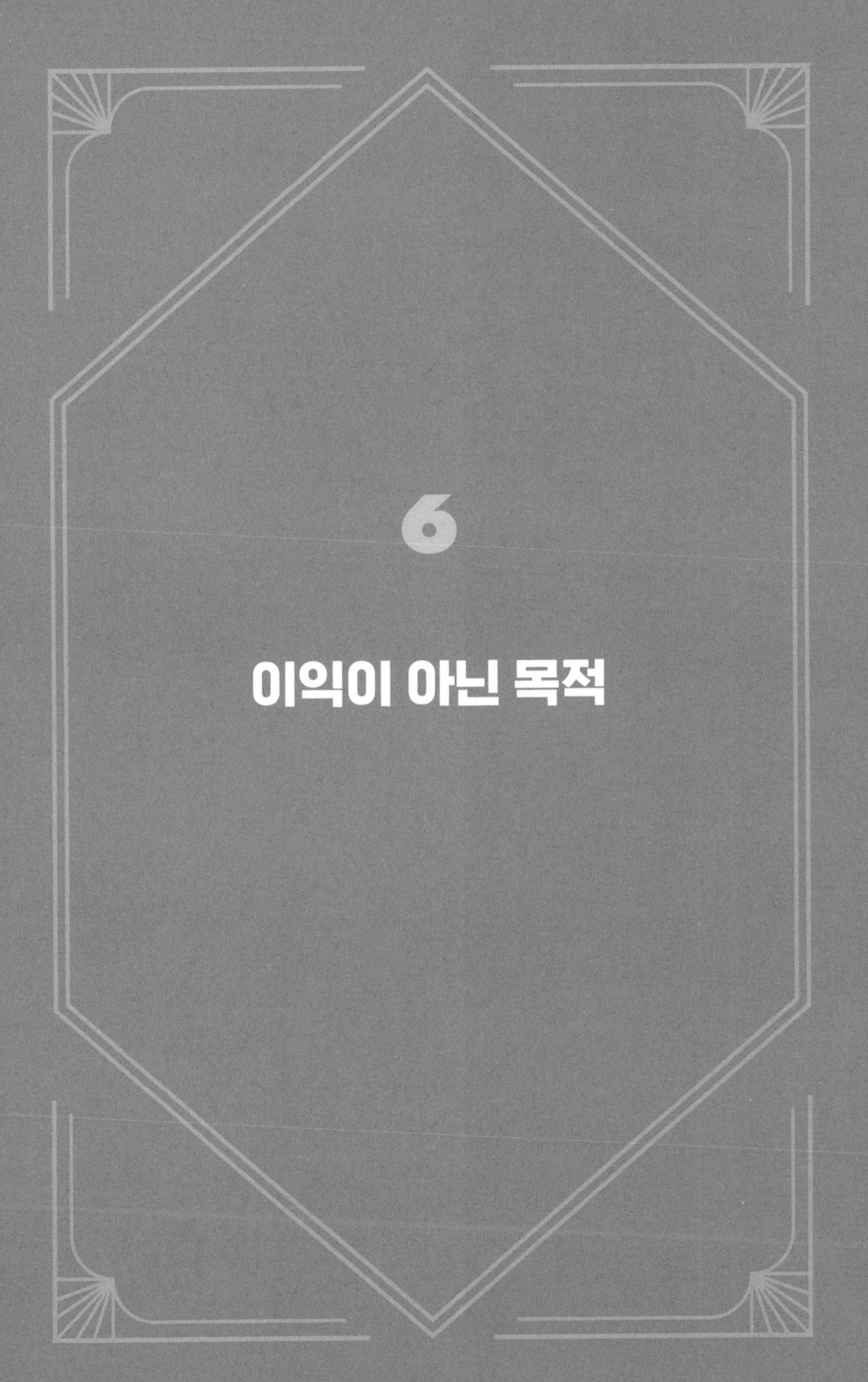

6

이익이 아닌 목적

'목적에 집중하지 않으면 성과를 낼 수 없다.'

인드라 누이Indra Nooyi, 펩시코 전임 CEO, 2010

네덜란드 기업인 마가린 유니Margarine Unie와 영국의 비누 회사인 레버 브라더스Lever Brothers는 1930년 합병해 유니레버를 만들었다. 당시에는 합병된 두 기업이 순조롭게 출발하지는 못했다.[213] 그러나 오늘날 유니레버는 공공의 이익에 헌신하는 강한 매력을 지닌 기업의 모습을 보여주고 있다.

한번 되짚어보자. 유니레버는 설립 이래로 점점 성장해 립톤, 벤앤제리스, 도브 같은 세계적인 유명 브랜드를 여럿 보유한 기업이 되었다. 그리고 오랫동안 고객의 건강과 환경적인 영향, 사회적 이익에 관심을 기울여왔다. 유니레버는 차 제조 분야에서 지속 가능한 프로세스를 개발한 최초의 기업이며, 립톤은 레인포레스트 얼라이언스Rainforest Alliance 인증을 받아 전 세계적으로 지속 가능성을 추구한다.

유니레버의 최고인사책임자 리나 나이르Leena Nair는 이러한 중점사항을 의도적으로 조직에 반영하였다. 그리하여 '목적을 지닌 사람People with Purpose'이라는 글로벌 프로그램을 만들었다.[214] 유니레버는 3만 명이 넘는 직원을 대상으로 목적의 가치를 교육하고, 개인의 목적 성명서를 작성한다. 삶과 커리어의 목적과 훗날 기억되고 싶은 자아상을 설명하게끔 하는 것이다.

목적 성명서는 유니레버의 포용적인 문화를 보여준다. 자신의 진정한 모습을 직장에서 구현하도록 권장하는 것이다. 또한 여러 가지 방도로 사용된다. 매니저와 리더는 성명서를 보며 가장 적합한 다음 역할은 무엇일지, 누가 새로운 비즈니스와 프로젝트에 맞을지, 개인의 목적을 최대한 발휘하도록 조직을 어떻게 재편성할 지 결정한다. 나이르는 이 프로그램을 표현하기를 '모두가 지닌 각자의 불꽃이 점화'된다고 말한다.[215]

유니레버는 이 프로그램을 전 세계적으로 사용하기 때문에 HR 부서는 직원의 경험을 이해하고 개선할 엄청난 기회를 얻는다. 사람들은 자신의 목적 성명서를 설명하고, 공유하고, 변화를 제안할 때 사용한다. 이러한 역동적인 프로세스로 나이르의 팀은 누가 적극적으로 배우고, 누가 목적을 충족하는지, 그들의 욕구에 맞는 직무는 어떤 것인지 식별할 수 있다. 유니레버 내에서 인재 이동과 알맞은 직무를 찾는 능력은 일하고 싶은 회사에 목적과 시민의식을 불어넣는 절대가치다.

이익이 아니라 목적이다

이익은 기업에 매우 중요하다. 이는 운전 자본을 늘리고 사업 성장을 지원하는 투자자 유치와 자금 확보에 영향을 준다. 그러나 회사의 진정한 연료는 목적이다. 목적은 사람들에게 많은 면에서 가치를 더하는 에너지와 열정, 창의력을 불어넣는다. 그리고 오늘날, 임금 불평등과 이민자 이슈, 편견과 차별 속에 목적은 새로운 시대로 접어들었다. 나는 이를 우리 주변의 사회를 돕는 '시민의식(citizenship)'이라고 부른다. 비즈니스를 하며 우리는 직원들이 더 좋은 회사를 만들고, 팀의 성공을 돕고, 그리고 고객과 주주, 지역사회를 위해 할 수 있는 일을 항상 생각하길 바란다.

유니레버에서 목적은 직원 개인의 목적 성명서를 넘어 사회 전체를 포괄한다. 2021년 초반, 이 기업은 더 평등하고 포용적인 사회를 만들겠다는 광범위한 의지와 실천을 발표했다. 자사의 가치가슬 전반에 걸쳐 생활수준을 높이고, 포용성으로 기회를 창출하며, 직원들이 미래의 일에 대비하도록 하는 것이다.[216] 유니레버에 재화와 서비스를 직접적으로 제공하는 모두가 2030년까지 적어도 최저임금이나 최저생계비를 받도록 하는 것도 그중 한 가지 방침이다. 자사의 직원을 넘어 더 많은 사람이 동일한 기준을 적용받길 장려하는 것이다.

유니레버의 HR 수석 부사장인 예론 웰스는 ESG에 초점을 둔 전사적인 프로그램을 언급했다. 환경과 사회, 지배구조를 일컫는

ESG는 투자자와 고객, 평가 기관, 그리고 대중이 기업의 지속가능성을 평가하는 데 사용된다. 유니레버는 '손을 들고, 도움을 주자 Raise a Hand, Lend a Hand'라는 프로그램을 운영한다. "우리는 성장 기회와 위험 요소, 다른 우선순위를 다루는 데 도움이 필요하면 손을 들어 요청하도록 격려합니다. 동료를 위해 도움을 줄 시간이 충분하지 않아 지원이 필요할 때도 마찬가지죠." 그는 말했다. "이 프로그램이 만들어낸 영향력은 엄청납니다."[217]

나는 유니레버의 고객 인사이트 부문장도 만났는데 그녀는 이제 고객도 지역사회를 위해 개발되고 고안된 제품과 서비스를 원한다고 언급했다. 지역사회에서 생산되고 제조되며, 그 필요성에 맞게 고안돼 지역사회와 연계된 상품을 바라는 것이다.[218] 유니레버와 제너럴 밀스, 네슬레와 같은 기업들이 많은 지역 브랜드와 맛, 제품을 만드는 이유다. 사람들은 자신이 속한 지역 경제에 공헌하고 싶어 한다.

또한 그녀는 현대의 고객은 더는 제품이 아닌 경험을 원한다고 덧붙였다. 비행기를 타고, 아마존에서 쇼핑하고, 상점에 들어가거나 레스토랑에 갈 때, 당신은 그저 좋은 좌석과 좋은 전자제품, 맛있는 음식을 원하는 것이 아니다. 좋은 경험을 원한다. 따라서 직원들이 고객에게 공감과 이해, 진정한 관심을 가지도록 이끌어야 한다. 즉 직원들에게 그들의 임무가 왜, 어떻게 중요한지 보여주며 수익과 매출에서 고객 만족과 유지로 중점을 전환해야 한다.

글래스도어 자료에서 업계 동향과 직원 결속력을 살펴보다가 나는 직원들이 가장 높게 평가하는 세 종류의 업계를 발견하고 놀랐다. 바로 교육과 정부, 헬스케어다.(부록2 참조) 이 업계들은 가장 연봉이 높지도, 역동적이거나 기술적으로 민첩한 분야도 아니다. 그러나 목적은 충만하다. 그리고 업계 종사자들은 자신이 누군가를 진정으로 돕는다는 느낌을 받으며 자기 일과 조직에 애정을 갖는다.

글래스도어의 '2021년 직장 동향 보고서'는 이러한 추세를 보여준다.[219] 조사는 점점 더 많은 직원이 기업의 다양성과 형평성, 포용성(DE&I)과 관련해 단지 서약이 아닌 실질적인 실천을 기대함을 강조한다. 이는 향후 원격과 사무실을 오가는 유연한 근무에 대한 기대와 함께 상위 5가지 직장 트렌드에 꼽힌다. 흥미롭게도 유연근무 체제에서는 전 세계 어디에서나 고용이 가능하고 사무실 비용을 줄일 수 있기 때문에 고용주도 같은 것을 바라는 입장으로 보인다고 조사는 덧붙인다.[220]

회사 내에서 우리는 목적을 어떻게 정의하고 실천할까? 이는 위에서부터 시작해 회사 전체의 여러 이해관계자가 동참해야 한다. 예를 들어 많은 은행은 이제 금융 서비스업이 아닌 집 구입이나 학자금같이 효율적인 돈의 사용으로 삶을 향상을 돕는 비즈니스라고 말한다.[221] 화이자와 사노피 같은 제약 회사들은 웰니스 기업을 표방하고, 스타벅스는 커피를 팔 뿐 아니라 4장에서 언급한 것처럼 사람들을 '제3의 공간'으로 모은다.

훌륭하게 기업을 운영하는 타깃은 '모든 가족이 일상의 즐거움을 발견하게 돕자'는 미션을 갖고 있고 '모든 가족'이란 단어에 중점을 둔다. 나는 타깃에서 다양성과 포용성을 이끄는 키에라 페르난데즈Kiera Fernandez와 최근 DE&I에 관해 이야기를 나눴다.[222] 그녀는 타깃에서는 DE&I를 비즈니스 부서처럼 여긴다고 말했다. 즉 여타 부서처럼 전략적인 우선순위와 목표, 지표를 구축하는 것이다. "이런 방법으로 DE&I는 일상적인 조직 운영의 일부가 됐습니다. 모든 가족에게 기쁨을 선사하자는 목적을 구체화한 포용적인 문화를 만든 거죠." 그녀는 강조했다.

사명과 목적을 통해 기업을 재정의한 스토리는 다양하다. 예를 들어 홀푸드Whole Foods는 지속 가능한 식료품점을 마련했으며, 다비타DaVita는 환자의 건강과 삶에 전념한다. 영국의 세인즈버리Sainsbury는 자사의 목적을 '나라에 음식을 제공하자'로 정했다. 산탄데르 은행Santander Bank와 캐나다 왕립은행Royal Bank of Canada는 고객과 지역사회가 재정을 더 잘 관리하고 개선할 수 있도록 돕는 것이 자사의 목적이라고 말한다.

목적을 발견한 또 다른 사례를 살펴보자.

지난 10년간 필립스는 조명이 일반적인 상품이 됐고 빠르게 성장하는 의료나 다른 제품 비즈니스에 필적하는 수익을 더는 내지 못함을 깨달았다. 필립스는 더 빠르게 성장하는 부문의 가치를 높이고자 조명 사업을 별도의 회사로 분리할 계획이었다.

그러나 사업을 분리해 없애고 범용화하는 대신 경영진은 필립스 조명Philips Lighting을 재탄생시키기로 한다. 필립스가 고용한 컨설팅회사는 3~6개월간 여러 소규모의 이해관계자 미팅을 통해 모든 레벨의 직원을 인터뷰하는 과정을 진행했다. 그리고 컨설턴트들은 다음과 같은 질문을 하였다.

"필립스의 유산은 무엇인가? 우리 회사의 역사는?"

"필립스의 문화는 무엇인가? 회사가 직원들을 어떻게 대하길 원하는가?"

"우리 회사가 원하는 방향은 무엇인가? 우리 조직은 어떻게 새로워질 수 있을까?"

세션마다 컨설턴트는 직원들에게 유지하고 싶은 것과 '버리고' 싶은 것을 생각해보라고 말했다.

직원들은 회사의 엔지니어링 문화와 품질을 강조하고 직원개발을 중시하는 것은 유지하고 싶어 했다. 그리고 조명 산업의 선구자라는 유산도 계속 간직하길 원했다.

반면에 이윤과 제품을 중시하고 창의성과 혁신의 부족, 오래된 방식의 인재 관리 방법과 끊임없는 비용의 강조는 버리길 바랐다. 또한 고객을 더 잘 응대하고 가까워질 수 있는 방법을 찾고 싶어 했다.

6개월간의 과정을 거친 후, 리더십 팀은 결과를 살펴보고 새로운 전략을 시작했다. 전구가 아닌 통합된 조명 시스템을 판매하는 것이다. 이는 기업이 건물의 난방과 조명, 외부 조명과 열 제어에 사용할 수 있는 디지털 엔드-투-엔드 시스템을 사용해 활기차고 생산적인 업무환경을 만들게끔 한다. 필립스의 모든 엔지니어링과 기술적인 장점을 활용하는 방식이지만 제품 전략과 엔지니어링, 고객과 일하는 방법에도 대대적인 변화가 필요했다. 이제 필립스 조명은 컨설팅과 서비스를 제공하는 회사에 가까우며, 직원들은 최종 고객과 더 긴밀하게 일하게 됐다.

필립스는 이렇게 기업의 재창조를 이뤘다. 이제 이 회사는 삶의 향상이라는 사명과 '빛 이상의 가치를 전하는 조명'이라는 전략을 내세운다. 필립스 조명의 사명문은 이렇다.

> 필립스는 지난 125년간 조명의 혁명을 이끌었다. 우리는 세상을 바꾼 전자 조명과 LED의 개발을 주도해왔고 이제는 지능형 조명 시스템 분야를 이끌고 있다. 조명으로 긍정적인 영향을 주는 방법을 깊이 이해하며 우리는 혁신을 제공하고 고객에게 새로운 비즈니스 가치를 선사할 수 있다. 필립스는 안전함과 편안함, 집중과 활력, 즐거움을 주는 풍부한 조명 경험을 제공한다.

필립스 조명은 연결형 조명 시스템과 서비스의 지속적인 발전을 이끌며 사물인터넷을 활용해 빌딩과 도시, 집을 변화시키고 있다. 에너지 효율성을 높이고, 업무 환경을 좀 더 친환경적으로 관리하며, 도시는 더욱 안전하고 민첩하게 만든다. 사람들의 치료를 돕고 웰빙을 향상한다. 그리고 집에서 이전에 느껴보지 못한 경험을 선사한다.[223]

자, 이 회사를 누가 거부할 수 있겠나?

역사적인 관점

기업은 이익과 사회 중 어디에 중점을 둬야 할까? 경제학자들은 1700년대 중반 애덤 스미스Adam Smith가 경제의 '보이지 않는 손'을 논의한 이래로 이 주제에 대해 수년간 논쟁해왔다. 기업이 돈을 벌고 경제가 성장하면 일자리와 부가 증가해 전반적인 경제적 웰빙이 높아진다는 게 애더 스미스의 관점이다.

> 따라서 모든 개인은 자기 자본을 국내 산업에 투자하고 그 산업의 생산물이 최대 가치를 창출하도록 최대한 노력한다. 개인은 필연적으로 사회의 연간 수익이 최대가 되도록 일한다. 실제로는 공익을 증진할 의도가 없으며, 자신이 얼마나 공공의 이익에 도모하는지도 모르는 게 일반적이다. 외국 산업보다 국

내 산업을 지지하면서 사람은 자신의 안정성만을 추구한다. 그리하여 그 사회의 생산물이 최고의 가치를 내는 방식으로 산업을 이끌며 자신만의 이익을 추구하지만, 다른 많은 경우와 같이 보이지 않는 손에 이끌려 의도하지 않은 결과를 달성한다.[224]

애덤 스미스와 다른 초기 경제학자들은 거친 개인주의의 경제 구축으로 소득과 부는 증가하고 사람들은 구매자의 욕구를 충족하는 재화와 서비스를 제공해 더 나은 세상을 만든다는 이론을 제시했다. 그러나 역사가 명확히 알려주듯 이러한 이론은 여러 번 어긋난다.

1776년 이래로 우리는 많은 심각한 경기 침체와 주식 시장 붕괴, 날씨와 자연재해, 그리고 예측하지 못한 기술의 급격한 변화를 겪었다. 7~10년마다 조정되는 주식시장과 실직, 은퇴자금의 감소와 스트레스로 인한 건강 문제에 사람들은 시달린다.

또한 기후 변화와 소득 불평등, 성별이나 인종별 임금 격차와 사내 괴롭힘, 다른 사회적 문제도 경제에 영향을 준다. 퓨 리서치 센터에 따르면 2050년까지 임금 격차는 더 심해지고, 삶의 질은 하락하며, 환경은 더욱 악화하고, 정치적인 양극화는 강렬해질 것으로 미국 시민은 대부분 예상했다.[225]

이 책을 쓰는 시점을 기준으로, 에델만Edelman이 가장 최근에 발표한 신뢰도 지표 조사는 기업이 우리가 직면한 과제를 해결하는 데 결정적인 역할을 하지 않으면 국가가 마주한 다양한 위기를 헤쳐 나갈 수 없다고 말한다.[226] 33,000명 이상의 전 세계 응답자 대다수가 브랜드는 직원에게 제도적 인종차별과 인종 간 불공평에 반대하는 목소리를 내야 할 의무를 지닌다고 답했다. 그리고 조직이 나라 전체의 인종을 포용하도록 필요한 조치를 취해야 한다고 말했다. 소비자의 3분의 2 이상인 64%는 사회적 이슈에 관한 기업의 입장에 근거해 브랜드를 선택하고, 바꾸고, 피하거나 불매할 것이라 답했는데, 이는 2017년의 51%보다 증가한 수치다.[227]

이 저명한 연간 소비자 조사에서 특히 통찰력 있고 유익한 부분은 대중이 정부와 미디어를 포함한 다른 기관보다 기업을 믿는다는 결과다. 전 세계 응답자의 4분의 3 이상과 미국 응답자의 72%가 자신의 고용주가 옳은 일을 한다고 믿는다고 답했다.

물론 기업은 그렇게 해야 할 책임이 있다. 새로운 개념도 아니다. 1940년대에 존슨앤드존슨Johnson & Johnson은 의사와 환자, 직원과 주주에 대해 상호적이고 폭넓은 책임을 진다는 신조를 세워 오늘날까지 유지하고 있다.[228]

> 우리는 전 세계에서 함께 일하는 직원들에 대한 책임이 있다. 그리고 모든 사람을 개인으로 존중하는 포용적인 업무 환경을

제공해야 한다. 그들의 다양성과 존엄성을 존중하고 장점을 인정해야 한다. 직원들은 자기 일에서 안정감과 만족, 목적을 느껴야 한다. 우리는 공정하고 적정하게 보상하고, 깨끗하고 질서 있고 안전한 업무 환경을 만들어야 한다. 그리고 직원의 건강과 웰빙을 지원하고 그들이 가족과 다른 개인적인 책임을 질 수 있도록 도울 의무가 있다. 직원들은 자유롭게 제안하고 불평할 수 있어야 한다. 자격이 있는 이들을 위한 채용과 개발, 승진의 기회가 공평하게 제공돼야 한다. 유능한 리더를 임명하되, 그들의 행동은 공정하고 윤리적이어야 한다.

우리는 살고 일하는 지역사회와 세계에 책임을 져야 한다. 선량한 시민으로 좋은 일과 자선, 더 나은 건강과 교육을 지지하고 공정한 세금을 부담해야 한다. 환경과 천연자원을 보호하며 우리가 특권을 누리는 이 자산을 양호한 상태로 유지해야 한다.[229]

1960년대에 조지 고이더가 쓴 《책임감 있는 기업The Responsible Company》는 기업이 사회와 환경을 위해 행동하도록 주주가 영향을 주는 방법을 설명한다.[230] 존 F.케네디John F. Kennedy가 1962년 제정한 소비자 권리는 제품과 서비스에서 환경을 고려해야 하는 중요성과 보호와 투명성에 대한 지침을 담고 있다.[231]

1970년 미국은 첫 번째 지구의 날을 진행했고 거리에는 2천만 명이 넘는 사람들이 나와 환경 보호를 위한 평화시위를 가졌다. 1971년에 설립된 그린피스는 이 운동에 적극성을 더했다. 1980년대에는 더 많은 환경운동이 일어났다. 버몬트의 두 대학 중퇴자는 벤앤제리스Ben&Jerry's를 세우며 이익의 7.5%를 지역사회에 기부하겠다고 자랑스럽게 공표했다.[232] 이 회사는(현재는 유니레버에 속함) 그 후 30년이 넘는 동안 지역사회와 공정한 직원 대우, 환경 인식에 중점을 두고 있다.

1990년대에는 기후 변화에 관한 전 세계적 우려 속에 세계무역기구World Trade Organization과 세계 지속가능발전 기업 위원회World Business Council for Sustainable Development, 교토 의정서Kyoto Protocol가 생겨나 모든 비즈니스가 환경훼손 복구를 위해 행동할 것을 촉구했다. 그리고 2000년대에 최초의 B코퍼레이션* 인증제가 도입됐고 파타고니아와 벤앤제리스같은 기업들은 안전하고 윤리적으로 조달된 제품만 만들겠다고 선언했다. 파타고니아는 2020년의 가상 블랙 프라이데이를 비롯해 매해 블랙 프라이데이 행사마다 수익의 전부를 공기와 물, 토양의 질을 보호하는 비영리 단체에 기부

* 옮긴이 주 : Benefit Corporation을 의미하며 비콥으로도 불림. 사회와 환경에 좋은 영향을 미치는 기업

한다.[233]

많은 미래 지향적인 리더의 주도 아래 사회 속에서 더 큰 역할을 하는 기업의 중요성은 앞으로도 꾸준히 증가할 것이다.

시민의식으로 기업을 평가하자

1950년대와 60년대의 경영서적들은 주주가치를 높이고 수익을 창출할 필요성에 대해 광범위하게 다뤘다. 글로벌 주식 시장은 비즈니스가 이익 창출만을 위해 존재한다는 개념 아래 계속해서 재무 결과에 집중한다.

나는 다르게 본다. 이익은 기업의 성장에 연료를 주지만 일하고 싶은 매력적인 기업은 본질적으로 직원들에게 충성심과 헌신, 에너지를 얻는다. 서비스가 이끄는 오늘날 이 기업들은 고객에게도 같은 수준의 에너지와 충성심을 끌어낸다. 이익은 목표가 아닌 결과에 가깝다.

세상 모든 것에 용어가 붙듯 이를 지칭하는 용어도 탄생했다. 바로 '깨어있는 자본주의'다. 기업은 윤리적으로 운영해야 하고 이익을 추구하되 인류와 환경을 생각하는 더 높은 목적을 가져야 한다는 의미다.

타깃의 2020년 연간 보고서는 회사의 가장 큰 업적을 이렇게 꼽았다. 농부들이 120억 갤런의 물을 절약하게 도왔고, 계획보다 6개월 앞당겨 초봉을 시간당 15달러로 인상했으며, 500개 이상의 상점 옥상에 태양열 설비를 장착해 목표를 초과 달성했다.[234] 타깃은 또한 전국의 가정에 8천 7백만 파운드 이상의 음식에 해당하는 식사를 기부했다. 이런 회사라면 누구든 일하고 싶지 않을까?

수많은 경기 순환이 일어나는 동안 훌륭한 직원 경험을 보유한 기업은 그렇지 않은 기업보다 좋은 성과를 낸다. 뛰어난 기업의 직원들은 경기가 안 좋을 때 기꺼이 희생하고 성장기에는 기량을 발휘한다.

'사회 구성원의 관점으로 본 개인의 자질'[235]로 정의하는 '시민의식'은 이러한 전략을 가장 잘 보여준다. 기업의 맥락에서 시민의식은 직원과 고객, 주주와 우리가 사는 지역사회를 아낀다는 의미를 지닌다.

나는 뼛속까지 자본주의자로 잘 운영되는 회사는 직원과 고객, 투자자를 비롯한 모두에게 이롭다고 믿는다. 그러나 투자자의 관점에서 볼 때도 결론은 같다.

워런 버핏Warren Buffett를 생각해보자. 그는 강력한 해자(진입장벽)를 구축한 기업에 투자하는 전략과 코카콜라와 시스캔디에 대한 남다른 사랑, 가이코를 비롯해 재정적으로 튼튼한 기업에 대한 열정적인 관심으로 유명하다. 사람들은 버핏을 '가치'투자자라고 부른다. 그는 현금 유동성을 기준으로 기업과 주식을 매입하며 다른 이들이 보지 못한 가치를 발견하려 한다. 1930년대 벤저민 그레이엄Benjamin Graham이 설명한 이 전략은 기업을 예상되는 미래의 현금 흐름(배당금과 주식상승)을 기준으로 판단한다.[236]

조사에 따르면 이제는 시민의식이 재무 가치를 대신한다. 무형 자산은 시민의식을 비롯해 혁신과 브랜드, 서비스와 지적 재산을 포함하며 미국 주식시장 가치의 약 90%를 차지한다. 회사가 뛰어나고, 직원은 행복하면 이러한 가치의 지표들도 올라간다. 그리고 시민의식이 저조하면 나쁜 행동으로 이어진다.

2016년 드러난 폭스바겐Volkswagen의 사례를 보자. 이 회사는 디젤 배출 기준을 속이고 미 규제당국을 기만해왔다. 사건이 드러나면서 회사의 주가는 곤두박질쳤고 조사를 전 세계 정부에 겪은 후 벌금을 냈으며 회사와 경영진, 많은 독일 시민은 굴욕적인 경험을 겪었다. 이 회사의 주가는 20년 동안 거의 변동이 없었으며 그 기간 제너럴 모터스보다 30% 가까이 실적이 저조했다.

폭스바겐은 비윤리적인 행동에 대한 진정한 대가를 치른 걸까? 그렇다. 주가는 내려가고 기업은 많은 돈을 잃었다. 그러나 투자자들은 다시 회사의 미래를 긍정적으로 보고 있다. 이 기업의 CEO가 적어도 2025년까지 전기차 시장의 글로벌 리더가 되겠다는 목표로 2021년 전기차 매출을 두 배 이상 늘리겠다는 계획을 선언한 것이 크게 작용했다. 아무리 기업의 행동이 나빴다고 해도 기억은 한정적이므로, 우리는 기업의 가치를 평가할 때 벤저민 그레이엄을 원칙을 되짚어볼 수 있다.

중대한 변화의 증거가 있다

왜 시민의식이 중요해졌는지 깊이 이해하기 위해 젊은 층인 밀레니얼과 Z세대의 경제적, 사회적 삶을 한번 살펴보자. 딜로이트의 '2020 글로벌 밀레니얼 조사'에 따르면 팬데믹은 세상과 지역사회에 긍정적인 변화를 이끌고자 하는 이 세대의 욕망을 더욱 자극했다.[237] 그들은 계속해서 기업과 정부가 이익보다 사람을 우선시하고 환경의 지속가능성을 중시하도록 촉구하겠다고 조사에서 답했다.

다른 결과도 놀랍다. 가장 크게 우려되는 항목에서 밀레니얼 세대는 기후변화와 환경보호를 첫 번째로 꼽았다. 그리고 건강관리와 질병 예방, 실업과 소득 불평등이 뒤를 따랐다. Z세대 응답자들 역시 환경을 첫 번째로, 그다음으로 실직과 성희롱을 꼽았다. 추후 설문조사에서도 가장 큰 우려 사항은 기후변화와 환경 보호로 나와 두 세대에서 이 이슈가 차지하는 중요성을 보여주었다.

밀레니얼과 Z세대 응답자의 대부분은 기후변화가 일어나는 주요 원인이 인간에게 있다고 생각했다. 약 5명 중 4명의 응답자가 기업과 정부가 환경을 보호하기 위해 더욱 노력해야 한다고 답했다. 코로나19 팬데믹으로 응답자 대다수는 다양한 사람들의 욕구에 더 공감하고, 삶과 지역사회를 위해 긍정적으로 행동하며, 전 세계 모든 이가 함께한다는 강한 연대 의식을 갖게 됐다.

'2020 세계행복보고서' 역시 비슷한 결론을 냈다. 우선, 팬데믹 동안 일이 끊긴 것은 웰빙에 부정적인 영향을 주었다. 특히 청년과 저소득층, 비숙련 노동자에겐 더욱 그랬다.[238] 전반적인 일터의 행복지수는 미국에서 매년 하락세로 많은 사람이 불안과 우울을 호소했다. 이러한 감정을 완화하는 것이 관리자의 지지와 직무 유연성으로 이는 일터의 웰빙을 이끄는 중요한 두 가지 요소다. "과거 조사는 직원들이 재택근무를 할수록 상사의 잦은 연락에 의존할 가능성이 높음을 보여줬다. 팬데믹 위기 이후로 많은 근로자가 자기 책임을 다할 준비가 되지 않은 느낌이라고 답해 관리자와 직원 간의 원활한 커뮤니케이션의 필요성을 다시금 강조한다."고 보고서는 언급했다.[239]

다른 결과 역시 놀랍다. 사회적 연결은 주관적인 웰빙을 이끄는 주요 요소로 힘든 시기의 부정적인 영향을 완충하는 역할을 했다. 앞서 언급했듯이 내 딸은 작지만 빠르게 성장하는 샌프란시스코의 한 소프트웨어 회사에 다닌다. 그리고 이 회사는 다른 기술 기업과 마찬가지로 노숙자와 약물 중독자, 빈곤자가 많은 지역에 있다. 따라서 매일 노브힐에 있는 아파트에서 나와 직장까지 걸어가면서 그녀는 집이 없고, 굶주리고, 약물중독에 허덕이는 사람들을 마주했다.

최근에 딸은 직원들과 휴가를 내고 지역 사회의 조리장에서 도우며 음식을 제공하는 작은 프로그램을 시작했다. 임원들은 처음에는 참여하지 않았지만, 점점 더 많은 직원이 참여하면서 다 함께 지역사회에 환원하는 가치를 깨달았다. 이제 이 프로그램은 전 직원이 동참한다. 시간이 많지 않더라도 리더들은 이것이 사회 속에서 그들의 역할임을 인지했다.

그리고 이러한 정신은 진정성 있고, 강력하며, 성장한다.

세일즈포스, 일하고 싶은 매력적인 기업의 본보기

세일즈포스는 전 세계적으로 매우 빠르게 성장하는 기업이다. 이 회사는 고객관계 관리와 영업을 향상하고 자동화하는 소프트웨어 플랫폼을 제공한다. 이 기업의 훌륭한 CEO인 마크 베니오프와 경영진 덕분에 회사는 기술 분야에서 가장 잘 나가는 상징적인 기업이 됐다. 세일즈포스는 클라우드 회사로서는 최초로 2009년 매출 10억 달러[240], 2017년 매출 100억을 달성했다.[241] 2021년 글래스도어에서는 4.5의 점수를 받았는데, 이는 동종 업계에서 상위 10%에 드는 점수다.[242] 직원의 대부분인 97%가 CEO 베니오프를 지지하며 최고의 직장에도 연속해서 꼽혔다.

세일즈포스는 비즈니스에서 스트레스가 가장 많던 시기에도 훌륭한 방법으로 성장을 관리할 수 있었다. 대부분의 CEO들이 멋진 성장을 꿈꾸지만, 이는 많은 직원이 벅차게 일하고, 프로세스와 시스템은 항상 늦으며, 사무실 자리를 찾기 힘들고, 회사는 끊임없이 새로운 제품과 고객 프로그램, 서비스를 재창조해야함을 의미할 때가 많다.

바로 얼마 전, 나는 세일즈포스의 직원 경험 책임자와 반나절을 보냈다. 그녀는 자사의 직원 중심 문화를 잘 보여주는 오하나* 책 프로젝트에 관해 설명했다.[243] 세일즈포스는 자발적 휴가(VTO)를 제공할 뿐 아니라 성별 임금 평등을 추구한다. 앞서 언급했듯이 마크 베니오프 CEO는 지난 몇 년간 회사의 모든 여성 직원의 임금을 올린 것으로 유명하다. 그는 매년 이 문제를 검토하겠다고 약속했다.[244] 세일즈포스는 자사의 다양성과 포용성 지수를 적극적으로 공표하고 교육과 지역사회 활동에 많이 투자한다. 베니오프는 지역 병원에 수백만 달러의 금액을 개인적으로 기부하기도 했다.[245]

그와 고위 경영진은 이 책에서 제시한 원칙이 일하고 싶은 기업을 만들며, 좋은 시민이 돼야 성장에 필요한 인재를 모을 수 있음을 명확히 알고 있다.

시민의식을 넓게 정의하기

위대한 시민의식을 갖춘 기업은 생각보다 쉽게 찾을 수 있다. 유니레버와 이케아, 웨그먼스Wegmans와 탐스슈즈Toms Shoes, 파타고니아와 홀푸드, 필립스와 머스크라인Maersk Line 같은 기업들은 사

* 옮긴이 주: 가족을 일컫는 하와이 단어

회의 넓은 일원으로 자사를 규정한다. 이러한 회사들은 대부분 창립자가 지닌 열정으로 이 여정을 시작했으며 시간이 흐르며 단계가 확장됐다.

좋은 시민은 곧 비즈니스와 관련된 모든 이해관계자를 생각한다는 의미다. 투자자와 고객은 물론이고 직원과 그들의 가족, 당신이 채용하고 운영하고 판매하는 지역사회도 포함된다. 오늘날 시민의식은 사람을 해치지 않고 환경에 악영향을 주지 않는 제품을 제공한다는 의미다. 대중들은 다양한 산업의 기업들이 탄소중립을 달성하기 위해 투명한 조처를 하길 기대한다. 탄소중립은 회사가 만들거나 방출하는 온실가스의 양과 그들이 대기에서 제거하는 온실가스양의 균형을 의미한다.

시민의식은 또한 내부적으로 포용성과 임금 형평성을 중요시하고 외부적으로는 더 나은 건강관리를 위한 세계적 요구를 수용하는 것을 뜻한다. 비즈니스 리더들은 많은 영향력을 갖고 있다. 기업의 성장과 이익, 경쟁력도 중요하지만 영속하기 위해선 모든 이해관계자를 생각해야 한다.

변화를 위한 질문

팀원들과 함께 아래의 질문들을 논의해보자.

1 우리 회사는 최근 업데이트된 사명문을 갖고 있는가? 그 사명문은 사람들에게 영감을 주도록 진정성 있고 구체적인가? 사명문이 있다면 그것을 직접적으로 지지하는 프로그램과 가시적인 문화, 투자를 꼽을 수 있는가?

2 어떤 비즈니스를 키우고, 어떤 제품을 만들고, 어떤 인수를 진행할지 결정할 때 임원들은 기업의 사명을 염두에 두고 검토하는가? 아니면 수익과 시장점유율, 경쟁력에 집중하는가?

3 기업의 문화에 관한 조사를 실시한 적이 있는가? 사람들이 사명의 어떤 부분에 전념하고 어떤 부분은 그렇지 않는지 알고 있는가? 우리는 헬스케어 회사와 이런 부분을 점검한 후, 환자 관리 부문에서는 사명에 전념하는 문화를 발견했고 재무와 운영에서는 부정적인 문화를 확인했다. 이러한 문제는 해결할 수 있다.

4 나사의 청소부에게 어떤 일을 하냐고 묻자 '사람이 달에 갈 수 있도록 돕고 있죠.'라고 답했다는 유명한 이야기가 있다. 당신의 직원 역시 이러한 질문에 회사의 목적을 담아 대답하겠는가?

5 우리 회사는 사람의 열정과 목적, 적합성을 보고 채용하는가? 아니면 그런 부분과 관계없이 가장 숙련된 직원을 찾는가? 직원의 목적은 어떻게 측정하는가? 사람들이 자신의 가치를 적고 다른 이와 공유하도록 하는가?

6 직원 경청을 문화적 가치로 만들었는가? CEO부터 일선 관리자까지 모든

리더는 잠시 멈춰 경청하며 사람들이 얘기할 수 있는 심리적 안정 장소를 만들고, 직원이 원하는 것을 기록해야 한다. 직원의 말을 듣고, 경청하고, 반응할 때 당신은 더 나은 결정을 내릴 수 있으며 결속력도 높아진다.

진정으로 목적에 집중하면
이익은 따라온다

직원, 매니저, 임원으로 당신이 시간을 어디에서 보내는지 생각해보자. 당신은 지역사회 봉사에 시간을 할애하는가? 지역의 교육기관이나 비영리 조직의 이사회에 참여하는가? 지역사회 일에 시간과 돈을 쓰는가?

글래스도어의 자료에서 강력한 매력을 지닌 기업과 뛰어난 성과를 보인 브랜드를 분석하며 나는 높은 평가를 받은 기업이 지역사회를 위해 계속 노력해온 기업과 일치함을 발견하고 감탄했다.

예를 들어 베인앤드컴퍼니Bain & Company는 글래스도어에서 최고의 직장으로 13년 연속 뽑혀왔다.[246] 2021년, 팬데믹으로 일상과 일이 흔들리는 격변 속에서도 이 경영컨설팅 회사는 일하기 좋은 직장 1위에 꼽혔다. 베인앤드컴퍼니는 세상을 더 좋게 만드는 해결책을 만들고 성과를 달성해왔기 때문에 이러한 결과는 당연하다고 글래스도어는 말한다. 지난 10년간 이 기업은 프로보노 서비스에 10억 달러 이상을 투자해왔다. 자사의 인재와 전문성, 통찰력을 교육과 인종 평등, 사회적 정의와 환경 같은 현재의 긴급한 문제해결에 사용하게끔 한 것이다.[247]

점점 더 많은 기업이 여러 이해관계자 중 직원을 가장 중요하게 꼽는다. 이는 세기를 강타한 팬데믹 속에 비즈니스를 계속 돌아가게 만든 직원들의 영웅적인 노력이 크게 작용한 것으로 보인다. 그러나 5년 전만 해도 몇몇 깨어있는 CEO만이 이러한 방향을 추구했다. 한번은 급속도로 성장하는 한 HR 기술 회사가 주최한 고객 초청 콘퍼런스에 참여한 적이 있다. 이 회사의 CEO이자 창업자는 7천 명의 고객들 앞에 서서 말했다. "저에게 있어 고객 여러분은 가장 중요한 이해관계자가 아님을 말씀드리고 싶습니다. 여러분은 두 번째로 중요합니다. 제가 첫 번째로 신경 쓰는 것은 제 직원들이에요. 그들이 여러분을 그만큼 아낄 것이기 때문입니다."

팬데믹이 가져온 경제적 위기 속에 많은 기업은 직원을 중심에 두기 시작했다. 한편으론 그럴 수밖에 없었다. 일과 삶의 스트레스를 견뎌낸 직원들이 없었다면 비즈니스 엔진은 할아버지의 고물차처럼 멈춰버렸을 것이다. 이익을 내야 한다는 부담에도 뱅크

오브아메리카와 모건스탠리Morgan Stanley, 스타벅스와 페이팔PayPal 같은 기업들은 2020년과 2021년에 정리해고는 없다는 원칙을 고수했다.[248]

뉴스위크Newsweek와 다른 간행물에서도 언급됐듯이 연구 결과도 정리해고를 없애는 움직임을 지지한다.

> 콜로라도 대학의 웨인 카시오Wayne Cascio 교수는 저서 《책임감 있는 구조조정Responsible Restructuring》에서 정리해고로 발생하는 직접, 간접비용을 나열했다. 우선 퇴직금을 비롯해 미사용 유급휴가와 병가 비용, 재취업 주선 비용과 커진 실업보험 세금이 발생한다. 비즈니스가 살아났을 때 다시 직원을 채용하는 비용도 든다. 그리고 의욕이 없고 위험을 회피하는 남은 직원들, 화난 직원이나 전 직원과의 잠재적 소송과 방해 활동, 직장 내 폭력, 기업의 운영체제와 지식의 상실, 경영진에 대한 불신과 생산성 저하 같은 결과가 초래될 수 있다.[249]

그렇다면 더 좋은 방안은 무엇일까? 어려운 시기엔 임원의 금전적 보상을 줄이자. 이것이 바로 좋은 시민의식이다. 에퀼라Equilar가 모은 자료에 따르면 2020년 시그넷 주얼러스Signet Jewelers와 사우스웨스트 항공사, 웨스트록WestRock과 크래커 배럴Cracker Barrel, 유나이티드헬스 그룹 같은 기업들은 이러한 방식을 취했다.[250]

몇 년 전만 해도 ESG는 있으면 좋은 요소 정도였지만 오늘날에는 기업이 긍정적인 환경과 사회, 의사결정구조 정책을 고수하는 것이 회사의 이익과 성격에 중대한 영향을 줄 수 있다. 나는 ESG가 '책임감 있는 시민의식'의 또 다른 말이라고 생각한다. 9조 달러의 자산을 관리하는[251] 세계적인 투자회사인 블랙록BlackRock의 CEO 래리 핑크Larry Fink는 수년간 전 세계 CEO에게 보내는 연례 편지에서 좋은 시민의식을 실천하지 않는 기업에는 투자하지 않겠다는 메시지를 전했다. "목적의식 없이는 공기업이든 사기업이든 그 누구도 완전한 잠재력을 발휘할 수 없을 것입니다." 핑크는 강조했다.[252] 그는 2021년 연례 편지에서 모든 기업의 주주와 이해관계자에게 오늘날 기업에 기후변화보다 중요한 이슈는 없다고 경고했다.

> 작년에 우리는 화재와 가뭄, 홍수와 허리케인같이 기후변화가 초래한 실질적 피해를 보았습니다. 그리고 재정적인 영향도 피부로 와 닿기 시작했습니다. 에너지 기업은 좌초자산에 수십억 달러의 기후 관련 감가상각을 취하고 규제당국은 글로벌 금융 시스템의 기후변화 리스크를 집중해서 살피기 시작했죠. 동시에 이러한 변화가 만들 엄청난 경제적 기회와 이를 공정하고 공평하게 실행하는 방법에 관심이 높아지고 있습니다.[253]

회사들에 보내는 그의 메시지는 명확하고 강력했다. 기업에는 사람들의 꿈과 희망, 삶이 담겨 있다. 물론 우리는 이익을 창출해야 한다. 그러나 그 이익을 내기 위해 무엇을 하고, 기업을 어떻게 운영하고, 환경과 직원, 지역사회를 어떤 방법으로 아낄지. 정말로 중요한 것은 바로 이런 것이다.

7

성과가 아닌 직원 경험

'우리가 직원의 마음과 진심을 사로잡을 수 있다면

비즈니스는 더욱 성공할 겁니다.'

메리 바라Mary Barra, 제너럴 모터스 CEO, 2013

오늘날 가장 역동적인 텔레커뮤니케이션 회사 중에 도이치 텔레콤이 있다. 이 기업은 전 세계적인 선두기업으로 지속적으로 새로운 기술을 채택하고 새로운 서비스를 개발하며, 새로운 비즈니스로 변화한다. T-모바일과 스프린트의 지분을 다수 보유하고 있으며 현재 세계 100대 기업에 속한다.[254]

이 회사는 2017년 민첩하고 빠른 전략을 유지하기 위해 전사적으로 디자인 씽킹에 중점을 두기로 했다.[255] 디자인 씽킹은 고객(또는 직원)을 연구한 뒤 그들의 문제에 해결책을 반복해서 제공하며, 소프트웨어와 제품 디자인, 마케팅에 가치 있는 혁신을 불러왔다.

모든 리더에게 이 과정을 교육하면서 HR와 IT에도 디자인 씽킹을 접목했다. 도이치 텔레콤의 디지털 전환을 이끈 수석 리더인 레자 모사비안Reza Moussavian은 팀과 협력해 전 직원을 위한 14개의 구체적인 페르소나를 만들었다.[256] 이러한 페르소나는 이제 모든 HR과 IT, 직원 프로그램을 설계하는 데 사용된다.

모사비안은 "디자인 씽킹은 회사에 혁신을 불러왔습니다."고 말한다. "우리는 이 프로세스를 채용과 경영, 리더십 개발과 급여를 비롯해 구축한 모든 프로그램에 사용합니다. 이러한 방법을 통해 직원에 대한 투자를 설계하고, 테스트하고, 반복적으로 향상하는 거죠."[257]

오늘날 도이치텔레콤은 업계 성장률보다 더 높게 성장을 지속하고 있다. 글래스도어 점수는 텔스트라, AT&T, 버라이즌보다 높으며[258] 독일 상위 10대 기업 중 하나로 여겨진다.[259]

직원 경험(EX)이 새롭게 주목받고 있다

코로나19가 불러온 많은 변화가운데 가장 큰 것은 새롭게 주목받는 직원 경험이다. 이 개념은 간단히 말해 직무와 업무 관행을 구축할 때 직원의 전체적인 경험을 살펴보며 구축해야 한다는 것을 의미한다.

과거 기업들은 연간 결속력 조사(후에는 주기적 설문조사)에 집중하여 직원 만족도를 살폈다. 오늘날, 이는 디자인의 영역이다. 직원이 하는 일을 연구하고, 일과 직무의 요구사항을 이해한 후, 직원의 성공을 돕는 시스템과 작업 공간, 보상을 디자인하는 것이다.

2021년 우리는 80개가 넘는 다양한 경영 관행을 살펴보며 직원 경험에 대한 대규모 연구를 마쳤고[260] 그 결과는 심오했다. 직원을 위한 많은 관행 중 신뢰와 생산성, 포용과 소속감에 초점을 둔 것은 성공적이었다. 특전과 혜택을 뿌리는 것은 실질적인 영향력이 적었다.

일하고 싶은 회사는 이러한 점을 잘 이해하고 있다. 그리고 직원 중심의 시스템과 일선 근로자를 위한 플랫폼, 다양한 형태의 경청과 커뮤니케이션, 피드백을 구축해 직원을 지원한다. 결과물을 강요하는 것이 아닌 성과를 만드는 방식이다.

직원을 중심에 둔 방법으로 해결책을 마련한다

테크놀로지의 역할에 관하여 자세한 논의 없이 일에 관한 책을 쓸 수는 없을 것이다. 일터에 널리 스며든 테크놀로지의 영향은 팬데믹으로 재택근무를 경험하기 전에도 확연했다. 그러나 코로나 위기로 인해 테크놀로지는 향후 우리가 일하는 방식을 바꿀 파괴적인 혁신의 힘을 지닌 것으로 그 가치가 입증되었다.

2020년 8월 팟캐스트에서 언급한 것처럼 줌과 마이크로소프트 팀즈 미팅, 슬랙 채널, 그리고 가상현실과 온라인 교육 프로그램이 모두 효과적으로 사용되고 있다.[261] 수년간 기업들은 자사의 디지털 전환이 진행 중이라고 말했다. 그리고 팬데믹으로 인해 거의 모든 기업들이 한순간에 디지털 전환이 이루어졌다.

무선 모바일 기술과 클라우드 내의 자동 회계 소프트웨어 솔루션이 결합되면서 최고재무책임자와 회계팀 전체가 재택근무를 하던 중에도 기업은 장부를 마감하고 수익을 예측할 수 있었다. 인사관리 도구는 사람들이 원격으로도 협력할 수 있도록 도움이 되었다. 직원의 웰빙 상태를 확인하기 위해 이 도구를 재설계한 회사도 있었다.

팬데믹 이전에 리더들은 다음과 같은 많은 질문에 당황했다. 미래에는 일이 어떤 모습일까? 테크놀로지는 어떤 영향을 줄까? 사람들은 어떻게 이에 적응할까? 조직은 어떻게 대응할까? 테크놀로지를 우리에게 유용하게 사용할 수 있는 방법은? 이제는 대부분 그 답이 풀렸다. 테크놀로지 덕분에 기업과 직원은 모두 새로운 업무 요구에 적응할 수 있었다.

딜로이트에 있는 파트너 중 한 명은 자주 이런 말을 했다. "일과 삶은 함께 간다." 실제로 일과 삶 사이의 장벽은 거의 사라졌다. 따라서 당신의 기업이 일과 삶을 아우르는 기술을 생각하지 않는다면 뒤처지고 말 것이다.

오토데스크Autodesk를 생각해보자. 이 회사는 3D 엔지니어링 디자인과 매뉴팩처링 소프트웨어 부문의 세계적인 선두 주자다. 수천 명의 엔지니어와 소프트웨어 개발자가 일하고 있으며 샌프란시스코 베이 지역에서 최고의 직장으로 꼽힌다.

지난 7년간 오토데스크는 다양한 엔지니어링 팀과 프로젝트, 동호회, 여가 활동 등을 지원하는 수십 개의 슬랙 채널을 개발했다. 과연 효과적이었을까? 팀들은 만족스러워했지만, 공동의 관행이나 문화적인 결속을 함께할 수는 없었다. 간단한 도구가 너무 복잡해진 것이다.

HR 부서는 모든 슬랙 채널을 하나로 통합하기로 했다. 그 결과 기업이 일하는 방식은 완전히 바뀌었다. "팀들을 하나로 모은 거죠." 오토데스크의 오픈소스와 실행 부문 책임자였던 가이 마틴Guy Martin은 말했다.[262] 오늘날, 이 기업의 슬랙 커뮤니티에 있는 5천 명이 넘는 직원은 모두와 언제, 어디서든 협력할 수 있다. 직원들은 자신의 방식대로 생산성을 추구할 자유를 얻었다. 그리고 도움이 필요할 때는 회사의 원격근무 리소스 센터에서 지원받을 수 있다. 오토데스크는 이제 디자인과 기술로 일터를 재구성하며 결속과 신뢰를 도모하는 것을 사명으로 여긴다.

하이브리드 업무공간과 유연근무제는 전환점에 있는 만큼 초기의 미완성 단계다. 우리는 이제 원격근무의 몇 가지 단점을 알고 있다. 줌 미팅으로 인해 피로와 과로, 높은 스트레스와 불안이 발생할 수 있다. 그러나 업무 생산성이 적어도 이전과 동일하거나 향상되었다는 긍정적인 효과도 인지한다. AI를 비롯해 음성인식, 얼굴 인식, 가상 증강 현실, 채팅과 대화 시스템, 데이터와 텍스트를 읽고 분석하는 기술 등의 발전은 모두 엄청난 속도로 일어나고 있다.

그렇다면 이러한 기술로 우리의 직업은 쓸모없어질까? 그렇기도 하고, 아니기도 하다. 기계는 일상적이고 반복적인 업무를 점점 더 많이 수행하겠지만 사람들은 더욱 인간적인 일로 이동할 것이다. 어쨌든, 모든 직업이 자동화되거나 로봇으로 대체될 순 없다. 수백만 년의 진화로 인간은 눈과 손, 움직임을 이끄는 두뇌라는 선물을 받았다. 이는 과학자와 엔지니어가 쉽게 복제할 수 있는 것이 아니다. 우리는 이미 구직공고에서 매우 다양한 새로운 역할을 발견하고 있다. 예를 들면 로봇 훈련가와 운영자, 큐레이터, 개발자와 디자이너 같은 것들이다. 그리고 이러한 많은 역할은 더욱 인간적인 기술이 필요하다. 일상적인 업무는 사라지는 대신 미래의 일자리는 더욱 인간적인 요소를 지니며 공감과 디자인, 미세한 작업과 이해, 소통과 설득, 관리 같은 기술이 필요할 것이다.

세계적인 의료기관인 메이오 클리닉Mayo Clinic의 사례를 살펴보자. 기술로 팀워크와 정보 공유, 환자 관리 수준을 향상시킨 사례이다. 의사들은 '메이오 전문가에게 물어보세요AskMayoExpert'라는 모바일 애플리케이션을 사용하면서 진단과 치료, 원인과 예방에 관한 정보를 네트워크상의 자료와 다른 전문의에게서 찾아볼 수 있다. 사용자들은 질문과 답을 주고받으며 모든 정보는 주제와 위치, 관리 프로세스와 핵심 내용이 태그된다. 이제 이 역동적인 상호작용 시스템은 의료진이 전문가의 정보를 얻기 위해 하루에

10번 이상 접속할 정도로 폭넓게 사용된다.

우리에게 가장 중요한 것은 기계가 도입되고 더 많은 자동화가 일어나면서 얼마나 빨리 새로운 직무를 디자인하고 개발하거나 발견하는가이다. 세 가지 생각해볼 사항을 짚어보자.

첫째, 비관주의자들이 예상한 것보다 미래는 밝을 것이다. 한 컨설팅 회사가 수백 개의 회사를 대상으로 AI와 로봇의 영향에 대해 조사한 자료를 보자. 반복 작업을 하는 근로자는 우려하지만, 기술은 사실 직무를 더 수월하게 만든다고 제시했다.[263] 오래전에 은행원들이 봉투에 수표를 넣던 역할에 대해 생각해보자. 이 직무는 이제는 더 나은 방향으로 달라졌다. 오늘날 은행지점의 직원은 영업과 서비스, 고객 관리를 담당하며 삶과 일을 더 재밌고 즐겁게 만드는 인간적인 상호작용을 이끈다.

지난 200년간 자동화의 역사에 관한 조사 결과는 명확한 패턴을 보여준다. 처음 몇 년간 우리는 이러한 도구가 얼마나 우리 삶을 급격히 변화시킬지 생각하며 걱정하고 초조해한다. 그런 다음 도구의 성능이 증명되고 널리 쓰이면 그에 맞는 새로운 인적자본 관행을 구축한다. 메타와 트위터의 창업자가 자사의 소셜 네트워크를 운영하기 위해 엄청난 수의 인간 큐레이터가 필요할지 예상하지 못한 것처럼 우리는 새로운 기계를 관리하기 위해 얼마나 많은 드론 운영자나 AI 운영자[264]가 필요할지 항상 예측할 수 없다.

둘째, 디자인 씽킹을 적용하며 자동화하는 것을 노동 비용의 감소가 아닌 고객 경험을 개선하고 확장하는 수단으로 보는 것이 중요하다. 소매업체는 수년간 키오스크 도입을 시도했었지만 이러한 노동 절약형 아이디어가 쉽게 받아들여지지는 않았다. 새 기술이 맞춤형 주문과 고객의 말을 진정 이해할 수 있을만큼 똑똑해지고 나서야 이러한 플랫폼이 팔리기 시작했다. 예를 들어, 웬디스는 1,000개의 매장에 스마트 키오스크를 마련했다. 직원들은 뒤에서 여전히 요리하고 고객을 응대한다. 그저 당신이 주문하는 걸 서서 받아 적지 않을 뿐이다.[265]

팬데믹 동안 S&P 글로벌은 디자인 씽킹과 자동화 기술을 적용할 준비를 마쳤다.[266] 이 기업은 22,500명의 직원을 위한 일련의 애플리케이션을 디자인했다. 예를 들어 데이터 분석가에겐 분석하거나 보고서를 작성하고 집에서도 동료와 협력할 수 있는 애플리케이션이 제공됐다. 사무실에 와야 할 일이 있다면 회사는 감염 위험을 줄이기 위해 미리 방역을 마친 자동차를 직원에게 보냈다. S&P 글로벌은 발생할 수 있는 모든 안전과 건강, 생산성 문제에 대비했고 전 세계 59개 사무실에 사회적 거리 두기를 준수할 수 있도록 플로어 모니터를 마련하기도 했다.

비즈니스와 HR 리더로서 당신은 미래 직무를 안내하고 설계하는 적극적인 역할을 맡아야 한다. 우리는 조사를 하면서 많은 기업이 새로운 AI 기술을 구입하거나 구현하고 있는 반면에 일을 재설계하기 위해 HR 부서와 협력하는 곳은 현저히 적다는 것을 발견했다. 이 책에서 생산성을 더욱 발휘하도록 일을 재설계하기를 계속해서 강조하는 이유다.

나의 세 번째 관점은 긍정적이지만은 않다. 세련되고 새로운 모든 기술이 당신의 직원과 조직, 비즈니스에 반드시 좋을 거란 착각은 하지 말자. 많은 기술 제품이 주로 광고 수익을 얻기 위해 이용되므로 이러한 기술 제품이 직원 경험에 중점을 두도록 주의할 필요가 있다. 그렇지 않을 경우 당신의 회사와 직원에 해가 될 수도 있다.

기술은 친구인가 적인가?

터놓고 말해보자. 기술은 점점 더 발전하고, 빨라지고, 똑똑해진다. 동시에 우리 삶에 더 침범해 들어온다. 많은 기업들은 핏빗, 애플, 기타 웨어러블 제품의 기록을 활용해 직원의 정보를 수집하며 업무 경험과 환경을 향상하려고 한다. 기업들은 상업용 웨어러블 기술이 제공하는 데이터를 활용할 뿐 아니라 이러한 기술을 일터에 적용하고 있다.

몇 년 전, 한 대형 컨설팅 회사는 캐나다의 직원들에게 스마트 배지를 착용하게끔 했다. 이 배지는 직원들이 어떻게 일하는지 많은 정보를 제공해 주었으며, 회사는 여러 중요한 사항을 발견했다. 사람들은 햇살을 받으며 일할 때 업무를 가장 잘 수행했고,

여러 서비스 조직 팀이 긴밀할 때 프로젝트가 더 성공적이었다. 개방형 오피스가 더욱 혁신적인 프로젝트를 이끄는데 도움이 되었으며, 직원들이 번아웃을 겪는 것은 일요일 저녁부터 금요일까지 고객 일에 매달리는 경우였다.

기술적인 혁신 덕분에 삶과 일이 개선되는 것은 맞다. 하지만 우리는 그 기술과 기술 제공업체가 항상 자애롭진 않다는 걸 인지해야 한다. 그들의 사명은 우리의 삶을 더 좋게 만드는 동시에 제품을 판매하는 것이다.

예를 들어, 사람과 모바일 기기와의 연결에 중점을 둔 제품이 급증하면서 소셜 네트워킹의 흐름이 등장했다. 그러나 그러한 연결은 중독으로 쉽게 변할 수 있다. 우리는 회의 시간에 동료보다 핸드폰에 더 집중하는 사람들을 마주한다. 이러한 도구들은 잘못된 부작용을 초래하기 쉽다. 소셜 네트워킹 플랫폼에 삶을 소비하면서 사람들은 주변에 관심을 기울이지 않고 자기에만 더 몰두하게 된다. 이러한 특징은 유능한 팀원의 자질과는 매우 거리가 멀다.

구글의 전 UI 디자이너인 트리스탄 해리스Tristan Harris는 사용자가 도구에 완전히 몰입하도록 테크기업이 어떤 심리적인 묘수를 사용하는지 설명했다.[267] 해리스는 이러한 시스템의 레이아웃과 속도, 메뉴의 구성과 피드백의 작용 방법까지 모든 것이 사용자가 기기에 매달리도록 디자인됐다고 말한다. 그는 이를 가리켜

'우리의 정신적 나약함을 강탈한다'고 표현하기도 했다. 직원들이 직무에 전념하도록 돕는 대신 이러한 기술은 우리의 집중력을 뺏어 산만하고 비생산적으로 만들 수도 있다.

기술변화는 끊임없이 일어나며 그 속도는 더 빨라진다. 향후 3~5년간 일어날 기술 교체의 흐름은 일터에 특히 의미 있고 중요할 것 보인다.

이메일과 관련된 지속적인 문제를 보자. 이메일은 원래 일반우편을 모델로 해 만들어졌는데 그 양이 너무 과도해지기 전까지는 비즈니스에 도움이 됐다. 오늘날 이메일은 끊임없이 집중력을 뺏어가는 실시간 커뮤니케이션 기기가 됐다. 직원들은 너무 많은 이메일을 받고 이를 처리하는 데 과도한 시간을 소비한다. 2019년 9월에 발표한 어도비의 연구에 따르면 직원들은 하루에 약 5시간 52분을 업무와 개인적인 이메일을 확인하는 데 쓴다.[268] 부작용은 단지 시간 소모에 그치지 않는다. 조사 결과에 따르면 우리는 새로운 이메일을 받을 때마다 심장박동수가 올라가고 혈압은 증가하며[269] 업무에 집중하지 못하게 된다.

오늘날, 직원들은 이메일에 쓰는 것만큼, 어쩔 땐 그 이상의 시간을 문자를 보내는 데 쓴다. 집윕Zipwhip이 발표한 '2021 문자 메시지 현황 보고서'는 팬데믹 동안 이메일 채널이 과도해지면서 문자가 인기를 얻었다고 말한다.[270] 일하고 싶은 회사의 임무는 이 기술이란 야수를 잘 활용해서 사람들이 자기 일에 더 몰입하고 생산적으로 일하며, 휴식과 집중의 시간을 가질 수 있게 돕는 것이다.

새로운 유형의 도구가 오고 있다

오늘날 비즈니스 리더는 어떤 기술을 사용해야 하는지 일련의 골치 아픈 선택을 해야 한다. 그 기술이 모두 잘 작용하게끔 이끄는 것이 그들의 임무다. 그리고 HR 매니저는 IT 내의 정보와 데이터, 디지털과 보안을 담당하는 많은 책임자와 새로운 방식으로 협력해야 한다. 도구가 일과 삶의 통합을 돕고 직원 경험(일로 느끼는 경험적 가치)을 향상하도록 설계됐는지 확인하고 인식하는 역할을 담당하는 것이다.

나는 매주 수십 명의 업체를 만나는데 그 기업의 임원들에게 항상 이에 대해 강조한다. 새로운 도구들이 다 좋아 보여도 몇 가지 사항을 확인하는 것이 중요하다. 사람들이 도구를 쉽게 사용할 수 있는가? 이 도구는 더 나은 일과 삶의 균형을 돕는가? 다른 도구와 보안 시스템과 잘 통합되는가? 필요에 따라 확장이나 수정이 가능한가?

기억하자. 오늘날 기술의 목표는 너무 유용해 당신이 사용하고 있는지 모를 정도로 보이지 않게 만드는 것이다. 시에라 시더Sierra-Cedar의 2020년 글로벌 기술 조사는 기업이 HR 시스템을 '행정적인 지원 도구에서 직원의 결속과 최적화를 위해 정교하게 조정하는 전략적 수단'으로 전환하는 것이 절대적으로 필요하다고 강조한다.[271] 조사는 HR 애플리케이션이 이제 '인력의 생산성과 기업 문화를 관리하는 조직 능력의 중심'이라고 덧붙였다.

마이크로소프트 팀즈와 슬랙, 구글 워크스페이스 같은 기술 솔루션은 생산성 문제와 사용의 편의성, 경험의 개선 같은 이슈를 해결하려 노력한다. 이러한 도구가 실제로 일과 삶의 통합을 더 쉽게 만들까? 아직은 장담할 수 없다. 그러나 이 산업의 경쟁이 치열한 만큼 기업들도 노력할 거라 확신한다.

HR과 업무관리 도구를 다루는 시장은 완전히 붕괴했다. 기존의 많은 인적자본관리(HCM) 시스템이 계층 구조의 업무 모델을 중심으로 구축됐기 때문이다. 하지만 변화는 일어나고 있다. 얼티메이트 크로노스 그룹(UKG) 같은 공급자들은 최근 '라이프워크 기술'이라 불리는 일련의 새로운 인력 관리 솔루션을 선보였다. 삶과 일이 공존함을 인식한 것이다. 이러한 기술은 사람의 감정과 선호도를 고려해 직원들이 직장과 삶에서 모두 성공할 수 있도록 돕는다고 한다.[272]

팀 스페이스Team Space라고 불리는 또 다른 혁신적인 도구는 시스코에서 사용되며 팀들이 목표를 세우고, 새로운 팀원을 채용하고, 관리하고, 서로 코치할 수 있도록 한다. 또한 피드백과 체크인의 운영을 도와 직원들이 자신의 강점을 파악하도록 돕는다.

성과 관리와 피드백, 학습, 그리고 결속을 도모하는 팀 관련 도구를 제공하는 신규 시장은 유망하다. 나는 많은 HR 기술 제공업체들이 끊임없이 영역을 확대해나갈 것으로 생각한다.

기업 소프트웨어 시장을 바꿀 가능성이 높은 또 다른 최근 기술은 마이크로소프트 비바Microsoft Viva이다. 이 기술은 마이크로소프트 365에 구축된 디지털 플랫폼으로 직원 경험을 위해 특별히 고안됐다.(full disclaimer: 나는 마이크로소프트에 이 제품 개발에 대해 조언했다)[273] 즉각적으로 비바는 글린트Glint와 링크드인러닝LinkedIn Learning 같은 다양한 애플리케이션과 헤드스페이스Headspace와 스킬소프트Skillsoft, 그 외 여러 플랫폼의 콘텐츠에 연결해준다. 또한 비바는 IT와 HR 부서가 직원 경험을 표준화하도록 돕는 다양한 기능을 지닌 통합 플랫폼이다.

내가 이야기를 나눈 거의 모든 회사는 이제 적극적으로 일과 삶의 균형을 개선하는 방향으로 일터를 재설계하고 있다. 예를 들어 도이치 텔레콤의 디지털 경험 책임자는 업무 필요 사항과 정보 요구사항, 이동성과 다양한 업무 분야의 활동을 자세히 설명한 24개의 직무 페르소나를 개발했다.[274] 이제 이 기업은 페르소나를 사용해 새로운 도구를 선택하고, 새로운 시스템을 설계하고, 직원들을 위한 교육과 성과지원 프로그램까지 개발한다.

궁극적으로 일하고 싶은 매력적인 기업에서 HR의 역할은 기업의 사명과 이해관계자 전략에 적합한 기술 해결책을 적극적으로로 연구하고, 제안하고, 설계를 돕는 것이다. 당신이 준비를 마치고 IT와 협력하며 생산성을 대신하는 직원 경험에 중점을 둔다면 놀라운 일들을 해낼 수 있다.

핸드폰을 들고 가장 좋아하는 애플리케이션(웨이즈와 우버, 도어대시와 트위터)을 사용할 때 우리는 디자이너 팀이 매일 더 나은 경험을 선사하려 뒤에서 고군분투함을 확신할 수 있다. 그리고 리더나 HR 매니저로서 우리의 역할은 기술을 노동력 절약을 위한 도구로 보지 않고, 직원의 더 나은 삶을 위한 성과 개선 솔루션으로 보는 것이다.

데이터의 역할을 잊지 말자

엔지니어인 나는 언제나 데이터를 생각한다. 이 중요한 주제에 대한 몇 가지 생각으로 이 장을 마무리하겠다. 책을 쓰는 시기에, 신문의 헤드라인은 성별 임금 불평등과 직장 내 괴롭힘, 비윤리적 행동과 제도적 인종차별, 리더십 실패에 관한 이야기로 가득했고 많은 문제가 소셜 미디어를 통해 드러났다. 일하고 싶은 매력적인 기업은 어디서든 이러한 문제를 식별하고, 근절하고, 해결하기 위해 데이터의 힘을 사용해야 한다.

직원 데이터의 관리는 이전보다 훨씬 복잡하고 중요하다. 내가 몇 년간 블로그에 쓴 것처럼 '사람 분석'은 HR 부서의 후미진 데이터 창고에서 우리가 내리는 모든 경영 결정에 영향을 주는 매우 전략적인 프로그램으로 성장했다. 이제 기업들은 생산성과 위치, 편견과 차별을 채용과 승진, 급여의 패턴을 살펴보며 모니터할 수 있다. 그리고 조직 네트워크 분석(ONA)을 사용해 누가 누구와 이야기하는지 살펴보아 부정행위와 남용뿐 아니라 생산력의 동인을 파악할 수 있다. 스마트 시스템은 직무 설명서와 내부 문서를 읽고 당신의 감정과 편견, 스트레스까지 찾아내 회사의 모든 팀에 일어나는 일에 대해 바로 이용할 수 있는 정보를 준다.

당신이 HR이나 비즈니스 리더라면 이러한 '사람 분석'을 진지하게 받아들일 것을 촉구한다. 이 데이터를 관리하고, 이끌고, 분석하는 전담팀이 없다면 당신은 만들어야만 한다. 데이터를 통합하고 관리하는 정교한 도구는 이제 사용하기에도 쉽다. 나는 팀의 규모가 너무 클 때, 관리자가 잘못된 역할을 맡았을 때, 직원들의 사기가 저조할 때, 그리고 커리어 경로나 기술이 시대에 뒤처질 때를 빨리 파악할 만큼 기업이 현명해질 것이라 믿는다. 우리는 이제 이렇게 할 수 있는 정보를 갖고 있다. 당신은 데이터를 잘 통합해서 활용하면 된다.

변화를 위한 질문

팀원들과 함께 아래의 질문들을 논의해보자.

1 우리의 기술 시스템은 현재 얼마나 역할을 잘 하는가? 업무를 더 쉽게 만드는가, 아니면 방해하는가? 긍정적인 역할을 하지 않는다면, 최고재무책임자를 찾아가 개선된 HR과 업무 관리 도구를 탐색하는 프로젝트를 시작하자. 이는 직원들의 높은 결속력과 생산성, 더 나은 데이터로 이어질 것이다.

2 기존의 핵심 HR 시스템은 얼마나 오래됐는가? 5년 이상이라면 사용도 어렵고, 비싸며, 많이 수정됐을 것이다. 이 시스템은 현재 상황과 맞는가? 포천 1,000대 기업에 속하는 많은 기업은 이렇게 난해한 시스템을 새로운 클라우드 기반의 플랫폼으로 교체했다. 당신도 그렇게 해야 할 때이다.

3 IT와의 관계는 어떠한가? IT 부서는 직원과 관련된 시스템에 시간을 많이 쏟는가? 대부분 헬프데스크와 PC 관련 도구를 지원하겠지만, 이제는 일터를 재설계하는 새로운 역할을 많이 담당해야 한다고 제안하고 싶다. 당신의 도움도 물론 필요하다. 상급자와 만나 디지털 전환 프로젝트에 자금을 지원해야 하는 점을 분명히 하자.

4 사람 관련 데이터는 어떤 상태에 있나? 우리의 조사는 많은 기업이 직원 정보를 적극적으로 정리하고 통합하고 있음을 보여준다. 당신도 그렇게 하고 있는가? 이러한 프로젝트는 작업을 수행하고 시간에 따라 확장하는 구조를 갖추도록 원활한 자금을 지원받는가? 이는 당신이 반드시 해야 하는 투자이다. 그 결과는 엄청나지만 제대로 하기 위해선 최소한 몇 년이 걸릴 수도 있다.

5 우리 회사는 데이터에 제품 관리 방식을 적용하는가? 직원에게 얻는 모든 데이터는 직원 경험의 로드맵에 들어가야 한다. 아스트라제네카AstraZeneca와 슈나이더 일렉트릭Schneider Electric 같은 기업들은 직원 경험 제품 팀을 두어 모든 직원의 여정을 살펴보고 설문조사 결과를 사용해 이를 향상하려 노력한다. HR 전문가가 제품 관리자가 되는 이 개념은 미래 HR의 또 다른 모습이다.

직원 경험이 그 어떤 것보다 최우선이다

우선 새로운 일터 관련 기술을 조사하고 테스트하는 팀을 지정하자. 이 팀은 IT와 협력하며 보안과 기준, 통합 관련 이슈를 해결해야 한다.

그리고 시장에 나와 있는 도구를 조사해보자. 당신이 적용할 많은 최상의 해법은 단순히 그 제품이 아니라 통합하거나 구축해야 하는 것임을 염두에 두자.

직원 경험을 전체적인 관점에서 보자. 도이치 텔레콤과 다른 기업들의 사례를 따르자. 인력을 세분화하고, 직원이 일하는 방법을 살펴보는 조사에 투자하고, 회사의 가장 중요한 부문에 맞추어 해결책을 개발해야 한다.

기억하라. 우리의 조사가 강조한 것처럼 직원 경험에서 가장 중요한 요소는 기술이 아니라 신뢰다.[275] 당신의 직원들은 목적의식과 사명감을 느끼는가? 당신과 동료는 경청하고 반응하는 데 능숙한가? 직원이 문제를 지적하면 대응하고 답변을 줄 수 있는가? 그러한 반응의 거리를 단축하고, 당신이 신경 쓴다는 것을 알게끔 하는 것이 직원에게 힘을 실어주는 핵심이라고 나는 생각한다.

강력한 매력을 지닌 기업은 시도하고 실험해 보는 것을 두려워하지 않는다. 예를 들어 IBM은 내부 개발과 해커톤, 실험을 통해 새로운 성과관리 도구와 새로운 커리어 탐색 도구, 온라인 관리 코치를 구축했다. 팬데믹 기간에 개발된 많은 원격 근무와 하이브리드 업무, 재택근무 정책은 실험에서 시작됐다.

직원들 역시 도움을 줄 수 있다. 마지막으로 2019년 초에 실행된 펩시코의 유명한 과정 분쇄 프로그램을 살펴보자.[276] 팬데믹 초창기에 펩시코는 직원들에게 더 나은 업무 경험을 위해 바꾸거나 없애고 싶은 것이 있는지 물었다. 수만 명의 직원들이 아이디어를 냈고 투표로 1위를 골랐다.

당시 가장 경멸하는 프로세스로 뽑힌 것은 무엇이었을까? 그것은 바로 직원 성과 관리 시스템이었다. 복잡하고, 관료적이며, 시간을 많이 소모하고, 불공정할 때가 많은 시스템이라고 직원들은 생각했다. 경영진은 이러한 정보를 중대하게 신속히 받아들였다. 그리고 몇 달 만에 프로세스를 간소화했다. 또한 직원 경험을 최우선으로, 결과물은 두 번째로 중시하며 웰빙과 관리지원을 도모하는 프로그램을 빠르게 도입했다.

결론

일하고 싶은 최고의 직장 만들기

'노동은 자본에 우선하며 자본으로부터 독립적이다.

자본은 노동의 산물일 뿐이다.

노동이 없었다면 애초에 존재할 수 없었다.

노동은 자본보다 우월하며, 더 존중받을 자격이 있다.'

에이브러햄 링컨Abraham Lincoln, 미국 대통령, 1861

결론 일하고 싶은 최고의 직장 만들기

이 책은 비즈니스와 조직, 인간에 대한 애정이 담긴 노동의 산물이다. 지난 5년간 책을 쓰던 중 코로나19로 모든 생각은 가속화되고 긴박해졌다. 그러나 결론은 간단하다.

일하고 싶은 매력적인 기업은 인간이 정신력을 발휘할 때 회사가 더욱 빠르고 크게 성장할 수 있음을 안다. 비즈니스는 관리자가 원하는 바대로 노동을 강요해서는 안 된다. 조직의 성공을 이끌도록 기업은 사람들에게 권한을 주어야 한다. 나는 일하고 싶은 매력을 지닌 기업은 최고의 인재와 고객, 파트너를 끌어당긴다고 약속할 수 있다. 사람들은 이러한 조직을 선망하고 존경한다. 일하고 싶은 조직은 적응하고, 성장하고, 영속한다.

책에서 자세히 기술한 7가지 혁신은 이해하긴 쉬우나 그 의미는 심오하다. 그리고 실행하기는 생각보다 어려울 수 있다. HR의 새로운 경영철학을 제시하는 7가지 혁신은 모두 본질적인 진실에 기초한다. '사람(또는 링컨이 1861년에 설파한 노동)이 여전히 비즈니스의 가장 중요한 요소다.'

혁신과 서비스, 브랜드가 그 어느 때보다 중요한 오늘날 경제에서 당신은 직원에게 활력과 자율권, 지원을 제공할 방법을 항상 생각해야 한다.

계층 구조에서 팀으로 전환하며 직원들은 에너지를 발휘하고, 소속감을 느끼며, 조직에 헌신할 것이다. 직업에서 일로 중심이 옮겨가며 사람들은 자신을 재창조하고 항상 최선을 다하도록 노력한다. 보스에서 코치로의 전환은 직원과 경영진에 성장과 개발의 중요성을 알려줄 것이다. 규칙이 아닌 문화를 중시하며 조직은 사람들을 하나로 모으고 뛰어난 지원자를 영입할 수 있다. 승진보다 성장을 더 중시할 때 사람들은 협력하고 발전하고 역량을 개발할 것이다. 이익에서 목적으로의 전환은 직원들의 더 많은 에너지와 열정, 헌신으로 이어진다. 그리고 결과물보다 직원 경험에 초점을 둘 때 직원들은 공동의 가치를 향해 나아갈 것이다. 새로운 개념은 아니지만 나는 이를 '혁신'이라고 부른다. 왜냐하면 오늘날, 당신은 전사적으로 이를 수용해야 한다. 이는 그저 고려할 프로그램이나 관행이 아닌 성공을 위한 기초다. 7가지의 혁신은 당신의 조직이 성과를 내고, 영속하고, 성장하게끔 이끈다.

나는 계속해서 현재의 세상에 경영과 비즈니스가 적응하는 방법을 연구하고 배울 것이다. 우리 모두 일하고 싶은 회사가 되고 싶은 만큼 여러분의 생각과 피드백, 이야기도 듣고 싶다.

마침표가 아닌, 끊임없이 이어질 논의의 출발점에 우리는 서 있다.

이 책을 쓰는 동안 세계는 코로나19 팬데믹과의 싸움을 시작했다. 백신접종이 증가하는 현재, 기업들은 그 어느 때보다 고용에 어려움을 겪고 있다. 미국 노동력의 약 35%가 2021년 직장을 떠났고 대부분의 기업이 직원 결속력 문제를 과제로 안고 있다.

팬데믹이 시작했을 때, 많은 회사가 문을 닫을 것으로 예상됐다. 그리고 소매업체와 항공사, 호텔 산업과 많은 제조업체는 직원들을 보내야 했다. 아메리칸항공American Airlines와 세인스버리, MGM 리조트MGM Resorts와 버라이즌Verizon 같은 기업들은 대규모의 일시 해고를 진행했다. 그러나 어쨌든 경제는 다시 회복했다.

이러한 일을 겪으며 나는 '끊임없는 인간의 정신력'을 배웠다고 생각한다. 적절한 지원이 주어졌을 때 개인은 언제나 변화에 적응한다. 막강한 메시지다.

팀의 에너지를 믿고, 창조할 권한을 주고, 안전과 공정한 임금, 신뢰와 성장으로 사람들을 지지하면 당신의 회사는 언제나 번창할 것이다. 팬데믹이 준 가장 중요한 교훈은 이 책 전반에 나온다. 직원들에게 비즈니스를 이끌도록 권한을 줌으로써 매니저와 리더, 또는 HR 전문가인 당신은 성공을 경험할 것이다.

이것이 바로 일하고 싶은 강력함이다.

부록 1

기업의 영속성에 대하여

우선 '거부할 수 없는irresistible'의 의미는 무엇이고 어떻게 이 용어를 떠올리게 됐는지 살펴보자.

수십 년간 HR과 인재 관리에 관해 연구한 결과 직원의 결속력을 측정하는 것만으로는 충분치 않다는 것을 깨달았다. 기업이 성장할 때에는 대부분의 직원이 행복하다. 그러나 비즈니스가 정체되면 결속력이 급격히 떨어진다.

우리가 진짜로 평가하고 싶은 것은 '조직의 영속성'이다. 다시 말해 현재부터 미래까지 오랜 기간 동안 함께 일하고 싶은 강한 매력을 지닌 기업이 되는 능력을 의미한다. 즉 성장하고, 변화하고, 유연하게 적응하는 경영의 근육을 가진 조직 만들고 그 목적과 사명, 가치에 집중하며 키우는 것이다.

수년간 많은 기업의 CEO와 최고인사책임자를 만나 이러한 여러 직원들의 결속과 관련된 이슈를 논의하면서 깊게 생각해볼 네 가지의 요소를 발견했다.

사명

세대가 변해도 지속적으로 유지될 수 있는 기업의 사명이나 목적이 있는가? 예를 들어 존슨앤드존슨은 그들 제품을 사용하는 의사, 간호사, 환자, 엄마들을 케어한다는 사명이 있다.[277] 그리고 1943년, 뉴저지 본사 벽에 이 문구를 새겼다. 이러한 사명은 고객에 대한 책임감을 넘어 직원과 지역사회, 주주에 대한 기업의 의무를 보여준다.

'더 좋은 삶을 만들자'는 사명을 가진 이케아는 멋진 디자인의 가구를 저렴한 가격에 제공한다. 가능한 한 더 많은 사람이 사용할 수 있도록 하는 것이다.[278] 이케아는 또한 환경과 지속 가능한 지구 보전, 지역사회에 대한 의무도 중요하게 생각한다.

파타고니아는 때로는 '회사로 가장해서 대의를 추구하는 조직'이라고도 불린다[279] CEO이자 창립자인 이본 쉬나드Yvon Chouinard는 정말로 그가 지구를 구하는 비즈니스에 종사하고 있다고 생각한다.[280] 이 기업은 등산가용 도구를 만들며 시작했는데, 자연에 가장 피해가 적게 가는 제품을 수십 년간 사용할 수 있도록 만드는 데 주력한다.

나는 사명을 잊어버린 몇몇 기업들과 일해본 적이 있다. 그 기업들은 사명을 잊어버리고 나자 강한 매력이 있었던 조직의 위상마저도 놓쳐버리게 되는 경우가 많았다. 그러나 멈칫하다가도 다시 균형을 찾게 되는 기업도 있다. 예를 들어 마이크로소프트는 수년간 소프트웨어를 통해 컴퓨터 사용을 대중화한다는 사명이 있었지만, 인터넷과 모바일 같은 새로운 트렌드에 적응하지 못하고 밀려나서 길을 잃어 버렸다. 하지만 이제는 다시 제품을 통해 직원과 조직에 힘을 싣자는 사명을 갖고 제자리를 찾았다.

사명에 관해서는 밤을 새워서 얘기해도 부족하다. 한 마디로 사명은 앞으로 나아갈 명확한 길을 밝혀주는 조직의 등불이다.

생산성

수년간 직원 결속력에 관해 조사하면서 언제나 발견하게 되는 사실이 매우 흥미롭다. 최고의 결속력을 가진 직원으로 구성된 기업은 가장 빠르게 성장한다. 그 기업들은 목표가 명확하고, 시장을 이해하며, 성과를 낸다.

자세히 들여다보니 그 이유를 알 수 있었다.

이 기업들은 그저 직원들을 행복하게 만들어줄 생각만 하고 있지 않았다. 그들은 직원들이 생산성을 유지할 수 있게 뒷받침하려고 했다. 그리고 업무의 수행방식을 중심에 놓고 조직, 보상, 경영전략 등을 설계했다.

글래스도어 데이터베이스에서 주로 상위 10%에 드는 즉, 일하고 싶은 기업들은 뛰어난 재무성과를 보인다. 실제로 자료를 분석해보니 이러한 훌륭한 기업은 강력한 비즈니스 성과를 내었고,

빠르게 성장한다고 평가받는 경우가 두 배 이상인 것을 발견했다. 전체 표본에서 이런 평가를 받는 기업은 절반도 채 되지 않았다.

'생산성'이란 단어는 다소 차갑고 경제적인 느낌이지만 사실 정말 중요한 주제다. 테레사 아마빌레Teresa Amabile의 저서 《전진의 법칙The Progress Principle》을 보자. 그는 수천 명 직원들의 업무 일지를 조사하였고, 그 결과 가장 직장에서 보람을 느낄 때는 '무언가를 해낼 때'로 나왔다고 밝혔다.[281] 사람들은 다른 동료들을 돕고, 프로젝트를 진행하고, 활동을 완료하는 일들을 정말로 즐기고 있는 것이다. 핵심은 이러한 경험을 의미 있고 효율적으로 만드는 것이다.

몇 년 전 링크드인과 함께 조사한 적이 있다. 그 조사에서는 사람들이 '일, 그 자체의 본질'에서 가장 열심히 일할 수 있는 자극을 받는다는 결론이 나왔다.[282] 자기 일이 좋고 경력이 발전된다고 느낄 때 사람들은 행복해했다.

그럼에도 불구하고 생산성이라는 주제는 지난 10년간 전반적으로 골치 아픈 주제였다. 이것은 또 여러 가지 측면에서 내가 이 책을 쓴 이유기도 하다.

문제는 이렇다. 생산성은 일반적으로 노동시간이나 노동비용에 대비한 결과물로 정의된다. 그런데 디지털 경제로 전환되면서 글로벌 생산성은 둔화되고 있다. 이는 팬데믹 때문만이 아닌[283] 심각한 경제적 문제 때문이다. 생산성은 임금 상승, 고용, 사업의 지속가능성에 연료가 되는 엔진이다. 일터에서 수많은 자동화가 이루어졌음에도 불구하고 우리는 아직 이러한 변화에 효율적으로 대응할 방법을 찾지 못했다.

어떤 경제학자들은 노년층을 탓하기도 한다. 젊은 세대가 원인이라고 여기는 사람도 있다. 기반 시설 투자가 부족해서라고 지적하는 이들도 많다. 예컨대 지난 10년간 통근 시간이 하루에 거의 한 시간이 증가한 것 같은 부분이다. 어떤 이들은 측정 시스템이 잘못됐다고 말하기도 한다.

하지만, 나는 경험상 다르게 본다. 우리가 디지털 세상에서 조직을 운영하는 방식에 대해 다시 생각해봐야 한다. 생산성이 낮아진 것은 기업이 잘 적응하지 못한다는 징후로 볼 수 있다. 새로운 기술이 증가하고 증가하고 새로운 도구가 끊임없이 등장함에도 불구하고 우리는 여전히 전통적인 방식으로 일한다. 따라서 이 책에 언급한 7가지 원칙을 적용해 생산성을 높여야 한다.

생산성 하락과 직원 결속력의 저하는 그 자체의 문제라기보다 비즈니스의 근본적인 변화가 필요하다는 징후다. 가치 창출 방식은 달라졌다. 기업은 더는 규모와 효율성으로 가치를 창출하지 않는다. 그들은 혁신과 창조, 서비스로 가치를 창출한다. 즉, 우리는 이제 회사를 다른 방식으로 운영해야만 한다.

나는 전 세계를 다니며 뛰어난 성과를 내는 기업은 다르게 조직하고, 관리하고, 구성한다는 것을 발견했다. 변화를 받아들이고 이 책에서 자세히 다룬 7가지 혁신을 실천한다면 생산성(그리고 결속력과 행복)이 전에 없던 방식으로 향상되는 것을 볼 수 있을 것이다.

결속력

HR 매니저는 '결속력'이란 용어를 기업의 운영을 보여주는 척도로 사용한다. 많은 자료에 따르면 일반적으로 직원의 3분의 1은 결속력이 높다. 처음으로 직원 결속력 조사를 개발했던 여론조사 기관 갤럽은 얼마 전 2021년 결과를 발표했다. 2020년 후반 36%를 보였던 결속력은 2021년 39%로 증가했다.[284]

전반적으로 옳은 방향으로 가고 있지만, 평균보다 훨씬 높은 수치를 보인 기업이 많은 만큼 낮은 기업도 많다. 수년간 확인해 온 결과를 보면 일하고 싶은 매력적인 기업들은 보통 직원 결속력 조사에서 상위권을 차지한다. 이러한 기업에서 볼 수 있는 유일한 패턴은 경영진의 자질과 중점분야다. 그들은 사람을 중시하고, 직원이 곧 자사의 제품임을 이해하며, 사람에게 권한을 부여하는 경영방식에 계속 투자하고, 재설계하고, 집중했다.

결속력 분야에 관해서 엄청난 규모의 시장이 있다. 컨설턴트와 컨설팅 도구, 책과 워크숍, 행사가 수십억 달러 규모에 달한다. 사실 '조직 문화'와 '직원 결속력'이라는 용어는 너무 일반화돼 수많은 기업이 최고의 직장 타이틀을 두고 경쟁할 정도다.

결속력은 좋은 주제다. 그러나 결국, 앞서 논의했듯이 그저 조사를 실시하는 것 이상의 해결책이 필요하다. 경영과 사람에 근본적으로 집중하고, 개개인이 중요하다는 점을 깊이 이해하며, 결속력 목표를 중심으로 기업을 어떻게 구축할지 계획을 세워야 한다.

얼마 전, 나는 제넨텍Genentech의 고위 임원을 만났다. 제넨텍은 가장 결속력이 높고 매력적인 일터로 꼽히는 기업이며, 제넨텍의 CEO는 사람에 대한 강한 믿음이 있다. 그는 자사의 연구자와 직원에게 '사명이 이익보다 우선한다'라고 말한다. 더 건강한 사회를 만들기 위해 이바지하지 않는다면 그건 옳은 일을 하지 않는 것이나 다름없다고 강조한다.[285] 제넨텍은 복잡함을 없애고, 생산성을 높이며, 직원 경험을 향상하기 위해 온 힘을 다하고 있다. 이것이 바로 일하고 싶은 매력적인 기업이 하는 일이다.

그들은 동종 기업들보다 빨리 성장한다. 직원을 우선으로 생각하는 특별한 자질을 갖췄다. 그리고 좋은 시기나, 나쁜 시기나 잘 견디는 지구력이 있다. 이 책에 나온 7가지 혁신을 통해 직원 중심 원칙은 더 명확해지고 실행 가능성이 높아질 것이다.

행복

행복은 우리가 직장에서 서로 돕고 이바지하거나 혁신할 수 있게 만드는 인간의 본질적인 감정이다. 그런데 이 행복 수치는 놀라운 속도로 떨어지고 있다.

경제협력개발기구(OECD)의 지원을 받는 '세계행복보고서'는 100개가 넘는 국가의 데이터를 살핀다. 2020년에는 팬데믹으로 인해 조사한 국가가 다소 줄었지만, 발견한 점은 유사하다. 세계에서 가장 행복한 나라의 순위는 핀란드, 덴마크, 스위스, 아이슬란드, 네덜란드, 노르웨이, 스웨덴, 룩셈부르크, 뉴질랜드, 오스트리아였다. 예전에 13위에 오른 적도 있는 미국은 18위에서 2020년 19위로 떨어졌다.[286]

왜 이런 일이 일어났을까? 비즈니스 리더로서 이에 대해 우리가 할 수 있는 일은 무엇일까? 가장 시급한 세 가지 이슈는 신뢰, 공정성, 사회적 결속력이다.

신뢰도는 확연하게 떨어졌다. '2020년 에델만 신뢰도 지표조사'에서 응답자의 다수는 제도적인 인종주의에 반대 의견을 말했다. 그리고 환경에 피해를 주지 않는 제품을 만들며 세계가 온실가스를 줄이도록 기업이 돕길 바란다고 강조했다.[287] 응답자 10명 중 7명은 과거보다 이런 행동에 대한 브랜드 신뢰도가 더 중요하다고 답했다. 비즈니스에 종사자로서 우리는 리더와 매니저들이 이러한 사회적 요구를 유념하게끔 해야 한다.

두 번째 행복과 관련된 이슈는 공정성이다. 오늘날 소득 불평등은 위기에 달했다. 나라 안 빈부격차 수준을 보여주는 지니계수*는 치솟고 있다. 2021년 지니 계수에 따르면 부유층과 빈곤층의 격차는 그 어느 때보다 크다.[288]

취업률은 계속해서 증가하고 주식시장이 호황이어도 도시에는 무주택자가 가득하다. 2020년 말 미국의 빈곤율은 1960년대 이래로 가장 가파르게 상승했다. 현재 미국인 7명 중 1명의 연간 가정자원은 빈곤선 아래 수준이다. 어반 인스티튜트Urban Institute에 따르면 4.4%는 극심한 빈곤에 처해있다고 한다.[289]

선진국의 밀레니얼 세대를 대상으로 한 많은 조사는 부모 세대보다 '덜 부자'며 '덜 행복'할 것이라는 그들의 생각을 보여준다. 월급은 그대로인데 부동산 가격은 올라가는 것을 지켜보며 그들은 돈을 더 벌기 위해 긱 직무를 택한다. 그리고 세상은 불공평하다고 믿는다. 물론 관리 방식에서 다룰 수 있는 사항이지만 이러한 문제로 다양성과 포용성, 임금의 형평성과 투명성은 더욱 중요해졌다.

세 번째 이슈는 사회적 결속력이다. 로버트 D.퍼트넘Robert D. Putnam이 그의 유명한 저서 《나 홀로 볼링Bowling Alone》에서 논의했

* 지니계수 1.0은 한 사람이 사회의 부를 전부 가진 것을, 지니계수 0은 모두가 같은 수준의 부를 지닌 것을 뜻함

듯이 우리는 더 큰 집에 살며 이웃과는 더 멀어졌고 핸드폰에 더 많은 시간을 보낸다. 친구는 적어졌으며 친밀한 관계는 많지 않다.[290]

정치적 선언문처럼 책을 만들고 싶지 않지만, 이 점은 말해두고 싶다. 우리는 비즈니스 리더로서 이 문제를 해결할 수 있고 해결해야만 한다. 기업을 더욱 잘 관리한다면 우리는 조직에 신뢰와 사회적 소속감을 심어줄 수 있다.

부록 2 데이터를 사용해 일하고 싶은 매력을 지닌 기업 찾기

이 책은 수백 개의 연구 조사와 인터뷰, 조쉬 버신 컴퍼니The Josh Bersin Company와 버신 바이 딜로이트Bersin by Deloitte에서 진행한 사례조사를 기반으로 탄생했다. 각각의 조사에서 다양한 경영과 HR 관행을 살펴보고 이를 비즈니스 성과와 연결해 본질적으로 성공을 이끄는 비결을 밝혔다.

이러한 조사 외에도 나는 글래스도어의 데이터베이스를 검토하며 방대한 분석을 진행했다. 글래스도어는 직원들에게 기업 전반과 문화, 리더십, 급여와 일과 삶의 균형, 커리어 기회와 평등에 관해 점수를 매기도록 해 수만 개 회사에 관한 수백만 임직원의 점수를 모은다. 나는 자료를 자세히 분석하며 뛰어난 성과를 내는 기업의 특징과 이러한 요소 간의 관계를 살펴보았다.

그리고 매우 중요한 점들을 발견했다. 첫째, 높은 점수를 받은 기업들(소위 일하고 싶은 매력적인 기업)은 업종과 규모, 역사와 관계없이 발견됐다. 그리고 모든 부문(업계, 회사 규모, 회사 연식)마다 동종기업보다 훨씬 뛰어난 성과를 내는 소수의 회사는 존재했다. 그중에는 유명하진 않지만 오래 가고, 지속 가능한, 영속성을 갖춘 조직이 많았다.

둘째, 높은 점수를 받은 기업(글래스도어 점수 4.3 이상)은 문화와 리더십, 커리어 성장 부문에서도 매우 높은 점수를 받았다. 사실 이러한 요소들은 급여나 복지보다 회사의 전반적인 점수를 예측하는데 3배 더 중요했다. 따라서 데이터를 통해 우리는 성장과 자율성, 신뢰가 성과의 예측인자임을 알 수 있다.

셋째, 거의 모든 업계와 회사 규모의 그룹은 종 모양의 곡선, 즉 정규분포의 점수를 가진다. 즉 '최고의 업계'나 '최고의 규모'는 존재하지 않는다. 성공은 이러한 요소와 관계없다. 예를 들어 누군가는 기술회사나 소규모 회사가 언제나 가장 높은 점수를 받을 거라 생각할 수 있다. 그러나 이는 사실이 아니다. 당신이 분석하는 거의 모든 영역에서 통계는 정규분포를 보여준다.

글래스도어 조사는 또한 비즈니스 전망(성장)이 직원의 결속력 수치와 직접적인 연관이 있음을 발견했다. 이는 원인과 결과 모두에 해당한다. 결속력이 높은 기업은 뛰어난 성과자를 영입하고 직원을 오래 보유한다. 또한 쉽게 상황에 적응하고 사람들의 직무 이동이 용이하다. 그리고 직원들의 에너지와 열정은 향상된 고객 경험으로 바로 나타난다.

전반적으로 이 조사는 심오한 점을 강조한다. 일하고 싶은 매력적인 기업에 가장 중요한 요소는 '경영진'이다. 훌륭한 리더와 매니저는 업계와 규모, 위치에 상관없이 뛰어난 기업을 만들 수 있다.

책에 나온 많은 사례에서 본 것처럼 나는 강력한 매력을 지닌 기업과 만나 대화하고 그들을 모두 알고자 노력했다. 당신은 또한 이러한 기업들이 매년 사람을 중심에 두고 비즈니스를 지속적으로 운영하는 방법을 책에서 확인할 수 있다. 그 기업들은 7가지의 혁신 비결을 인지하고 다양한 방법으로 이를 실천하고 있다.

미주

1 《도덕성: 분단의 시대에 공공선 회복하기(Morality: Restoring the Common Good in Divided Times)》, 조너선 색스 / 베이직북스, 2020.9

2 〈당신이 대기업보다 오래 가는 이유(Why you will probably live longer than most bigcompanies)〉IMD / 슈테판 가렐리(Stéphane Garelli), 2016.12, www.imd.org/research-knowledge/articles/why-you-will-probably-live-longer-than-most-big-companies/

3 이저벨 윌커슨같은 저자는 《카스트: 가장 민주적인 나라의 위선적 신분제(Caste: The Origins of Our Discontent)(랜덤하우스, 2020.8)》에서 모든 형태의 차별은 사람을 깔아뭉개고 계층 구조를 만들려는 욕구에서 발생한다고 주장한다. 따라서 계층 구조는 인간의 약점이라고 볼 수 있다.

4 〈제도적 혁신(Institutional innovation)〉 딜로이트 LLP / 존 헤이글 3세, 존 실리 브라운, 2013.3.13. https://www2.deloitte.com/us/en/insights/topics/innovation/institutional-innovation.html.

5 재니스 셈퍼와의 인터뷰, 보스톤컨설팅그룹, 2019.6

6 〈4.6의 힘(The power of number 4.6)〉 포천/ 지아 린 양, 2006.6.8.http://archive.fortune.com/magazines/fortune/fortune_archive/2006/06/12/8379238/index.htm

7 〈서론: 급변하는 세상에서의 사회적 기업(Introduction: The social enterprise in a world disrupted)〉 2021 글로벌 인적자본 동향 리포트, 딜로이트 LLP / 에리카 볼리니 외, 2021,https://www2.deloitte.com/global/en/insights/focus/human-capital-trends/2021/socialenterprise-survive-to-thrive.html

8 〈애피칼 애플리케이션으로 온보딩 프로그램을 개선한 펩시코(PepsiCo improves onboarding with Appical app.)〉 EBN / 필 앨비너스, 2018.2.14. www.benefitnews.com/news/pepsico-improves-onboarding-with-appical-app.

9 〈신피질 크기가 영장류 그룹 규모에 미치는 제약요건(Neocortex size as a constraint on group size in primates)〉, 인간 진화 저널 / R.I.M. 던바, 1991.12.2. www.sciencedirect.com/science/article/abs/pii/004724849290081J?via%3Dihub

10 독점 인터뷰, 2016, 2018.

11 〈아틀라시안 팀 플레이북: 플레이즈와 강한 팀 만들기〉 아틀라시안 / www.atlassian.com/team-playbook.

12 〈그저 거부할 수 없는(Simply Irresistible)〉, 조쉬 버신 컴퍼니, 2019.

13 〈리츠칼튼이 5점짜리 고객 경험을 만든 방법(How the Ritz-Carlton Creates a 5 Star Customer

Experience)〉 CRM.org / 캐서린 모린(Catherine Morin), 2019.12.13. https://crm.org/articles/ritz-carlton-gold-standards.

14 예론 웰스와의 인터뷰, 유니레버, 2020.10.7.

15 로리 골러와의 인터뷰, 메타, 2018.4

16 배리 머피와의 인터뷰, 에어비앤비, 2017.

17 돔 프라이스와의 인터뷰, 아틀라시안, 2018.

18 《맨먼스 미신:소프트 엔지니어링에 관한 에세이(The Mythical Man-Month:Essays on Software Engineering)》 프레드 브룩스/ 애디슨 웨슬리, 1975

19 〈민첩성 그 이상을 향해: 애자일 개발의 역사와 유산(To agility and beyond: The history—and legacy—of agile development)〉 테크비컨/ 피터 바홀, https://techbeacon.com/app-dev-testing/agility-beyond-history-legacy-agile-development.

20 〈애자일 선언문(Manifesto for Agile Software Development)〉 애자일 소프트웨어 개발 선언문 / 워드 커닝햄, 2001, https://agilemanifesto.org.

21 조 밀리텔로와의 인터뷰, 피보탈, 2017, 2018

22 《린 스타트업(Lean Startup): 오늘날 기업은 급진적인 성공을 이루기 위해 어떻게 지속적인 혁신을 이끄는가》 에릭 리스 / 커런시, 2011.9.13.

23 GE디지털 HR팀과의 인터뷰, 2016, 2017.

24 《드라이브: 창조적인 사람들을 움직이는 자발적 동기부여의 힘(Drive: The Surprising Truth about What Motivates Us)》, 다니엘 핑크/ 리버헤드 북스, 2011.4.5.

25 《전진의 법칙(The Progress Principal)》 테레사 아마빌레/ HBR 프레스, http://progressprinciple.com/books/single/the_progress_principle.

26 〈훌륭한 매니저는 여전히 중요하다: 구글 옥시젠 프로젝트의 진화(Great managers still matter: The evolution of Google's Project Oxygen)〉 리워크위드 구글 / 멜리사 하렐, 로렌 바바토, 2018.2.27. https://rework.withgoogle.com/blog/the-evolution-of-project-oxygen/.

27 〈구글의 옥시젠 프로젝트, 경영에 신선한 바람을 불어넣다(Google's Project Oxygen Pumps Fresh Air into Management)〉 더스트릿 / 브래드 홀, 2014.2.11. www.thestreet.com/story/12328981/1/googlesproject-oxygen-pumps-fresh-air-into-management.html.

28 〈안정성과 소속감, 중요성을 반영한 구글의 최적의 팀구성(Google's Optimal Teaming Mapped to Safety, Belonging, Mattering)〉 스마트트라이브 기관/ 2017, https://smarttribesinstitute.com/wp-content/uploads/Googles-Optimal-Teaming-Mapped-to-Safety-1.pdf.

29 〈작은 팀의 발달 단계(Developmental sequence in small group)〉 심리학회보/ 브루스 터크만, 1965, https://content.apa.org/record/1965-12187-001.

30 마이클 아레나와의 인터뷰, GM, 2016, 2017, 2018.

31 〈스타 인재 채용의 위험성(The Risky Business of Hiring Stars)〉 하버드 비즈니스 리뷰 / 보리스 그로이스버그, 아시시 난다, 니틴 노리아, 2004. 5 https://hbr.org/2004/05/the-risky-business-of-

hiring-stars.

32 〈아마존 혁신의 비결 - 미래에 관한 보도자료(Amazon's Innovation Secret — The Future Press Release)〉 아마존 웨이 / 존 로스만, 2015.3.15., http://the-amazon-way.com/blog/amazon-future-press-release/.

33 〈모두에게 유연성을 제공하는 새로운 일의 형태(The new shape of work is flexibility for all)〉 머서 LLC/ 로렌 메이슨, 켈리 오르크, 메리 앤 사돈, 케이트 브레이버리, 2020, www.mercer.us/content/dam/mercer/attachments/private/us-2020-flexing-for-the-future.pdf.

34 〈12,000명의 직원이 미래의 원격근무에 대해 알려주는 것(What 12,000 Employees Have to Say about the Future of Remote Work)〉보스톤컨설팅그룹/ 아드리아나 다히크 외, 2020.8.11. www.bcg.com/publications/2020/valuable-productivity-gains-covid-19.

35 〈코로나 바이러스의 발생으로 미국인의 일하는 방식은 무엇이 변하고, 변하지 않았나(How the Coronavirus Outbreak Has and Hasn't Changed the Way Americans Work)〉 퓨 리서치 센터/ 킴 파커, 줄리아나 메너스, 호로위츠, 레이첼 민킨, 2020.12.9. www.pewresearch.org/social-trends/2020/12/09/how-the-coronavirus-outbreak-has-and-hasntchanged-the-way-americans-work/.

36 〈인재채용의 전쟁에서 이제 유연근무제는 핵심요소다(New Research Shows That Flexible Working Is Now a Top Consideration in the War for Talent)〉/ IWG, 2019.5.12.www.prnewswire.com/news-releases/new-research-showsthat-flexible-working-is-now-a-top-consideration-in-the-war-fortalent-300818790.html.

37 사친 제인과의 인터뷰, 펩시코, 2020.5

38 〈전 세계 직원의 절반 이상이 팬데믹 이후 유연근무제가 적용되지 않으면 직장을 그만둘 것이다(More than half of employees globally would quit their jobs if not provided post-pandemic flexibility)〉 EY/ 2021.5.12. www.ey.com/en_us/news/2021/05/more-than-half-of-employees-globally-would-quit-their-jobsif-not-provided-post-pandemic-flexibility-ey-survey-finds.

39 알렉스 베이드녹과의 인터뷰, 텔스트라, 2020.8.11.

40 〈유연한 일터 채택하기(Embracing a Flexible Workplace)〉 마이크로소프트 공식 블로그/ 캐슬린 호건, 2020.10.9. https://blogs.microsoft.com/blog/2020/10/09/embracing-a-flexible-workplace/.

41 〈제프 베이조스의 생산성 비결은? 피자 두 판의 법칙(Jeff Bezos's Productivity Tip? The '2 Pizza Rule)〉 Inc./ 아이네 케인, 2017.6.7. www.inc.com/business-insider/jeff-bezos-productivity-tip-two-pizzarule.html.

42 〈신피질 크기가 영장류 그룹 규모에 미치는 제약요건(Neocortex size as a constraint on group size in primates)〉, 인간진화저널 / R.I.M. 던바, 1991.12.2. https://www.sciencedirect.com/science/article/abs/pii/004724849290081J?via%3Dihub.

43 《사일로 이펙트(The Silo Effect)》, 질리언 테트 / 사이먼앤슈스터, 2015.9.1.

44 《적응 공간(Adaptive Space: GM)와 다른 기업은 어떻게 긍정적으로 자사를 탈바꿈하고 애자일 조직으로 전환하는가?》, 마이클 아레나/ 맥그로힐 교육, 2018

45 마이클 아레나와의 인터뷰, GM, 2020.9.22.
46 델의 HR 리더들과의 인터뷰, 2010, 2017, 2018, 2020.
47 〈줄이지 말고 재설계하자(Redesign Not Downsize)〉 온라인 간호학 저널 / 샤론 콜터, 1997.1.6., www.nursingworld.org/MainMenuCategories/ANAMarketplace/ANAPeriodicals/OJIN/TableofContents/Vol21997/No1Jan97/Redesign.html.
48 〈스포티파이 모델을 발견하자(Discover the Spotify model)〉 아틀라시안/ 마크 크루스, www.atlassian.com/agile/agile-at-scale/spotif
49 〈스쿼드와 트라이브, 챕터와 길드로 이루어지는 스포티파이의 엔지니어링 모델(Spotify Engineering Model with Squads, Tribes, Chapters and Guilds)〉 Growly.io/ 에밀리아 바르스카, 2017.3.8. www.growly.io/spotifyengineering-model-with-squads-tribes-chapters-and-guilds/.
50 〈셰인 엘리엇, ANZ를 애자일 조직으로 만들며 관료주의를 날려버리다(ANZ blows up bureaucracy as Shayne Elliott takes the bank agile)〉 호주 파이낸셜 리뷰 / 조앤 그레이, 2017.5.1. www.afr.com/companies/financial-services/anz-blows-up-bureaucracy-as-shayne-elliotttakes-the-bank-agile-20170428-gvumc2.
51 〈애자일의 수용(Embracing Agile)〉 하버드 비즈니스 리뷰 / 대럴 릭비, 제프 서덜랜드, 타케우치 히로타카, 2016.5, https://hbr.org/2016/05/embracing-agile.
52 알렉스 베이드녹과의 인터뷰, 텔스트라, 2020.3
53 로리 골러와의 인터뷰, 메타, 2017, 2018.
54 아멜리아 간다라와의 인터뷰, GE, 2018.
55 〈2014년에서 2020년까지 미국의 프리랜서 근로자수〉 스태티스타/ 2021.5.11. www.statista.com/statistics/685468/amount-of-people-freelancing-us/.
56 2018 딜로이트 밀레니얼 조사, 딜로이트 LLP/ 2018, https://www2.deloitte.com/content/dam/Deloitte/global/Documents/About-Deloitte/gx-2018-millennial-survey-report.pdf.
57 〈2021 긱 경제: 임시직원을 채용하는 전략〉 몬스터/ 2020.12, https://hiring.monster.ca/employer-resources/recruiting-strategies/the-gig-economy-in-2021-new-strategies-forrecruiting-temporary-workers/.
58 〈P&G와 구글, 연구를 위해 직원을 교환하다(P&G, Google swap workers for research)〉 실리콘 밸리 비즈니스 저널/2008.11.20., www.bizjournals.com/sanjose/stories/2008/11/17/daily51.html.
59 2017 글로벌 인적자원 동향, 딜로이트 LLP/ 2017, https://www2.deloitte.com/us/en/insights/focus/human-capital-trends/2017.html ; 2018 글로벌 인적자원 동향, 딜로이트 LLP/ 2019, https://www2.deloitte.com/us/en/insights/focus/human-capital-trends/2018.html
60 트레이시 케오와의 인터뷰, HPE, 2019.
61 데이브 얼리치, 로스 경영대학원, 미시건 대학/ https://michiganross.umich.edu/faculty-research/faculty/dave-ulrich.
62 〈경영 대가들의 평가(Rating the Management Gurus)〉 블룸버그 비즈니스 위크/ 2001.10.14 www.

bloomberg.com/news/articles/2001-10-14/rating-themanagement-gurus.
63 예론 웰스와의 인터뷰, 유니레버, 2020.
64 〈직업과 기술의 동향〉 보스톤컨설팅그룹 / 라이너 스트랙 외, 2019.9.12. www.bcg.com/publications/2019/what-is-trending-jobs-skills.
65 〈하이브리드 직무〉 버닝 글래스 테크놀로지/ 2019, www.burning-glass.com/research-project/hybrid-jobs/.
66 예론 웰스와의 인터뷰, 유니레버, 2021.
67 〈자포스는 채용공고를 없앴다. 당신은?(Zappos Killed the Job Posting – Should You?)〉 하버드 비즈니스 리뷰/ 존 보드로, 2014.5.28. https://hbr.org/2014/05/zappos-killed-thejob-posting-should-you.
68 〈서론: 급변하는 세상에서의 사회적 기업(Introduction: The social enterprise in a world disrupted)〉 2021 글로벌 인적자본 동향 리포트, 딜로이트 LLP/ 에리카 볼리니 외, 2020.12.9. https://www2.deloitte.com/us/en/insights/focus/human-capitaltrends/2021/social-enterprise-survive-to-thrive.html.
69 〈명확한 지침: 직원 경험〉, 조쉬 버신 컴퍼니, 2021.
70 〈당신의 기업 문화에 '긱 노동자'를 포함하는 네 가지 방법(Four ways to include 'gig workers' in your company culture)〉 래티스 / 앤디 프르지스탄스키, 2020.2.10 https://lattice.com/library/4-ways-to-include-gig-workers-in-your-company-culture.
71 리더십과 개발 모범사례에 관한 조쉬 버신 컴퍼니의 조사, 2021.11
72 〈Z-Work는 긱 근로자를 찾는 새로운 특정목적을 가진 기업이다〉 포천/ 숀 툴리, 2021.2.15. https://fortune.com/2021/02/15/spacs-z-work-gig-economy-startups-work-from-home/.
73 〈미래의 역량: 유연한 근무환경 속에서 전문성 개발하기(Skills of the Future: Building Professional Development in a Flexible Workplace)〉 베터웍스/ 2021.3.25. www.betterworks.com/skills-ofthe-future-building-professional-development-in-a-flexible-workplace/
74 〈연령, 성, 인종, 히스패닉 계통별 2019 인구 예상〉 미국통계국/ 2020.6.25. www.census.gov/newsroom/press-kits/2020/population-estimates-detailed.html.
75 〈노년층 근로자 고용의 장점(The Age Premium: Retaining Older Workers)〉 뉴욕타임스/ 스티븐 그린하우스, 2014.5.14. www.nytimes.com/2014/05/15/business/retirementspecial/the-age-premium-retaining-older-workers.html.
76 〈BMW가 노년층 근로자를 대하는 방법(How BMW Deals with an Aging Workforce)〉 CBS 뉴스/ 리처드 로스, 2010.9.5., www.cbsnews.com/news/how-bmw-dealswith-an-aging-workforce/
77 〈다양성에 관한 비즈니스 사례 재검토하기(Only skin deep? Re-examining the business case for diversity)〉 딜로이트 LLP/ 2011.9, www.ced.org/pdf/Deloitte_-_Only_Skin_Deep.pdf.
78 〈최고의 지원자가 꼭 고학력자는 아니다(The Best Job Candidates Don't Always Have College Degrees)〉

더 아틀란틱/ 부리 람, 2015.9.24. www.theatlantic.com/business/archive/2015/09/ernest-young-degree-recruitment-hiring-credentialism/406576/

79 〈맞춤의 과학〉 버신 바이 딜로이트/ 조쉬 버신, 2014.

80 독점 인터뷰, 2017.

81 〈페이스북의 채용 담당자, 뛰어한 직원을 찾는 세 가지 비결을 밝히다(Facebook's head of recruiting explains the company's top 3 approaches to finding exceptional employees)〉 비즈니스 인사이더/ 리차드 펠로니, 2016.2.17., www.businessinsider.com/how-facebook-finds-exceptionalemployees-2016-2.

82 리나 나이르와의 인터뷰, 유니레버, 2017.

83 〈신용분석 사례: 본톤 스토어〉 S&P 글로벌/ 짐 엘더, 일라이자 하든 2018.7.24. ,www.spglobal.com/marketintelligence/en/news-insights/blog/credit-analytics-case-studythe-bon-ton-stores-inc.

84 〈맞춤의 과학〉 버신 바이 딜로이트/ 조쉬 버신, 2014.

85 〈맞춤의 과학〉 버신 바이 딜로이트

86 〈사우스웨스트 항공사는 직원의 즐거움을 극도로 중시한다(Southwest Airlines Is Dead Serious about Employee Fun)〉 에릭 체스터/ 에릭 체스터, 2017.10.31. https://ericchester.com/southwest-airlines-is-dead-serious-about-employee-fun/.

87 〈목표 설립이 방해가 될 때〉 하버드 경영대학원/ 션 실버손, 2009.3.2, https://hbswk.hbs.edu/item/when-goal-setting-goes-bad.

88 〈웰스파고가 겪은 17개월간의 악몽〉 CNN 비즈니스/ 재키 와틀스, 벤 가이어, 맷 이건, 2018.2.5 https://money.cnn.com/2018/02/05/news/companies/wells-fargo-timeline/index.html.

89 〈거부할 수 없는 기업의 5가지 요소(The Five Elements Of A 'Simply Irresistible' Organization)〉 포브스닷컴 / 조쉬 버신, 2014.4.4. www.forbes.com/sites/joshbersin/2014/04/04/the-five-elements-of-a-simply-irresistible-organization/?sh=31aec36d51b1.

90 〈최고의 생산성을 위한 공식: 52분간 일하고 17분간 쉬어라(A Formula for Perfect Productivity: Work for 52 Minutes, Break for 17)〉더 아틀란틱/ 데릭 톰슨, 2014.9.17. www.theatlantic.com/business/archive/2014/09/science-tells-you-how-many-minutes-should-youtake-a-break-for-work-17/380369/

91 〈비용을 줄이고 수익은 높이도록 영리한 기업들이 직원에 투자하는 방법(The Good Jobs Strategy: How the Smartest Companies Invest in Employees to Lower Costs and Boost Profits.)〉, 제이넵 톤/ 뉴 하비스트, 2014.1.14.

92 〈비즈니스 탄력성: 글로벌 코로나 19 팬데믹 대응 조사〉, 조신 버신 컴퍼니, 2020.

93 앤하이저부시 임원들과의 인터뷰, 2020.

94 〈2020 트레이닝 업계 보고서〉 트레이닝/ 로리 프레이펠드, 2020.11.17. https://trainingmag.com/2020-training-industry-report/.

95 〈사례조사: 업계의 급변화 속에 학습의 문화를 심은 비자〉 버신 바이 딜로이트/ 제프 마이크, 에밀리 샌더스, 2018.
96 커민스 직원들과의 인터뷰, 2017.
97 마리아 노이홀드와의 인터뷰, 에르스테 그룹, 2019.
98 시스코 HR 수석 부사장과의 인터뷰, 2016.
99 〈무엇이 위대한 CEO를 만드는가?(What Makes a Great CEO?)〉 글래스도어/ 앤드류 체임벌린, 루오얀 황, 2016.8 www.glassdoor.com/research/app/uploads/sites/2/2016/08/FULL-STUDY_WhatMakesGreatCEO_Glassdoor-2.pdf.
100 〈파월 리더십 교훈의 인용문〉 GovLeaders.org/ 오렌 하라리,1996, https://govleaders.org/powell.htm.
101 독점인터뷰, 2017.
102 《잭 웰치와 G.E방식(Jack Welch & The G.E. Way)》, 로버트 슬레이터/ 맥그로힐, 1998.7.31.
103 〈효과가 강력한 성과 관리〉, 버신 앤 어소시에이츠/ 2006.
104 〈효과가 강력한 성과 관리〉, 버신 바이 딜로이트/ 2015.
105 에드거 샤인과의 인터뷰, 2017
106 《구글의 아침은 자유가 시작된다(Work Rules! Insights from inside Google That Will Transform How You Live and Lead)》, 라즐로 복/ 트웰브 북스, 2015.4.1.
107 〈주기적 설문조사를 사용해 조직의 변화 이끌기〉조직개발리뷰/ 줄리안 앨런, 사친 자인, 앨런 H. 처치, 2020.10, www.researchgate.net/publication/344785639_Using_a_Pulse_Survey_Approach_to_Drive_Organizational_Change.
108 〈기존의 연간 성과평가를 없애는 IBM(IBM Is Blowing Up Its Annual Performance Review)〉 포천/ 클레어 질먼, 2016.2.1. http://fortune.com/2016/02/01/ibm-employee-performance-reviews/.
109 〈밀레니얼은 어떻게 GE가 성과평가를 없애도록 만들었나(How Millennials Forced GE to Scrap Performance Reviews)〉 더 아틀란틱/ 막스 니센, 2015.8.18. www.theatlantic.com/politics/archive/2015/08/how-millennials-forced-ge-to-scrap-performance-reviews/432585/.
110 〈2020-2024년에 기업 리더십 트레이닝 시장 267억 달러 성장|주요 벤더의 핵심 제품에 관한 통찰력 포함| 테크나비오〉 시전/ 테크나비오, 2021.3.4. www.prnewswire.com/news-releases/-26-7-billion-growth-in-corporate-leadership-trainingmarket-2020-2024—includes-insights-on-key-products-offered-by-majorvendors—technavio-301240344.html.
111 〈효과가 강력한 학습 조직의 새로운 모범사례〉 조쉬 버신 컴퍼니, 2012.9.3.
112 〈고전적인 성과 관리 시스템은 파괴적인 혁신에 방해물이 된다(Classic Performance Management System A Barrier to Disruptive Innovation)〉 주니퍼 네트웍스/ 2012, https://cdn2.hubspot.net/hubfs/3820722/Downloads/CEB%20Juniper%20Case%20Profile.pdf.
113 P.V.라마나 머시와의 인터뷰, 인도 호텔 주식회사, 2020.9.20.

114 〈어도비의 최고인사책임자 도나 모리스〉 SHRM www.shrm.org/hr-today/news/hr-magazine/pages/donna-morrissenior-vice-president-of-global-people-and-places-adobe.aspx.
115 독점 인터뷰
116 〈강력한 효과의 보상방법〉, 버신 바이 딜로이트 / 피트 드벨리스, 안나 스타인헤이지, 2018.
117 〈환경+사회적 운동〉, 파타고니아/ 2015, www.patagonia.com/on/demandware.static/Sites-patagonia-us-Site/Library-Sites-PatagoniaShared/en_US/PDF-US/patagonia-enviro-initiatives-2015.pdf
118 〈2021 글로벌 인적자본 동향 리포트〉 딜로이트 LLP / 에리카 볼리니 외, 2020.12.9. https://www2.deloitte.com/us/en/insights/focus/humancapital-trends/2021.html.
119 〈결속력과 글로벌 일터(Engagement and the Global Workplace)〉, 스틸케이스/ 2016, https://info.steelcase.com/global-employee-engagement-workplace-comparison?hsCtaTracking=1fbd9f96-e99e-40b0-b2cc-22c61ab752cc%7C804cc58f-5e34-4793-9bb2-49272c845f1d#compare-about-the-report.
120 〈코로나 바이러스의 발생으로 미국인의 일하는 방식은 무엇이 변하고, 변하지 않았나〉 퓨 리서치 센터/ 킴 파커, 줄리아나 메네스, 호로위츠, 레이첼 민킨, 2020.12.9. www.pewresearch.org/social-trends/2020/12/09/how-the-coronavirus-outbreak-has-and-hasntchanged-the-way-americans-work/.
121 조 위팅힐과의 인터뷰, 마이크로소프트, 2021.
122 〈완전한 재택근무보다 더욱 혁신적인 전환이 될 수 있는 하이브리드 오피스(The hybrid office is here to stay. The shift could be more disruptive than the move to all-remote work)〉 워싱턴 포스트/ 제나 맥그리거, 2021.3.30. www.washingtonpost.com/business/2021/03/30/hybrid-office-remote-work-citigroup-ford-target/
123 〈직원경험에 관한 명확한 지침〉, 조쉬 버신 컴퍼니, 2021.9
124 〈직원경험에 관한 명확한 지침〉, 조쉬 버신 컴퍼니
125 2021 글로벌 인적자본 동향 보고서, 딜로이트 LLP.
126 '웰빙' 링크드인 조사 / 2021.4, www.linkedin.com/jobs/search/?currentJobId=2493155972&keywords=wellbeing.
127 휴먼 퍼포먼스 기관 / 존슨앤드존슨, www.humanperformanceinstitute.com.
128 〈원격근무〉 스틸케이스 / www.steelcase.com/research/remote-work-making-distance-work/.
129 〈코로나 이후 미래의 일터는 어떤 모습일까?(Navigating What's Next: The Post-COVID Workplace)〉 스틸케이스/ 2020.4, https://info.steelcase.com/hubfs/Steelcase_ThePostCOVIDWorkplace.pdf.
130 〈딜로이트 캐나다의 새로운 사무실, 직원과 고객을 위한 '일터'의 개념을 재정립하다(Deloitte Canada's New National Office Redefines 'Work' for Employees and Clients)〉 글로벌뉴스와이어/ 딜로이트 LLP, 2016.10.5. www.globenewswire.com/fr/news-release/2016/10/05/1085138/0/

en/Deloitte-Canada-s-NewNational-Office-Redefines-Work-for-Employees-and-Clients.html

131 〈딜로이트 캐나다의 새로운 사무실, 직원과 고객을 위한 '일터'의 개념을 재정립하다〉 글로벌뉴스와이어

132 《적응 공간(Adaptive Space): GM와 다른 기업은 어떻게 긍정적으로 자사를 탈바꿈하고 애자일 조직으로 전환하는가?》, 마이클 아레나/ 맥그로힐 교육, 2018.6.12

133 〈미세한 차별에 관한 일반적 관념: 개인과 사회에 미치는 영향(Current Understandings of Microaggressions: Impacts on Individuals and Society)〉 심리과학협회/ 2021.9.13 www.psychologicalscience.org/news/releases/2021-sept-microaggressions.html.

134 〈직장 내 '미세한 차별'을 없애는 방법(How To Shut Down 'Microaggressions' At Work)〉, 패스트 컴퍼니/ 리디아 디시먼, 2017.3.7. www.fastcompany.com/3068670/how-to-shut-down-microagressions-at-work.

135 〈세일즈포스, 임금 격차를 줄이기 위해 3백만 달러를 쓰다(Salesforce just spent another $3 million to close its pay gap)〉 CNN 비즈니스/ 줄리아 호로위츠, 2017.4.4., money.cnn.com/2017/04/04/news/companies/salesforce-equal-pay-women/index.html.

136 〈내 수프에 포용성이 들어있나?(Waiter, is that inclusion in my soup?)〉 딜로이트 LLP/ 2013.5, https://www2.deloitte.com/content/dam/Deloitte/au/Documents/human-capital/deloitteau-hc-diversity-inclusion-soup-0513.pdf.

137 〈형평성과 다양성의 제고: 10년의 과제(Elevating Equity and Diversity: The Challenge Of The Decade)〉, 버신 앤 어소시에이츠/ 조신 버신, 2011.2.11.

138 《위대한 기업을 넘어 사랑받는 기업으로(Firms of Endearment: How World-Class Companies Profit from Passion and Purpose, Second Edition)》, 라젠드라 시소디아, 데이빗 울프, 자그디쉬 셰스/ 피어슨 FT 프레스, 2014.1.17.

139 〈직장 내 차별과의 투쟁: 편견 없는 직장을 만들기 위한 의지(Fighting Workplace Discrimination: A Commitment to Building Businesses Beyond Bias)〉 SAP /질 포펠카, 2020.7.16. https://news.sap.com/2020/07/fighting-workplace-discrimination-a-commitment-tobuilding-business-beyond-bias/.

140 〈다양성과 포용성〉 SAP / www.sap.com/africa/about/company/diversity.html.

141 〈다양성 트레이닝은 효과가 없다(Diversity Training Doesn't Work)〉, 하버드 비즈니스 리뷰/ 피터 브레그먼, 2012.3.12. https://hbr.org/2012/03/diversity-training-doesnt-work.

142 〈미국기업의 다양성 관리〉 콘텍스트 / 프랭크 도빈, 알렉산드라 칼레브, 에린 켈리, 2007년 가을 https://scholar.harvard.edu/dobbin/files/2007_contexts_dobbin_kalev_kelly.pdf.

143 〈인류의 발전을 가능하게〉 셰브런/ www.chevron.com/sustainability/social/diversity-inclusion.

144 〈우리의 목적과 역사〉 타깃/ https://corporate.target.com/about/purpose-history

145 〈비즈니스와 그 신념〉 IBM/ 샘 팔미사노, www.ibm.com/ibm/history/ibm100/us/en/icons/bizbeliefs/.

146 〈당신에게 필요한 것은 사랑과 감사, 그리고 옥시토신(All You Need Is Love, Gratitude, and Oxytocin)〉 그레이터 굿 잡지 / 로렌 클레인, 2014.2.11. https://greatergood.berkeley.edu/article/item/love_gratitude_oxytocin.

147 〈이노베이션 잼〉 IBM / www.collaborationjam.com.

148 〈성공적인 하이브리드 업무를 위해선 신뢰와 유연함의 문화를 구축하라(To Thrive in Hybrid Work, Build a Culture of Trust and Flexibility)〉 마이크로소프트/ 2021.9.9, www.microsoft.com/en-us/worklab/work-trend-index/support-flexibility-in-work-styles.

149 돈 클링호퍼와의 인터뷰, 마이크로소프트, 2021.

150 《구글의 아침은 자유가 시작된다(Work Rules! Insights from inside Google That Will Transform How You Live and Lead)》, 라즐로 복/ 트웰브 북스, 2015.4.1.

151 〈조사: 1,000달러의 비상자금을 갖고 있는 미국인은 40%가 채 안 된다〉 Bankrate.com/ 제프 오스트로스키, 2021.1.11, www.bankrate.com/banking/savings/financial-security-january-2021/.

152 〈2021 미국의 평균 신용카드 부채〉 벨류펭귄/ 조 레센디즈, 2021.7.9, www.valuepenguin.com/average-credit-card-debt.

153 〈학자금 대출이 있는 밀레니얼세대 중 절반 이상이 그럴만한 가치가 없었다고 답했다〉 CNBC Make It / 애비게일 존슨 헤스, 2021.4.8, www.cnbc.com/2021/04/08/older-millennials-with-student-debt-say-theirloans-werent-worth-it.html.

154 〈임팩트 2018의 인사이트〉 버신 바이 딜로이트/ 버신 인사이트 팀, 2018.

155 〈인류의 발전을 가능하게〉 셰브런/ www.chevron.com/sustainability/social/diversity-inclusion.

156 〈앙카 비텐베르크〉 PCMA 리더모임/ https://conveningleaders.org/anka-wittenberg/.

157 〈SAP에서의 여성 리더십: 25%를 이루기 위한 여정(Women in Leadership at SAP: The Journey to 25%)〉 SAP/ 수 서튼, 2017.7.21. https://news.sap.com/2017/07/women-leadership-sapjourney-to-twenty-five-percent/.

158 〈오티즘@워크 프로그램〉 SAP/ www.sap.com/about/careers/your-career/autism-at-work-program.html.

159 〈세계에서 가장 스마트한 빌딩(The Smartest Building in the World)〉 블룸버그 비즈니스위크/ 탐 랜달, 2015.9.23, www.bloomberg.com/features/2015-theedge-the-worlds-greenest-building/.

160 임금 형평성에 관한 조쉬 버신 컴퍼니의 조사, 2020, 2021.

161 〈카옌 고추 생강 주스와 수제 레몬 타르트, 미슐랭 출신 쉐프- 실리콘 밸리의 대형 기술 기업들이 직원에게 무료로 제공하는 것(Cayenne pepper ginger shots, homemade lemon tarts, and Michelin-

starred chefs — here's what employees at Silicon Valley's biggest tech companies are offered for free)〉 비즈니스 인사이더/ 케이티 카날레스, 2018.7.31, www.businessinsider.com/free-food-silicon-valley-tech-employees-applegoogle-facebook-2018-7#salesforce-intentionally-didnt-build-a-cafeteria-inits-new-tower-but-it-does-have-some-free-snacks-8

162 〈피보탈 엔지니어의 하루〉 VM웨어/ 베베 펭, 2018.3.20., https://tanzu.vmware.com/content/blog/a-day-in-thelife-of-a-pivotal-engineer.

163 〈직원복지 조사〉 미국 노동 통계청/ 2021.9.23, www.bls.gov/ncs/ebs/factsheet/paid-vacations.htm.

164 〈미국인은 직장에서 6억 6200만의 휴가를 날려버린다(Americans Waste 662 Million Vacation Days at Work)〉 미국 자동차 협회/ 2018.1.16, www.projecttimeoff.com/issue.

165 〈직업을 휴가로 삼자! 제이제이 마니퀴스(제이케이션) | DH113〉 디지털 하스피탈리티 팟캐스트/ 칼리 BBQ, 2021.9.9., https://calibbq.media/jaycation-career-interview-jay-jay-maniquis-dh113/.

166 〈직업을 휴가로 삼자! 제이제이 마니퀴스(제이케이션) | DH113〉 디지털 하스피탈리티 팟캐스트

167 〈직원들을 아끼면서 이익을 내는 회사(A company that profits as it pampers workers)〉 워싱턴 포스트/ 브리짓 슐트, 2014.10.25, www.washingtonpost.com/business/a-companythat-profits-as-it-pampers-workers/2014/10/22/d3321b34-4818-11e4-b72ed60a9229cc10_story.html.

168 〈바쁜 시기에 단계를 줄이는 법(How to squeeze those steps into busy days)〉 애트나/ www.aetna.com/microsites/attainbyaetna/articles-attain/how-to-squeeze-those-steps-intobusy-days.htm

169 《구글의 아침은 자유가 시작된다》, 라즐로 복/ 트웰브 북스, 2015.4.1.

170 〈애견 친화적인 직장 6곳〉 덕스터/ 사사프라스 로리, 2018.2.26, www.dogster.com/lifestyle/dog-friendly-companies-to-work-for.

171 〈정부의 '과로사' 보고서〉 재팬타임스/ 2016.10.12. www.japantimes.co.jp/opinion/2016/10/12/editorials/governments-karoshireport/#.WZ3yJz6GPRY.

172 알렉스 베이드녹과의 인터뷰, 텔스트라, 2021

173 〈하이브리드 직무〉 버닝 글래스 테크놀로지 / 2021, www.burning-glass.com/research-project/hybrid-jobs/.

174 〈2019 직장 학습 보고서〉, 링크드인 러닝/ 2019, https://learning.linkedin.com/content/dam/me/business/en-us/amp/learning-solutions/images/workplace-learning-report-2019/pdf/workplace-learningreport-2019.pdf.

175 〈2018 직장 학습 보고서〉, 링크드인 러닝/ 2018, https://learning.linkedin.com/resources/workplace-learning-report-2018.

176 〈2021 직장 학습 보고서〉, 링크드인 러닝/ 2021, https://learning.linkedin.com/resources/

workplace-learning-report
177 〈미국 노년층의 은퇴비율, 팬데믹 속에 증가하다(Amid the pandemic, a rising share of older U.S. adults are now retired)〉 퓨 리서치 센터/ 리처드 프라이, 2021.11.4, www.pewresearch.org/fact-tank/2021/11/04/amid-the-pandemic-a-rising-share-of-older-u-sadults-are-now-retired.
178 〈장수와 조기 은퇴의 관계(The Connection Between Retiring Early and Living Longer)〉 뉴욕타임스/ 오스틴 프랙트, 2018.1.29, www.nytimes.com/2018/01/29/upshot/early-retirement-longevity-health-wellness.html
179 〈은퇴의 외로움과 싸우며(Tackling loneliness in retirement)〉 타임스 오브 인디아/ 아슈토시 가르그, 2019.7.17, https://timesofindia.indiatimes.com/blogs/the-brand-called-you/tackling-loneliness-in-retirement/.
180 〈기업 트레이닝 시장은 2027년까지 연평균 9.4%의 성장률로 전 세계적으로 4172억 1000만 달러에 달할 것이다(Corporate Training Market to Reach $417.21 Billion, Globally, by 2027 at 9.4% CAGR): 얼라이드 마켓 리서치〉 씨전 / 얼라이드 마켓 리서치, 2020.12.8, www.prnewswire.com/news-releases/corporate-trainingmarket-to-reach-417-21-billion-globally-by-2027-at-9-4-cagr-allied-marketresearch-301188115.html
181 〈파머스 보험, 사람과 같은 가상현실 트레이닝을 시도하다(Farmers Insurance piloting human-like VR training)〉 이머시브 러닝 기관/ 2020.4.7., www.immersivelearning.news/2020/04/07/farmers-insurance-piloting-human-like-vr-training/
182 〈월마트, 가상현실로 트레이닝을 혁신하다(Walmart Revolutionizes Its Training with Virtual Reality)〉 SHRM /니콜 루이스, 2019.7.22, www.shrm.org/resourcesandtools/hr-topics/technology/pages/virtual-reality-revolutionizes-walmart-training.aspx
183 〈HP는 브레인 캔디로 어떻게 학습을 혁신했는가(How HP is Transforming Learning with Brain Candy)〉 HCI/ 프란신 로스카, 마이크 조단 www.hci.org/session/how-hp-transforming-learning-brain-candy.
184 〈하이브리드 직무 경제: 새로운 역량은 고용시장의 DNA를 어떻게 변화시키고 있는가(The Hybrid Job Economy: How New Skills Are Rewriting the DNA of the Job Market)〉, 버닝 글래스 테크놀로지/ 매튜 시겔만, 스콧 비틀, 윌 마코우, 벤자민 프랜시스, 2019.1, www.burning-glass.com/research-project/hybrid-jobs/.
185 〈기업의 학습 프레임워크〉, 버신 바이 딜로이트/ 2017.
186 〈AT&T의 인재 개편〉 하버드 비즈니스 리뷰/ 존 도노반, 캐시 벤코, 2016.10, https://hbr.org/2016/10/atts-talent-overhaul.
187 프랭크 앤더스과의 인터뷰, DAU, 1998.
188 제니 디어본과의 인터뷰, SAP, 2017, 2018.
189 〈마이크로소프트 HR 책임자와의 인터뷰: 기업의 변화하는 문화와 새로운 성장 마인드셋에 관하

여(Interview: Microsoft's HR chief on the company's changing culture and new 'growth mindset)〉 긱 와이어/ 토드 비숍, 2015.6.25, www.geekwire.com/2015/interview-microsofts-hr-chief-on-the-companys-changing-cultureand-new-growth-mindset/.

190 〈독점: 사티아 나델라, 마이크로소프트의 새로운 사명을 발표하다〉 긱 와이어/ 토드 비숍, 2015.6.25, www.geekwire.com/2015/exclusive-satya-nadella-reveals-microsofts-newmission-statement-sees-more-tough-choices-ahead/.

191 사티아 나델라와의 인터뷰, 마이크로소프트, 2020.

192 강력한 효과의 학습 문화, 버신 바이 딜로이트/ 조쉬 버신, 2016.

193 〈제프 베이조스가 아마존이 '실패하기 가장 좋은 곳'이라 말하는 이유(Why Jeff Bezos says Amazon is 'the best place in the world to fail)〉 워싱턴 포스트 / 제나 맥그리거, 2016.4.6., www.washingtonpost.com/news/on-leadership/wp/2016/04/06/why-jeff-bezos-says-amazon-is-thebest-place-in-the-world-to-fail/.

194 〈민첩성과 호기심: 팬데믹에서 가장 잘 살아남은 기업의 결정적 특징(Agility and Curiosity: Two Crucial Characteristics Found In Businesses Best Positioned To Survive the Pandemic)〉 모멘티브/ 2020.9.15, www.momentive.ai/en/newsroom/agility-and-curiosity-found-inbusinesses-best-positioned-to-survive-pandemic/.

195 〈강력한 효과의 학습 문화〉, 버신 바이 딜로이트/ 조쉬 버신, 2016.

196 〈하이브리드 직무〉 버닝 글래스 테크놀로지/ 2021, www.burning-glass.com/research-project/hybrid-jobs/.

197 〈새로운 링크드인 조사: 2020년 기업에 가장 필요한 역량으로 직원들을 업스킬 시키자(New LinkedIn Research: Upskill Your Employees with the Skills Companies Need Most in 2020)〉 링크드인 러닝/ 아만다 반 누이스, 2019.12.28., www.linkedin.com/business/learning/blog/learning-anddevelopment/most-in-demand-skills-2020.

198 〈인구 조사국의 2018 주별 비즈니스 패턴, 1,200개 이상 업계에 관한 데이터를 제공하다〉 미 인구조사국/ 얼린 K. P. 도웰, 2020.10.4. www.census.gov/library/stories/2020/10/health-care-stilllargest-united-states-employer.html.

199 〈코로나 19 팬데믹 동안 서비스 수요가 높아지며 간호사의 급여가 증가했다(Nurse Salaries Rise as Demand for Their Services Soars During Covid-19 Pandemic)〉 월스트리트 저널/ 멜라니 에반스, 2021.11.22, www.wsj.com/articles/nurse-salaries-rise-as-demand-for-their-servicessoars-during-covid-19-pandemic-11637145000.

200 〈4차 산업혁명: 그 의미와 대응방법은〉 세계경제포럼/ 클라우스 슈왑, 2016.1.14, www.weforum.org/agenda/2016/01/the-fourth-industrial-revolution-what-it-means-and-howto-respond/.

201 〈새로운 조사결과 최상의 소프트 스킬이 최상의 하드스킬보다 4배 더 요구된다(New Research Shows Top Soft Skills Are Requested Four Times More than Top Hard Skills)〉 인더스트리 다이브/

America Succeeds, 2021.4.14., www.hrdive.com/press-release/20210413-new-research-shows-top-softskills-are-requested-four-times-more-than-top-h/.

202 제임스 러시와의 인터뷰, 마시앤드매클레넌, 2015.

203 〈디지털 시대에 맞는 커리어 경로 재설계: 커리어 사다리에서 격자형 모델로(Rethinking career paths in the digital age: Career Ladder to Lattice)〉 나스컴 인사이트/ 리마 아스와니, 2020.3.12, https://community.nasscom.in/communities/talent/rethinking-career-paths-in-the-digital-agecareer-ladder-to-lattice.html.

204 〈미래를 위해 역량을 끌어올리자(Skill up for the future)〉 세일즈포스 / https://trailhead.salesforce.com.

205 크레디트 스위스와 메트라이프, 유나이티드헬스 그룹, 올스테이트, 넷앱 리더들과의 인터뷰, 2019, 2020, 2021.

206 〈역량 아카데미: 기업 트레이닝의 방향〉 조쉬 버신 컴퍼니, 2019.10.5.

207 〈압도된 직원들〉 딜로이트 LLP/ 조쉬 버신, 2018, hr.com/en/webcasts_events/webcasts/archived_webcasts_podcasts/the-overwhelmedemployee—what-hr-should-do_jdd8w2qy.html.

208 〈세계 10대 기업 대학〉 Chief Learning Officer Exchange/ CLN, 2월 26–28, https://view.ceros.com/iqpc/top-ten-corp-u/p/1.

209 〈세계 10대 기업 대학〉 Chief Learning Officer Exchange

210 〈자율적인 기업을 만드는 40가지 모범 사례〉 버신 바이 딜로이트/ 2017.10.

211 〈강력한 효과의 학습 문화〉 버신 앤 어소시에이츠/ 조쉬 버신, 2010.9, https://joshbersin.com/wp-content/uploads/2016/11/2010_LEARNING_CULTURE.pdf.

212 〈개요〉xAPI.com / https://xapi.com/overview/?utm_source=google&utm_medium=natural_search.

213 유니레버 '1920–1929' / 2015.7.25, https://web.archive.org/web/20150725211548/http://www.unilever.com/about/who-we-are/ourhistory/1920-1929.html.

214 리나 나이르와의 인터뷰, 유니레버, 2014 이래로 매년

215 〈목적을 구축하고 더 나은 세상을 만드는 방법에 관한 인터뷰(Leena Nair on How to Build a Purpose Cycle – Then Build a Better World)〉 스라이브 글로벌/ 리나 나이르, 2017.10.19, https://thriveglobal.com/stories/leena-nair-on-how-to-build-a-purpose-cycle-then-build-a-betterworld/.

216 리나 나이르와의 인터뷰, 유니레버, 2021; 예론 웰스와의 인터뷰, 유니레버, 2021.

217 예론 웰스와의 인터뷰, 유니레버, 2021.

218 BV 프라딥과의 인터뷰, 유니레버, 2018.

219 〈2021 글래스도어 직장 동향 보고서〉, 글래스도어/ 앤드류 체임벌린, 2020.11.19, www.glassdoor.com/research/app/uploads/sites/2/2020/11/Workplace_Trends_2021_Glassdoor_Final.pdf.

220 〈2021 글래스도어 직장동향 보고서〉, 글래스도어
221 고위 은행 임원과의 인터뷰, 2019, 2020, 2021.
222 키에라 페르난데즈와의 인터뷰, 타깃, 2021.
223 〈필리스 조명에 관해〉 필립스/ www.slc.philips.com/support/connect/about-us.
224 《국부론(The Wealth of Nations)》, 애덤 스미스/ W.스트라한, T.카델, 1776.
225 〈미국인들은 향후 2050년까지 삶의 많은 부분에 비관적이다(Looking ahead to 2050, Americans are pessimistic about many aspects of life in U.S)〉 퓨 리서치 센터/ 존 그램리치, 2019.3.21, www.pewresearch.org/fact-tank/2019/03/21/looking-ahead-to-2050-americans-are-pessimistic-about-many-aspects-of-life-in-u-s/.
226 〈2020 에델만 신뢰도 지표조사〉 에델만/ 2020.1.19, www.edelman.com/trust/2020-trust-barometer.
227 〈2020 에델만 신뢰도 지표조사〉 에델만
228 〈우리의 사명〉 존슨앤존스/ www.jnj.com/credo/.
229 〈우리의 사명〉 존슨앤존스
230 《책임감 있는 기업(The Responsible Company)》, 조지 고이더/ 옥스퍼드: 블랙웰, 1961.1.1.
231 〈소비자 권리장전〉 Encyclopedia.com / www.encyclopedia.com/finance/encyclopedias-almanacs-transcripts-and-maps/consumer-bill-rights.
232 〈우리가 하는 일〉 벤앤제리스 재단/ https://benandjerrysfoundation.org/about/what-we-do/.
233 〈기록적인 블랙프라이데이 매출을 지구를 위해 쓰다(Record-breaking Black Friday Sales to Benefit the Planet)〉 파타고니아/ 로즈 마카리오, www.patagonia.com/stories/record-breaking-black-friday-salesto-benefit-the-planet/story-31140.html.
234 〈2021 타깃의 기업책임 보고서〉, 타깃/ 2021.8, https://corporate.target.com/corporate-responsibility/reporting-progress.
235 〈시민의식〉 Dictionary.com / www.dictionary.com/browse/citizenship.
236 〈벤저민 그레이엄의 가치 투자 역사(Benjamin Graham Value Investing History)〉 컬럼비아 경영 대학원/ https://www8.gsb.columbia.edu/valueinvesting/about/history.
237 〈2020 딜로이트 글로벌 밀레니얼 조사〉, 딜로이트 LLP / 2020, www2.deloitte.com/content/dam/Deloitte/global/Documents/About-Deloitte/deloitte-2020-millennial-survey.pdf.
238 〈2020 세계행복보고서〉, 세계행복보고서/ 2020, https://worldhappiness.report/ed/2020/.
239 〈코로나 19 속의 일과 웰빙: 그 영향과 불균형, 탄력성과 일의 미래〉 2021 세계행복보고서에서 발췌, 세계행복보고서/ 2021.3.20, https://worldhappiness.report/ed/2021/work-andwell-being-during-covid-19-impact-inequalities-resilience-and-the-futureof-work/.
240 〈세일즈포스의 역사〉 세일즈포스/ 2021.9, www.salesforce.com/news/stories/the-history-of-salesforce/.

241 〈세일즈포스 기록적인 예상매출 100억 달러를 달성하다(Salesforce Hits Record-Setting Milestone with $10 Billion Run Rate)〉 Subscription Insider/ 다나 E.뉴츠, 2017.8.29, www.subscriptioninsider.com/monetization/auto-renew-subscription/salesforce-hits-record-setting-milestone-with-10-billion-run-rate.
242 〈세일즈포스 직원들의 리뷰〉 글래스도어 서치/ www.glassdoor.com/Reviews/Salesforce-long-hours-Reviews-EI_IE11159.0,10_KH11,21.htm.
243 세일즈포스 직원경험 책임자와의 인터뷰 2019.
244 〈세일즈포스 CEO 마크 베니오프: 성별임금 격차를 줄이기 위한 노력〉포천/ 클레어 질만, 2017.1.20, http://fortune.com/2017/01/20/salesforce-marc-benioff-gender-pay-gap-davos/.
245 〈마크와 린 베니오프, UCSF 어린이 병원에 1억 달러 기부(UCSF Children's Hospital Receives $100 Million Gift From Marc and Lynne Beniof)〉 PND by Candid / 2010.6.18, https://philanthropynewsdigest.org/news/ucsf-children-s-hospital-receives-100-million-gift-from-marc-andlynne-benioff.
246 〈2021 최고의 직장〉 글래스도어/ www.glassdoor.com/Award/BestPlaces-to-Work-LST_KQ0,19.htm.
247 〈글래스도어, 2021년 최고의 직장 발표: 베인앤드컴퍼니 1위〉 글래스도어/ 글래스도어 팀, 2021.1.12, www.glassdoor.com/employers/blog/best-places-to-work-2021/
248 〈많은 기업들이 90일간 해고 금지 서약을 하다(Many companies take 90-day no-layoff pledge)〉 타임스 오브 인디아/ 실파 파드니스, 2020.4.4., https://timesofindia.indiatimes.com/business/indiabusiness/global-companies-pledge-not-to-lay-off-staff/articleshow/74976303.cms.
249 〈정리해고의 역효과(The Case Against Layoffs: They Often Backfire)〉 뉴스위크/ Newsweek Staff, 2010.2.4, www.newsweek.com/case-against-layoffs-theyoften-backfire-75039.
250 〈코로나 19로 임원의 임금을 조정한 기업들(Companies Adjust Executive Pay Amid COVID-19)〉 에퀼라/ 아미트 바티시, 2020.5.7., www.equilar.com/blogs/452-companies-adjust-executive-payamid-covid-19.html.
251 〈블랙록, 사상 최대 자금유입으로 9조 달러 달성(BlackRock tops $9 trillion on record inflows)〉 Pensions & Investments / 크리스틴 윌리엄스, 2021.4.19, www.pionline.com/money-management/blackrock-tops-9-trillion-record-inflows.
252 〈블랙록의 메시지: 사회에 공헌하지 않으면 우리의 지지를 잃는다(BlackRock's Message: Contribute to Society, or Risk Losing Our Support)〉 뉴욕타임스/ 앤드류 로스 소킨, 20181.15, www.nytimes.com/2018/01/15/business/dealbook/blackrock-laurence-fink-letter.html.
253 〈래리 핑크가 CEO에게 보내는 2021년 서한〉 블랙록/ 래리 핑크, 2021, www.blackrock.com/corporate/investor-relations/larry-fink-ceo-letter.
254 〈도이치 텔레콤〉 Forbes.com/ 2021.5.13 /www.forbes.com/companies/deutsche-telekom/?sh=e4207496ddd1.

255 〈디자인 씽킹, 디지털화, 그리고 당신(Design thinking, digitalization, and you)〉 도이치 텔레콤/ 리사 마크닉, 2017.10.27, www.telekom.com/en/company/details/design-thinking-digitization-and-you-507370.
256 〈HR에서의 디자인 씽킹: 도이치 텔레콤 사례〉 조쉬 버신 아카데미/ 조쉬 버신, 2021.5.9.
257 레자 모사비안과의 인터뷰, 도이치 텔레콤, 2021.11
258 〈도이치 텔레콤 vs 텔스트라〉 글래스도어 서치/ 글래스도어, 2021, www.glassdoor.com/Compare/Deutsche-Telekom-vs-Telstra-EI_IE4092-E6563.htm.
259 〈BMW와 다임러를 제치고 독일에서 가장 일하기 좋은 기업으로 SAP가 꼽혔다고 링크드인 밝히다(SAP speeds past BMW and Daimler, to be crowned the most desirable business to work for in Germany, according to LinkedIn)〉 CNBC Make It / 알렉산드라 깁스, 2019.4.3, www.cnbc.com/2019/04/03/linkedin-topcompanies-to-work-for-in-germany-2019.html.
260 〈직원경험: 명확한 지침〉, 조쉬 버신 컴퍼니, 2021.
261 〈8월의 회고: 팬데믹으로 얻은 네 가지 큰 교훈〉 조쉬 버신 컴퍼니, 2020.11.18.
262 가이 마틴과의 인터뷰, 오토데스크, 2018.
263 내부 조사
264 〈로봇이 일터를 재정의함에 따라 중요해지는 AI 운영자의 역할(AI operators will play a critical role as bots redefine the workplace)〉 벤처비트/ 앨버트 토머 나베, 2017.12.29, https://venturebeat.com/2017/12/29/ai-operators-will-play-a-critical-role-as-bots-redefine-theworkplace/.
265 〈웬디스 1,000개의 매장에 키오스크 설치예정〉 포천 / 타라 존, 2017.2.27, https://fortune.com/2017/02/27/wendys-self-ordering-kiosks/.
266 S&P 글로벌 임원과의 인터뷰 2020.
267 〈기술이 당신의 마음을 훔치는 방법〉 스라이브 글로벌/ 트리스탄 해리스, 2016.5.18, https://medium.com/thrive-global/how-technology-hijacks-peoples-mindsfrom-a-magician-and-google-s-design-ethicist-56d62ef5edf3.
268 〈미국인이 매일 이메일에 쓰는 시간(Here's how many hours American workers spend on email each day)〉 CNBC/ 애비게일 존슨 헤스, 2019.9.22, www.cnbc.com/2019/09/22/heres-how-many-hours-american-workers-spend-on-email-each-day.html.
269 〈받은 편지함 때문에 골치 아픈가? 업무 이메일을 읽으면 심장박동수와 혈압이 올라간다(Is your inbox making you ill? Reading work emails causes your blood pressure and heart rate to soar)〉 DailyMail.com/ 엠마 이네스, 2013.6.4, www.dailymail.co.uk/health/article-2335699/Is-inbox-making-ill-Readingwork-emails-causes-blood-pressure-heart-rate-soar.html.
270 〈문자 메세지는 여전히 인기 많은 통신 수단이지만 5G출시는 지연됨〉 TechRepublic / N.F. 멘도자, 2021.2.10, www.techrepublic.com/article/texting-remains-a-very-popular-means-of-communication-but-5gsrollout-is-stalled/.
271 시에라 시더 2019–2020 HR 시스템 설문조사 보고서, 시에라 시더/ 2019.10.2. www.sierra-

cedar.com/2019/10/02/pr-2019-hrss-white-paper-release/.
272 〈UKG, 연례 커넥션 컨퍼런스에서 라이프-워크 기술 비전 공개〉 UKG/ 2021.4.30. www.ukg.com/about-us/newsroom/ukg-unveils-life-work-technology-vision-annualconnections-conference.
273 〈마이크로소프트 비바의 엄청난 시장 영향력(The Massive Market Impact of Microsoft Viva)〉 조쉬 버신 컴퍼니, 2021.8.28.
274 레자 모사비안과의 인터뷰, 도이치 텔레콤, 2021
275 〈직원경험: 명확한 지침〉, 조쉬 버신 컴퍼니, 2021.9
276 〈어떤 직원경험이 가장 중요한가(Which Parts Of Employee Experience Really Matter Most?)〉 조쉬 버신 컴퍼니, 2019.11.6.
277 〈우리의 사명〉, 존슨앤드존슨/ www.jnj.com/credo/.
278 〈이케아의 비전과 가치〉, 이케아/ www.ikea.com/us/en/this-is-ikea/about-us/vision-and-business-idea-pub7767c393.
279 〈파타고니아가 주는 HR 교훈〉 PeopleGoal/ 헨리 왓슨, 2019.6.18. www.peoplegoal.com/blog/hr-lessons-from-patagonia.
280 딘 카터와의 인터뷰, 파타고니아, 2016, 2017.
281 〈파타고니아 원칙: 직장 내 즐거움과 결속력, 창의력을 불붙이는 작은 성공들(The Progress Principle: Using Small Wins to Ignite Joy, Engagement, and Creativity at Work)〉 테레사 아마빌레 / 하버드 비즈니스 리뷰 프레스, http://progressprinciple.com/books/single/the_progress_principle.
282 〈조사에 따르면 '열렬한 학습자'는 직장에서 더 자신감 있고, 성공적이며, 행복하다〉 링크드인/ 조쉬 버신, 2018.11.9 www.linkedin.com/pulse/want-happy-work-spend-time-learning-josh-bersin/.
283 〈글로벌 생산성의 성장은 약하고 둔화하는 추세(Global Productivity Growth Remains Weak, Extending Slowing Trend)〉 / 더 컨퍼런스 보드/ 조셉 디블라시, 조나단 리우, 2021.4.21 www.conference-board.org/press/global-productivity2021#:~:text=Globally%2C%20growth%20in%20output%20per,reopening%20amid%20a%20waning%20pandemic.
284 〈힘든 2020년을 지나 미국의 직원 결속력 수치 증가(U.S. Employee Engagement Rises Following Wild 2020)〉 갤럽 / Jim Harter, 2021.2.26. www.gallup.com/workplace/330017/employeeengagement-rises-following-wild-2020.aspx.
285 〈사명이 이익을 이길 수 있는가(Can Mission Trump Earnings)〉 NewCo / 2018.5.22. https://shift.newco.co/can-mission-trump-earnings-a08f27c4d984.
286 〈행복 보고서: 코로나 19에 맞서 탄력성을 보여주다(Happiness Report: World shows resilience in face of COVID-19)〉 AP News / 데이비드 키튼, 2021.3 https://apnews.com/article/2021-world-happiness-report-covid-resilience-79b5b8d1a2367e69df05ae68b58aa435.

287 〈2020 에델만 신뢰도 지표조사〉 에델만/ 2020.1.19., www.edelman.com/trust/2020-trust-barometer.

288 〈2021 국가별 소득 불평등〉 세계인구리뷰 / 2021, https://worldpopulationreview.com/country-rankings/income-inequality-by-country.

289 〈2021 빈곤 전망〉 어반 인스티튜트 / 린다 지안나렐리, 로라 휘튼, 케이티 샨츠, 2021.2 www.urban.org/sites/default/files/publication/103656/2021-poverty-projections.pdf.

290 《나 홀로 볼링(Bowling Alone)》 로버트 D.퍼트넘/ 터치스톤 북스, 2021.8.7.

최고 직장의 비결

초판 1쇄 2023년 7월 12일

지은이 조쉬 버신
펴낸이 최경선
펴낸곳 매경출판㈜
옮긴이 송보라
책임편집 김민보
마케팅 김성현 한동우 구민지
디자인 김보현 이은설

매경출판㈜
등록 2003년 4월 24일(No. 2-3759)
주소 (04557) 서울시 중구 충무로 2 (필동1가) 매일경제 별관 2층 매경출판㈜
홈페이지 www.mkpublish.com
페이스북 facebook.com/maekyungpublishing **인스타그램** instagram.com/mkpublishing
전화 02)2000-2632(기획편집) 02)2000-2645(마케팅) 02)2000-2606(구입 문의)
팩스 02)2000-2609 **이메일** publish@mkpublish.co.kr
인쇄 · 제본 ㈜M-print 031)8071-0961
ISBN 979-11-6484-584-2(03320)

책값은 뒤표지에 있습니다.
파본은 구입하신 서점에서 교환해 드립니다.